Os dilemas
do patrimonialismo
brasileiro

CONSELHO EDITORIAL

Ana Paula Torres Megiani

Eunice Ostrensky

Haroldo Ceravolo Sereza

Joana Monteleone

Maria Luiza Ferreira de Oliveira

Ruy Braga

Leonardo Octavio Belinelli de Brito

Os dilemas do patrimonialismo brasileiro

as interpretações de
Raymundo Faoro e
Simon Schwartzman

Copyright © 2019 Leonardo Octavio Belinelli de Brito

Grafia atualizada segundo o Acordo Ortográfico da Língua Portuguesa de 1990, que entrou em vigor no Brasil em 2009.

Edição: Haroldo Ceravolo Sereza
Editora assistente: Danielly de Jesus Teles
Projeto gráfico, diagramação e capa: Danielly de Jesus Teles
Assistente acadêmica: Bruna Marques
Revisão: Alexandra Colontini
Imagem da capa: Foto: Célio Azevedo. Manifestação na Câmara dos Deputados pelas eleições diretas para a Presidência da República em abril de 1984.

Este livro contou com apoio da FAPESP, número do processo: 2016/03016-3

CIP-BRASIL. CATALOGAÇÃO NA PUBLICAÇÃO
SINDICATO NACIONAL DOS EDITORES DE LIVROS, RJ

B876d

Brito, Leonardo Octavio Belinelli de
Os dilemas do patrimonialismo brasileiro: as interpretações de
Raymundo Faoro e Simon Schwartzman / Leonardo Octavio
Belinelli de Brito. - 1. ed. - São Paulo: Alameda.
21 cm.

Inclui bibliografia
ISBN 978-85-7939-485-0
1. Ciências sociais. 2. Ciências políticas. I. Brito, Leonardo
Octavio. II. Título.

17-43204   CDD: 330.122
                  CDU: 330.342.14

Alameda Casa Editorial
Rua 13 de Maio, 353 – Bela Vista
CEP 01327-000 – São Paulo, SP
Tel. (11) 3012-2403
www.alamedaeditorial.com.br

SUMÁRIO

9   Prefácio, por Bernardo Ricupero

17   Introdução

53   Raymundo Faoro e o patrimonialismo no Brasil

157   Simon Schwartzman e o neopatrimonialismo brasileiro

229   As utopias políticas de Faoro e Schwartzman

265   Considerações finais

281   Referências bibliográficas

291   Agradecimentos

Para meus pais, por acreditarem no improvável

Afirmar que um homem se dá gratuitamente constitui uma afirmação absurda e inconcebível; tal ato é ilegítimo e nulo, tão só porque aquele que o pratica não se encontra no completo domínio de seus sentidos. Afirmar a mesma coisa de todo um povo, é supor um povo de loucos: a loucura não cria direito.

Jean-Jacques Rousseau

Prefácio[1]

O patrimonialismo está no ar. Quando se lê os editoriais e os colunistas da grande imprensa brasileira logo se percebe que a categoria aparece recorrentemente. O patrimonialismo tem funcionado especialmente como uma chave para tratar da confusão entre "o público e o privado" e, dessa maneira, pretensamente explicar a corrupção. Por exemplo, Arnaldo Jabor, em sua coluna, de12/07/2016, publicada em *O Globo*e em *O Estado de São Paulo,* resume o que teria sido a obra petista: "tudo que construíram, com sua invejável 'militância', foi um novo patrimonialismo de Estado. (...) Com suas alianças com a direita feudal, Lula revigorou o pior problema do país: o patrimonialismo endêmico".

Dificilmente o criador do conceito, Max Weber (1997), imaginaria um uso como esse de "patrimonialismo", em que a categoria sai da academia e penetra na disputa política.mas desde que o termo foi utilizado

---

1 Este texto se baseia, em grande parte, no artigo "Patrimonialismo: usos de um conceito", a ser publicado no livro

pela primeira vez no Brasil, em 1936, por Sérgio Buarque de Holanda em seu clássico *Raízes do Brasil*, o patrimonialismo passou por diferentes apropriações. Como destacou Luiz Werneck Vianna (1999), duas foram as principais interpretações brasileiras do patrimonialismo: autores como Florestan Fernandes e Maria Sylvia Carvalho Franco enxergaram no país um patrimonialismo com base na sociedade, ao passo que escritores como Raymundo Faoro e Simon Schwartzman viram a existência de um patrimonialismo de Estado.[2]

Na verdade, também Weber pensa em variados patrimonialismos. Até porque entende a categoria com base em certas normas que o governante deveria seguir com fundamento na tradição, bem como também em algum nível de arbitrariedade, em que poderia agir como desejasse (BENDIX, 1986). Quando a arbitrariedade prevalecesse, se teria o que o sociólogo alemão caracteriza como sultanato, típico do Oriente. Em contraste, quando ocorresse uma esterotipização, com base na concessão de terras para a prestação de serviço militar a um senhor, se chegaria ao feudalismo. Nessa referência, no Ocidente o príncipe estamental teria se revelado incapaz de submeter inteiramente diferentes poderes locais.

Percebe-se aqui, como indica a socióloga mexicana Gina Zabludosky (1989), que há uma certa imprecisão de Weber na utilização do conceito de patrimonialismo. O termo é utilizado tanto num sentido específico, referindo-se a um subtipo de dominação tradicional - em que o patrimonialismo e o feudalismo se distinguiriam - como, em termos mais amplos, como um quase sinônimo para a dominação tradicional, em que a diferença entre o patrimonialismo e o feudalismo se referiria principalmente a graus variados de centralização. Além disso, equivale o patrimonialismo a regimes pós-feudais, que podem ser identificados com o absolutismo.

---

2   O autor curiosamente não cita Fernando Henrique Cardoso entre os intérpretes do patrimonialismo societário, apesar de que *Capitalismo e escravidão no Brasil meridional* levar bastante longe tal tipo de análise. Mas a omissão talvez não seja mero acaso, já que o sociólogo era presidente de um governo que procurava pôr a pique o "Estado patrimonialista" quando foi publicado o artigo "Weber e as interpretações do Brasil".

Os dilemas do patrimonialismo brasileiro 11

Nessa referência, as interpretações brasileiras do patrimonialismo não deixam de ter relação com maneiras como Weber entendeu o conceito. Autores que acreditam que o patrimonialismo no Brasil nasce da sociedade, como Fernandes, Cardoso e Carvalho Franco, se aproximam da forma como o sociólogo alemão entendeu que o patrimonialismo se desenvolveria a partir do patriarcalismo. Significativamente, para eles, a questão agrária é central. Pensam, além do mais, o patrimonialismo com base na ligação contraditória do Brasil com o capitalismo. Não por acaso, tal interpretação favoreceu uma certa combinação de Weber com Marx.

Mas esse não foi o uso de patrimonialismo com o maior impacto no Brasil. Desde o último regime autoritário brasileiro (1964 – 1985), a interpretação patrimonial do Estado brasileiro, segundo a qual, o patrimonialismo teria aportado no Brasil junto com as caravelas portuguesas, passou a ter uma visibilidade pouco comum para análises acadêmicas. Leonardo Octavio Belinelli Brito, no livro que o autor tem em mãos, segue, com brilho, a história de tal visão do patrimonialismo no Brasil.

Mostra, em particular, como quando um desconhecido jurista gaúcho, Raymundo Faoro, publica, em 1958, *Os donos do poder,* o livro, apesar de ganhar o prêmio José Veríssimo da Academia Brasileira de Letras (ABL), não tem grande impacto. Acolhida que não é de se estranhar para um trabalho que ressalta o peso sufocante do Estado na vida brasileira, masque aparece em pleno desenvolvimentismo, período durante o qual todas as esperanças se voltavam justamente para o Estado. Situação que muda radicalmente, em 1975, quando o livro é reeditado. Significativamente, aparece, no mesmo ano, *São Paulo e o Estado nacional,* originalmente a tese de doutorado que o jovem sociólogo mineiro Simon Schwartzman defendeu na Universidade da Califórnia / Berkeley.[3]Ou seja, em meio às brumas do autoritarismo, a análisesobre o papel preponderante do Estado no Brasil passa aparentemente aser capaz de dotar de inteligibilidade a ação estatal e particularmente o comportamento de um dos setores do que Faoro chama de estamento burocrático: as forças armadas.

---

3   Boa parte deste trabalho é reaproveitada em *Bases do autoritarismo brasileiro,* que saiu, por sua vez, em 1982.

Em termos teóricos, no Prefácio à segunda edição de *Os donos do poder* – texto extremamente curto para uma obra tão longa – seu autor esclarece os caminhos trilhados no livro. Ressalta quea tese principal do trabalho se volta contra a crença, difundida pelo marxismo, que só em momentos históricos excepcionais, de equilíbrio entre as classes, o Estado ganha autonomia. Faorosustenta, em sentido oposto, que a história de Portugal e do Brasil indica "que a independência sobranceira do Estado não é uma exceção de certos períodos históricos, senão a constante na evolução dos dois povos" (FAORO, 1993, p. 199). De maneira semelhante, Schwartzman considera o marxismo inadequado para compreender a estrutura social brasileira. Avalia, em particular, que o Estado seria dotado no país de verdadeira autonomia diante da sociedade, podendo ser caracterizado como neo-patrimonial. Portanto, não ocorreria nada comparável à representação de interesses de variadas classes, prevalecendo a cooptação por parte de um Estado todo poderoso.

É significativo que tanto Faoro como Schwartzman, ao buscaremmuma alternativa ao marxismo, encontram na análise de Weber e, em particular, na sua categoria de patrimonialismo uma chave para interpretar a história brasileira. No entanto, de maneira original e diferente do sociólogo alemão, já o jurista gaúcho avalia que apenas nos países que tiveram feudalismo o capitalismo moderno poderia se instalar (LESSA, 1999; VIANNA, 1989). Estaria aí a raiz da excepcionalidade portuguesa e brasileira. Ainda de maneira pouco ortodoxa, *Os donos do poder* desenvolve seu argumento principal: a emergência, em Portugal, e persistência, no Brasil, do que chama de um estamento burocrático, grupo que se apropriaria do cargo que exercia e da própria soberania. Esse seria o traço mais marcante da história portuguesa e brasileira.

Diferente de Faoro, interessa a Schwartzmam especialmente a categoria de neo-patrimonialismo, o prefixo, como mostra Brito, presente em *Bases do autoritarismo brasileiro* mas não em *São Paulo e o Estado Nacional,* indicando não "simplesmente uma forma de sobrevivência de estruturas tradicionais em sociedades contemporâneas, mas uma forma bastante atual de dominação'porum estrato social sem propriedades e que não tem honra social por mérito próprio, ou seja, pela burocracia e a

Os dilemas do patrimonialismo brasileiro   13

chamada classe política"'(SCHWARTZMAN, 1988, p. 59-60). Portanto, entre os dois autores há uma diferença fundamental quanto a avaliação do tipo de sociedade que o Brasil seria: o jurista gaúcho entendendo-a como tradicional, perspectiva não compartilhada pelo sociólogo mineiro, que ressalta os aspectos modernos da sociedade brasileira. Nessa orientação, *Bases do autoritarismo brasileiro* critica *Os donos do poder* pela dificuldade que tem de lidar com a mudança.

Em particular, destaca como um setor capitalista moderno se desenvolveria a partir de São Paulo, área orginalmente esquecida pelo poder central que, por isso mesmo, teria sido capaz de desenvolver uma sociedade mais independente. É verdade que também Faoro chegara a considerar que a transformação capitalista do Brasil poderia ocorrer com a sua sampaulinização, que combinaria a iniciativa privada com o afluxo de capitais estrangeiros. No entanto, o Convênio de Taubaté que estipulou, em 1906, por via da intervenção estatal na economia, um preço mínimo para o café teria posto fim à independência do fazendeiro paulista. A partir daí, segundo *Os donos do poder,* a possibilidade de transformação capitalista do Brasil teria sido praticamente sepultada.

Brito mostra, assim, que as interpretações sobre o patrimonialismo estatista variam. Se Faoro só vislumbrou a possibilidade de uma ruptura radical, verdadeiro imperativo ético, Schwartzman teve ou tem a esperança de que um setor capitalista moderno, identificado especialmente com São Paulo, se contraponha à ordem dominante. Em alguma medida, as diferenças entre os autores indicam diferenças no próprio liberalismo, entre uma vertente mais democrática, com a qual se identifica o jurista gaúcho, e uma vertente *liberista*,[4] a qual o sociólogo mineiro está mais próximo.

Não deixa de ser interessante constatar que se patriomonialismo funcionou, a partir de 1964, como um instrumento para entender o autoritarismo instalado com o golpe e o próprio peso que o Estado assumia na vida nacional mesmo com o fim da ditadura a categoria con-

---

4   Em italiano, o termo "liberismo" se refere especificamente à doutrina econômica que defende o livre mercado, o que não é sinônimo de "liberalismo" no sentido político, cuja preocupação principal é a limitação do poder. Ver: Bobbio, 2005.

tinuou a estar presente no debate acadêmico e político mais amplo. O patrimonialismo passou então a ser um instrumento para interpretar a crise do Estado desenvolvimentista, o que abriu caminho para que passasse a ser identificado como a causa de boa parte dos males que, nos anos 1990, se procurou enfrentar com a política econômica neo-liberal. De maneira curiosa, o patrimonialismo foi associado, nos dois momentos, ao liberalismo, apesar de na primeira situação se acentuar mais sua dimensão política e na segunda situação sua dimensão econômica. De certa maneira, esses dois patrimonialismos estatistas encontraram-se, mais recentemente, no uso da categoria para lidar com a corrupção.

No entanto, o momento atual não produziu teorização mais consistente a respeito do patrimonialismo de Estado. É possível que tais formulações ainda apareçam, mas talvez se testemunhe simplesmente a um novo uso da categoria de patrimonialismo: em que o conceito perde praticamente qualquer referência teórica, se convertendo simplesmente numa arma na disputa política.

Em poucas palavras, a história do uso de "patrimonialismo" no Brasil exemplifica diferentes possibilidades de tradução desse conceito. De maneira geral, a categoria é vinculada ou à sociedade ou ao Estado. No Brasil, entretanto, assim como em outros países latino-americanos, a popularização do termo patrimonialismo se deu basicamente numa chave estatista. O patrimonialismo estatista, por sua vez, costuma se referir especialmente ao Oriente. Nesse sentido, como indica Brito, a América Latina, que não possui um lugar especial na reflexão weberiana, assim como em quase toda Teoria Social e Teoria Politica, acaba sendo interpretada em termos "orientalistas". Por fim, o uso mais corrente de patrimonialismo indica como um conceito pode passar da teoria para a política.

Mas mais importante do que a "correção" dos diferentes usos do conceito, no sentido de corresponderem mais ou menos à formulação original de Weber, é o fato de que o "patrimonialismo" tem sido usado tão recorrentemente no nosso país. Na verdade, esses diferentes usos da categoria talvez digam mais sobre o Brasil e seus leitores brasileiros do que sobre o próprio conceito de patrimonialismo.

Os dilemas do patrimonialismo brasileiro: as interpretações de Raymundo Faoro e Simon Schwartsman é uma boa bússola para entender a mais populari nterpretação da categoria entre nós.

Professor Bernardo Ricupero
Departamento de Ciência Política da Universidade de São Paulo

Referências

BENDIX, Reinhard. *Max Weber: um perfil intelectual.* Brasília: Editora da UnB, 1986.

BOBBIO, Norberto. *Liberalismo e democracia.* São Paulo: Brasiliense, 2005

FAORO, Raymundo. *Os donos do poder.* São Paulo: Editora Globo, 1993.

JABOR, Arnaldo. "Nosso atraso ficou atrasado" in *O Estado de São Paulo,* 12/07/2016.

LESSA, Renato. O longínquo pesadelo brasileiro. In: GUIMARÃEZ, Juarez (Org.). *Raymundo Faoro e o Brasil.* São Paulo: Fundação Perseu Abramo, 2009.

SCHWARTZMAN, Simon. *Bases do autoritarismo brasileiro* (3a edição). Rio de Janeiro: Campus, 1988.

VIANNA, Luiz Werneck. Weber e as interpretações do Brasil. *Novos Estudos CEBRAP,* n. 53, p. 33-47, março 1999.

WEBER, Max. *Economia y sociedade.* México: Fondo de Cultura Económica, 1997.

Zabludosky, Gina. 1989. The reception and utility of Max Weber's concept of patrimonialism in Latin America. *International sociology* Vol. 4 No.1 pp.51-66, 1989.

INTRODUÇÃO

Um dos principais temas tratado pelos chamados "intérpretes do Brasil" é o acesso do país às condições modernas. Nos termos de Paulo Arantes, tratar-se-ia da "crucial passagem, moderna por excelência, da Colônia à Nação" (ARANTES; ARANTES, 1997, p. 96). Neste sentido, a compreensão do porquê de não sermos modernos e como podemos vir a sê-lo constitui problema-chave do "pensamento político e social brasileiro".

Por isso mesmo, a compreensão do "atraso" nacional foi objeto de reflexões de algumas das mais importantes tradições intelectuais brasileiras. Nesse sentido, a "geração de 30" tem destaque, pois foi a partir dos trabalhos de Gilberto Freyre, Sérgio Buarque de Holanda e Caio Prado Jr. que passamos a articular, de modo mais complexo, a reflexão sobre o país com distintas tradições do pensamento ocidental, o que possibilitou tornar mais profunda a compreensão dos déficits nacionais em relação aos países centrais e os nossos impasses para acessar à condição avançada (Cf. CANDIDO, 2003).[1] Algo similar se deu no período de consolidação das universidades brasileiras como instituições promotoras de pesquisas e reflexões sobre o país. Dessa maneira, tem razão de ser a observação de Luiz Werneck Vianna (1999) sobre a maturidade dessas reflexões, demonstradas nas absorções de teorias de autores clássicos, que pensaram outras realidades sociais, via de regra, em condições não periféricas.

Neste trabalho, propomo-nos a analisar o pensamento de autores que refletem a questão mencionada a partir de *um uso* da sociologia da dominação de Max Weber. Mais especificamente, trata-se de analisar as reflexões sobre o Brasil de Raymundo Faoro e Simon Schwartzman, que enfocam a formação do Brasil pelo viés da predominância, vista quase sempre de maneira negativa, do Estado na história nacional. Eles compõem o que Luiz Werneck Vianna (1999) chama de corrente do "patrimonialismo estatista",[2] que se contraporia à corrente que o sociólogo carioca denomina de "patrimonialismo societal", com a qual

---

1   Nos casos específicos de Gilberto Freyre e Caio Prado Jr., pode-se argumentar que a questão do acesso à modernidade, por assim dizer, é menor. Isso porque o sociólogo pernambucano sustenta justamente o oposto, ou seja, que, à nossa maneira, somos uma civilização já suficientemente formada, enquanto o historiador paulista pensaria mais em termos de uma revolução socialista, ainda que não imediatamente. Neste sentido, é preciso observar que a modernidade aparece em suas obras como recusa, no caso de Freyre, ou como insuficiente, como no caso de Prado Jr. Ainda assim, é importante observar que é com este horizonte que os autores dialogam. Outro sinal da importância desta questão no pensamento desses autores pode ser visto na relação que alguns desses, como Sérgio Buarque de Holanda e o próprio Gilberto Freyre, tiveram com o modernismo (Cf. RICUPERO, 2005, p. 1), que, em linhas gerais, foi um movimento que pensava justamente a relação entre cultura europeia e nacional e o nosso modo de inserção no globo.

2   A relação entre os autores é documentada. Como indica Werneck Vianna (2009), Simon Schwartzman baseou seu primeiro curso de pós-graduação lecionado no Instituto de Pesquisas Universitárias do Rio de Janeiro (IUPERJ) nas hipóteses levantadas pela obra de Faoro. Dos trabalhos dos alunos desse curso saiu o sétimo número da revista *Dados*, que faria escola nas ciências sociais brasileiras (Cf. SCHWARTZMAN, 1975).

Os dilemas do patrimonialismo brasileiro

seriam identificados autores como Florestan Fernandes e Maria Sylvia de Carvalho Franco. Werneck Vianna faz uma breve caracterização do pensamento da corrente "estatista":

> daí a mobilização desse autor [Max Weber], pela perspectiva do atraso, se faça associar ao diagnóstico que reivindica a ruptura como um passo necessário para a conclusão dos processos de mudança social que levam ao moderno – no caso, com o patrimonialismo ibérico, cuja forma de Estado confinaria com o despotismo oriental. (WERNECK VIANNA, 1999, p. 2).[3]

Nosso objeto de pesquisa *será o uso que esses autores fizeram do conceito weberiano de "patrimonialismo"*. Não se trata, contudo, de investigar quem usou corretamente a teoria sociológica da dominação de Weber.[4] O ponto que nos interessa é o seguinte: esses autores utilizam o mesmo conceito e igualmente diagnosticam características semelhantes no desenvolvimento histórico político do país, mas também, simultaneamente, é possível observar diferenças em suas análises, inclusive no próprio uso do conceito destacado. Assim, o problema dessa dissertação pode ser formulado da seguinte forma: *quais são as semelhanças e diferenças desse conceito nas obras de Faoro e Schwartzman?* A hipótese é de que o retorno ao conceito nos permitirá

---

3 Aliás, o paralelo com o "oriente" é feito por outras vertentes do pensamento político brasileiro. O caso mais notório é o de Gilberto Freyre e a ideia do Brasil como "Rússia americana" e serviu mesmo como mote de um importante livro sobre o seu pensamento, o de Ricardo Benzaquem de Araújo (2005), *Guerra e Paz: Casa-grande & senzala e a obra de Gilberto Freyre nos anos 30*. Vale aproveitar a oportunidade e mencionar que a ideia de patrimonialismo aparecerá na historiografia sobre a Rússia, como indica a análise de Richard Pipes (2001). Voltaremos ao tema mais à frente.

4 Mesmo porque, pela condição periférica do país e com tudo que ela acarreta em nossa vida material e intelectual "o 'nosso' Weber incide bem menos na inquirição das patologias da modernidade do que nas formas patológicas do acesso ao moderno" (WERNECK VIANNA, 1999, p. 2). Ou seja, o "nosso" Weber é lido mais no sentido de decifrar o passado não moderno do que o presente e o futuro, possivelmente modernos.

entender menos o que é comum aos autores, como sugere a análise de Werneck Vianna,[5] e mais as diferenças de análises. Esse retorno ao estudo do conceito de patrimonialismo nos permitirá igualmente observar como ele se articula a *diferentes concepções de política que os autores esposam e também às diferentes utopias políticas com as quais cada um se identifica*.[6] Indicar tais diferenças constitui o segundo objetivo da presente dissertação.

Antes de prosseguirmos, é preciso indicar que a comparação entre os dois autores, se é justificável pelas semelhanças teóricas já aludidas, também comporta, ao menos, uma tensão, qual seja: as desigualdades de aprofundamento das reflexões de Faoro e Schwartzman. Se o primeiro é um autor "clássico", pois possui uma "obra" marcante, o segundo não tem propriamente uma obra,[7] ao menos no que se refere ao assunto aqui tratado, apesar de ter escrito um livro importante a esse respeito. Isto implica em dizer que a produção de Faoro é mais ampla e profunda que a de Schwartzman, que, por sua vez, a tomou como fonte de inspiração e hipóteses para seu estudo. No nosso entender, seria um equívoco colocar as duas reflexões no mesmo patamar, o que não impede a sua comparação.[8]

---

5   Com outros objetivos teóricos, Jessé Souza (2011) também desenvolve argumentos na linha proposta por Werneck Vianna.

6   O termo "utopia política" foi empregado por José Murilo de Carvalho (2005) em sua análise da sociologia de Oliveira Vianna. No texto mencionado, Carvalho sugere que as utopias políticas estão ligadas aos *valores* que os autores esposariam. No caso de Oliveira Vianna, seria o conjunto de valores que o autor identifica como "iberista".

7   O conceito de "obra" é, como estamos vendo, um tanto genérico e, assim, vago. Sem pretender resolver o problema, convém indicar o que estamos entendendo pelo termo. Tratar-seia de algo como um conjunto de reflexões reconhecidas intelectualmente que conformam uma interpretação aprofundada sobre um dado assunto.

8   Numa entrevista, afirma Werneck Vianna quanto a influência weberiana na academia: "Havia o Simon [Schwartzman], o Bolívar [Lamounier]. O Simon ofereceu um curso, muito bem aceito pelos estudantes, sobre uma interpretação do Brasil baseada em [Raymundo] Faoro e no [Reinhard] Bendix, de *Weber: um retrato intelectual*. Terminado o curso, ele organizou um número da revista *Dados* com ensaios

Os dilemas do patrimonialismo brasileiro   21

Dito isso, convém precisar melhor como os dois objetivos acima mencionados se articulam neste trabalho. Para tanto, é preciso fazer um parêntese e explicitar o interesse de apontar as similitudes entre as reflexões de Faoro e Schwartzman – algo que a literatura já faz – bem como o destaque que também se dá às diferenças entre as perspectivas históricas e políticas dos autores. Tal apontamento se justifica já que a importância dessas observações não está no mesmo nível analítico. Ou seja, do ponto de vista das semelhanças existentes, pretendemos indicar como o ponto central do raciocínio histórico dos dois autores, o patrimonialismo estatista, está associado ao que chamaremos de "utopia política" liberal, comparável ao que Gildo Marçal Brandão (2007) chamou de "idealismo constitucional" e ao que Werneck Vianna (1997) chamou de "americanismo". Vamos aprofundar a aproximação um pouco adiante, mas cabe registrar o motivo pelo qual pensamos que os termos sejam comparáveis: todos eles, de algum modo, fazem a crítica do Estado e sustentam como ordem social adequada a chamada "ordem burguesa", para usarmos os termos de Wanderley Guilherme dos Santos (1978). Este é um ponto que pretendemos articular com a hipótese da existência de uma afinidade eletiva entre os polos do patrimonialismo estatista e liberalismo/idealismo constitucional/americanismo.

Feito isso, um segundo intento é ressaltar que, embora esposem tal perspectiva, *os resultados e as utopias políticas desta articulação no*

---

seus e dos estudantes, que na verdade significava uma defesa da visão do Faoro sobre o Brasil. Aí a bibliografia começou a crescer e o Faoro, que tinha passado indene desde 1958, começou a ser um autor consagrado e academicamente prestigiado. No Iuperj, nessa que foi a primeira turma, em 1969, o Faoro já não era mais considerado um reacionário. A segunda edição de *Os donos do poder* é de 1974 e ele se encaixa exatamente nessa tentativa de escavar o Brasil para entendê-lo. Boa parte da projeção dele pós-1970 começa no Iuperj, pelas mãos do Simon. Mais tarde, quando fui escrever minha tese de doutorado, já tinha uma interpretação antifaoreana do Brasil consolidada." (WERNECK VIANNA, 2010, p.352-3)

pensamento dos dois autores são diversos. Esses resultados distintos têm como fundamentos as diferentes concepções: I) do papel de São Paulo na história política nacional; II) do papel de diferentes setores sociais na sociedade brasileira; III) da profundidade do problema do patrimonialismo no país; IV) do sentido da ideia de liberalismo. Nesse último caso, pretendemos indicar que Faoro teria uma concepção de liberalismo mais próxima do que hoje se chama republicanismo (SILVA, 2008), enquanto Schwartzman teria como referência outro tipo de liberalismo, que se conecta com o liberalismo econômico.

Deste modo, poderemos estabelecer um diálogo com as hipóteses lançadas por Gildo Marçal Brandão (2007) no que se refere à possível existência de linhagens do pensamento político e social brasileiro. Partindo de uma formulação de Oliveira Vianna (1939), Brandão sugere a existência de duas grandes "famílias intelectuais" no pensamento político brasileiro, o "idealismo orgânico" e o "idealismo constitucional", que corresponderiam a formas divergentes de pensar a realidade sociopolítica nacional.[9] O "idealismo orgânico" seria um modo de pensar que tem como origem as reflexões dos autores saquaremas do Segundo Reinado, com destaque para os trabalhos do Visconde do Uruguai, que perpassa as obras de Alberto Torres e Oliveira Vianna, chegando às formulações de Guerreiro Ramos e Wanderley Guilherme dos Santos.[10] Segundo Brandão, os teóricos que se alinham nessa perspectiva argumentam que as leis devem partir da realidade do país. Em outros termos, os costumes deveriam dar ensejo às leis

---

9 Gildo Marçal Brandão (2007) observa, ainda, a possibilidade de existência de ao menos outras duas linhagens: o "radicalismo de classe média" e o "marxismo de matriz comunista".

10 É oportuno ressaltar que, como lembra Brandão (2007, p. 39), afinidade eletiva não é o mesmo que afinidade ideológica. Assim, se é verdade que no início o "idealismo orgânico" era bastante próximo do conservadorismo saquarema, o mesmo não vale para as perspectivas de Guerreiro Ramos e Wanderley Guilherme dos Santos, que renovam o idealismo orgânico pela esquerda (BRANDÃO, 2007, p. 35).

Os dilemas do patrimonialismo brasileiro 23

que governariam os cidadãos. Além disso, os partidários do "idealismo orgânico" tenderiam a enfatizar o caráter fragmentário da sociedade brasileira e sugeririam como solução, via de regra, uma forte atuação do Estado, que teria como missão "corrigir" os desvios da sociedade brasileira (BRANDÃO, 2007, p. 47).[11] Muito característico dessa corrente é a crítica às instituições liberais no Brasil, que estariam, para usar expressão já conhecida, "fora do lugar".[12]

A outra grande família intelectual é aquela que Brandão denomina de "idealista constitucional". Sua origem dataria das formulações de Tavares Bastos, outro teórico do Império, e os seu desenvolvimento passaria por Rui Barbosa e Raymundo Faoro, desembocando nas formulações de Simon Schwartzman. Para os intelectuais dessa corrente, boas leis poderiam gerar bons costumes, equação que inverte a formulação dos idealistas orgânicos. Com relação à crítica histórica, os idealistas constitucionais argumentam que o Estado brasileiro, de origem lusitana, é excessivamente centralizador e "sufoca" a sociedade, não permitindo seu livre desenvolvimento. Daí adviriam as propostas liberalizantes desses autores (idem, ibidem, p. 49). Dessa maneira, as formulações de Brandão, com relação aos ideais políticos dos autores vinculados a esta linhagem, seguem um sentido semelhante das ideias desenvolvidas por Werneck Vianna a respeito do que esse chama de

---

11 Brandão resume o ponto de vista dos idealistas orgânicos da seguinte maneira: "Liberdade civil, unidade territorial e nacional garantida pela centralização político-administrativa, e Estado autocrático e pedagogo, eis o programa conservador." (BRANDÃO, 2007, p. 48)

12 Aliás, como observa Roberto Schwarz: "Na realidade, a convicção de que as ideias avançadas da Europa estejam fora do lugar na atrasada sociedade brasileira, a qual não serviriam, não tem nada de nova: ela é um dos pilares do pensamento conservador no Brasil." (SCHWARZ, 2012, p. 166). A perspectiva schwarziana inova não apenas pela sua "ética de esquerda", para usarmos expressão de Georg Lukács (2000), mas também pela articulação que propõe entre "ideais fora do lugar" e a formação de classes da sociedade brasileira, além da relação desta com o capitalismo global.

"americanismo", como ele mesmo observa (*idem, ibidem*, p. 34).[13] Nas palavras do autor de *Linhagens do pensamento político brasileiro*, os idealistas constitucionais defenderiam como proposta a "(des)construção de um Estado que rompa com sua tradição 'ibérica' e imponha o predomínio do *mercado, ou da sociedade civil*, e dos mecanismos de representação sobre os de cooptação, populismo e 'delegação'." (*idem, ibidem*, grifo nosso). De passagem, observemos que as teses destes autores tiveram bastante repercussão a partir do final dos anos 80 e início dos 90 no Brasil. Segundo Werneck Vianna (1999), esta seria a interpretação do Brasil que seria a matriz das políticas desenvolvidas a partir da redemocratização, no período chamado Nova República. Estando ou não de acordo com a perspectiva do sociólogo carioca, é fato que tais teses continuam ocupando espaço importante na mídia e no discurso político nacional.[14]

Tendo as formulações de Brandão em mente, pretendemos avaliar se Faoro e Schwartzman realmente podem ser lidos nessa chave. Além disso, queremos examinar as diferenças entre os autores. Ponto, aliás, que não contradiz a própria formulação do cientista político alagoano. Em suma: a hipótese é que seria possível assinalar sentidos políticos *distintos* dos "liberalismos" de Faoro e Schwartzman, e mesmo os americanismos dos autores também teriam referências diferentes.

13　Werneck Vianna é quem desenvolveu as ideias de "americanismo" e "iberismo". Em síntese, a primeira visão seria aquela associada a uma visão "anglo-atlântica" do mundo (termos de Richard Morse), que apostaria no individualismo, no contratualismo político e, portanto, na democracia liberal, além do racionalismo científico. Já ao "iberismo" corresponderia a uma escolha bastante distinta, isto é: o comunitarismo e uma ideia do corpo político como organismo, além da ênfase nas tradições culturais. Voltaremos a esse ponto no terceiro capítulo.

14　Uma rápida consulta no site d'*O Estado de São Paulo* mostra a ocorrência de 222 notícias com a palavra "patrimonialismo" de 05 de dezembro de 2001 até 27 de outubro de 2013. Pesquisa feita em 27 de outubro de 2013.

Nesta formulação, existe um pressuposto que também dialoga com os argumentos de Brandão (2007). Para explicitá-lo, é preciso recobrar a ideia de que a existência de uma afinidade eletiva não corresponderia, necessariamente, a uma afinidade ideológica. Do nosso ponto de vista, este argumento se aplica aos teóricos vinculados ao "idealismo orgânico", mas não teria a mesma validade para a perspectiva dos "idealistas constitucionais". Neste sentido, pensamos que os idealistas constitucionais brasileiros são autores vinculados ao que se poderia chamar, de modo geral, de liberalismo. Noutras palavras: no caso dos idealistas constitucionais brasileiros, existiria uma correspondência entre as afinidades eletivas e as afinidades ideológicas É certo, porém, que a ideia de liberalismo é bastante ampla e comporta tensões e oposições internas. Assim, haveria um movimento duplo, o qual esperamos demonstrar em nossa análise dos pensamentos de Faoro e Schwartzman: por um lado, ambos se afirmam no polo político liberal, mas, por outro, alinham-se a diferentes tipos de liberalismo. As raízes destas concepções diferentes de liberalismo seriam as distintas "apostas" dos autores com relação às instituições e grupos sociais que poderiam agir de maneira politicamente virtuosa, visando o estabelecimento do que poderíamos chamar, ainda que vagamente, de ordem social moderna no país. No caso de Faoro, a sociedade civil mobilizada; no de Schwartzman, o domínio social por setores médios e burgueses. Para compreender este duplo movimento, pode ser útil explorar teoricamente os conceitos de "liberalismo", "americanismo" e "idealismo constitucional", que aparecem conectados, mas não têm exatamente o mesmo significado.

No caso do conceito de "liberalismo", o termo se relaciona com o que estamos chamando de "utopia política". De modo amplo, ele indica uma posição política surgida na Modernidade que se contrapõe, inicialmente, aos ideais aristocráticos de hierarquia social. Todos os liberais, de um modo ou de outro, recorrem ao conceito de "liberdade" para fundar o seu pensamento, em oposição aos ideais de outras ideologias políticas, como a ideia de hierarquia social própria de visões aristocráticas do mundo, ou ainda a ênfase na "igualdade" de doutrinas de esquerda. Aliás, os ideais liberais podem entrar em choque, inclusive, com o ideal democrático da "igualdade". Também é certo ter em mente que a própria noção de "liberdade", suas qualidades e limites, é objeto de divergências entre os próprios autores liberais.

De modo geral, podemos dizer que, por um lado, o liberalismo acentua os "meios" para a garantia das liberdades, tendo como principal problema o controle do poder de uns – do Estado, da maioria, de uma instituição, de um indivíduo e etc ... – sobre outros. A partir da resolução desta questão, é o indivíduo quem teria a responsabilidade sobre si, sem que alguém (ou algo) possa lhe indicar qual caminho a ser seguido. Por outro lado, o liberalismo pode ser visto como um "fim", no sentido de poder ser a referência da "utopia política" de determinados autores, o que não é o caso conceitual do idealismo constitucional. Para dar uma volta no argumento e tentar esclarecê-lo: o liberalismo é um "fim de meios"ou um "fim de formas".[15] Sem almejar definir o que é liberalismo, tarefa além das nossas possibilidades, queremos sugerir quatro características típicas do pensamento liberal que os autores com os quais trabalhamos defendem em suas obras como medidas importantes para a solução dos problemas histórico-políticos

---

15 Sem querer entrar numa seara que não é própria deste trabalho, indiquemos rapidamente, com o intuito de esclarecer o nosso argumento, que podemos perceber uma afinidade entre o liberalismo e o movimento da razão moderna identificado por Theodor Adorno e Marx Horkheimer (2006). Segundo os autores, a razão moderna passou a ser identificada não com a reflexão sobre os fins a serem almejados, mas sim com os meios adequados para atingir os fins, que deixam de ser problematizados. Do nosso ponto de vista, algo análogo acontece com o liberalismo, que enfatiza – tal como a razão moderna – os "meios" e não os "fins". Daí a ênfase liberal em questões procedimentais de justiça, por exemplo, em contraposição à ideia de "bem", defendida por aqueles que sustentam uma posição substantiva de justiça.

Os dilemas do patrimonialismo brasileiro   27

brasileiros. São elas: a igualdade jurídica formal, o capitalismo com "espírito" moderno, o regime político liberal-democrático representativo e a descentralização do poder político. A vantagem de trabalharmos com essas ideias é que elas nos permitem diferenciar Faoro e Schwartzman de autores ligados a outras "interpretações do Brasil".

Do lado da ideia de "idealismo constitucional", como no caso das demais linhagens apontadas por Brandão (2007), temos não a designação de uma utopia política, *mas sim de uma forma de pensar a realidade histórica*. Ou seja, *"idealismo constitucional" não é sinônimo de liberalismo político, embora, como veremos, tenha uma íntima relação com tal doutrina política, de modo que é possível afirmar que um idealista constitucional, por coerência, tende a ser liberal*. Como já indicado, a principal característica desta forma de pensar é enfatizar o predomínio das leis sobre os costumes, argumentando que "boas leis" geram "bons costumes". Neste registro, observemos que a combinação entre idealismo constitucional e o liberalismo corresponde ao casamento entre uma forma de pensar e uma ideologia política, o que produz um pensamento político.[16] Do nosso ponto de vista, a especificidade da combinação é a sua dimensão tendencial, o que não ocorre com o "idealismo orgânico". Isto é, pode ocorrer que haja um liberal que espose a maneira de articular as ideias própria do idealismo orgânico, mas não deve ocorrer que um idealista constitucional seja, conceitualmente, autoritário (Cf. BRANDÃO, 2007). Vale destacar este ponto: se é válida a crença de que as leis predominam sobre os costumes, um idealista constitucional precisa sustentar que as leis liberais geram uma sociedade liberal. Dizendo de outro modo, não pode haver contradição entre meios

---

16 Uso o termo "pensamento político" em sentido faoriano. Para Faoro, o pensamento político articula, na *praxis*, o *logos* e a ação política. Nesse registro, ao *logos* corresponderia o idealismo constitucional, como forma de compreender a realidade política na qual se quer atuar, e a ação política ao liberalismo como ideologia, que exprime precisamente o sentido da ação.

(leis) e fins (costumes), como pode ocorrer entre os defensores do idealismo orgânico.

Nesta referência, Gabriela Nunes Ferreira (1999) indica como Tavares Bastos leu *A democracia na América* de Alexis de Tocqueville. Em sua leitura, o luzia enfatizou o papel que as leis exerceram sobre os costumes dos norte-americanos; dessa forma, seria possível reproduzir a experiência democrática estadunidense por aqui. Ao mesmo tempo, a autora mostra que a leitura do mesmo livro por parte do Visconde do Uruguai enfatiza justamente o argumento oposto: a preeminência dos costumes sobre as leis, o que dificultava a reprodução do estilo político dos estadunidenses.

Por fim, o conceito de "americanismo" se refere a uma perspectiva que contempla tanto uma utopia política como uma forma de pensar. Tal categoria não se reduz ao liberalismo, nem ao idealismo constitucional. De modo muito geral, o americanismo designa uma utopia política pensada a partir da experiência democrática norte-americana, ao passo que tenta reproduzi-la através do uso dos instrumentos históricos, políticos e sociais surgidos naquela experiência. O americanismo, portanto, é, ao mesmo tempo, um "meio" de se atingir uma utopia política (repetição da experiência social estadunidense) e um "fim", enquanto própria utopia política (a ordem social à americana).[17]

Precisemos, então, a diferença entre o americanismo e o idealismo constitucional: trata-se da compreensão da maneira como a qual poder-se-ia repetir, em linhas gerais, a experiência social estadunidense. O argumento idealista constitucional indicaria que a maneira de repetir essa experiência seria reproduzindo leis semelhantes às vigentes

---

17 Notemos que na ideia se confundem meios e fins, o que não ocorre na relação entre idealismo constitucional e liberalismo. Por outro lado, como veremos adiante, essa última relação também é forte o suficiente para que haja o que chamaremos de "simbiose cultural".

Os dilemas do patrimonialismo brasileiro 29

nos Estados Unidos. Essa é, a nosso ver, a resposta de Faoro e Schwartzman para os dilemas do acesso brasileiro à condição, identificada por eles, como moderna. No entanto, essa resposta não é a única possível. Um exemplo disso seria o caso de alguns idealistas orgânicos, que podem ter no horizonte uma sociedade à americana, mas enfatizam que, para que esta aspiração se realize, seria inadequado a repetição das leis estadunidenses em solo hostil. Nesta referência, que pode ser identificada com o que Wanderley Guilherme dos Santos (1978) chamou de "autoritarismo instrumental", nosso caminho para uma sociedade aos moldes americanos teria que ser outro. Ou seja, pode-se ser "americanista" sem ser "idealista constitucional".

Por outro lado, é necessário indicar a articulação entre "americanismo" e "liberalismo". Neste ponto, precisamos ter em mente que *o conceito de americanismo é ambíguo, pois pode gerar tanto uma leitura "liberal" como uma leitura "republicana"*. Isto é: pode-se enfatizar os aspectos liberais da experiência histórico-social norte-americana, como também pode-se frisar, do mesmo modo, de que maneira os americanos tiveram uma experiência política republicana. Aqui temos o ponto central das diferentes utopias políticas dos autores, tal como veremos adiante. A nosso ver, no que se refere a este conceito, Raymundo Faoro sustentaria de que modo a experiência americana é o exemplar do *self-government*, o que o aproxima do ideal republicano de autogoverno. Por outro lado, Schwartzman sublinharia de que modo a organização social americana propiciou uma sociedade propriamente liberal-capitalista.

Nossa tese é a de que podemos compreender as utopias políticas destes autores utilizando estas três ferramentas conceituais – liberalismo, idealismo constitucional e americanismo – de maneira que as diferenças entre o pensamento de Faoro e de Schwartzman sejam matizadas, o que poderia contribuir também para o enriquecimento de tais conceitos. Ao mesmo tempo, em outro sentido, a noção de americanismo e idealismo constitucional ajudariam a refinar o que significa o "liberalismo" em cada autor.

Mas antes daremos um outro passo. Propomo-nos a tentar compreender, por meio da ideia de afinidade eletiva – usada por Weber (2004) e mais desenvolvida, ao menos conceitualmente, por Michael Löwy (1989) –[18] qual a relação entre um tipo específico de uso da sociologia da dominação weberiana e o idealismo constitucional, bem como sua conexão com o liberalismo no Brasil. Isso nos ajudará a compreender o sentido mais amplo desta relação, que é importante tanto para entendermos a análise que Faoro e Schwartzman fazem do desenvolvimento histórico-político do Brasil, como também para assinalarmos, posteriormente, as distintas concepções de política e utopias políticas em suas obras.

Afinidade eletiva entre o patrimonialismo estatista e o liberalismo: uma hipótese

Chama a atenção o uso que teóricos vinculados ao que se poderia chamar de "idealismo constitucional", como Faoro e Schwartzman, fazem da sociologia da dominação weberiana para explicar o desenvolvimento histórico-político brasileiro. Além disso, também é interessante que eles se identifiquem com o que podemos chamar de "utopia política liberal" – ressalvando que esse termo possui vários significados possíveis. Neste verdadeiro emaranhado que pode ser a definição de liberalismo, é útil resgatar a distinção existente na ciência política italiana, de acordo com Norberto Bobbio (2010), entre o "liberalismo", que seria uma teoria política focada na dimensão das liberdades jurídicas dos sujeitos, e o "liberismo", ideia identificada com a doutrina econômica que prega a liberdade econômica e sua íntima ligação

---

18 Importa observar que a ideia de afinidade eletiva foi utilizada por Brandão (2007).

Os dilemas do patrimonialismo brasileiro

com a propriedade privada, enfatizando, em suma, a liberdade como dimensão de atuação no *mercado*. É importante assinalar que as duas perspectivas – a política e a econômica – podem se relacionar, mas não necessariamente.[19] Outra vantagem da distinção é que ela também é utilizada por Faoro, fato que indica que o autor pensava da mesma maneira e que, portanto, nos permitirá compreender com mais precisão suas formulações.[20]

A distinção feita acima é interessante na medida em que permite precisar melhor o argumento que pretendemos sustentar. A seguir, tentaremos indicar que existiria uma afinidade eletiva entre o âmbito explicativo, o que estamos chamando de "patrimonialismo estatista", sempre vinculado a uma avaliação negativa da presença do Estado no Brasil, e o que poderíamos chamar de âmbito normativo, o "liberalismo", em sentido amplo, como proposta que permitiria a superação do quadro destacado. No bojo da ideia de liberalismo, seria preciso indicar duas dimensões diferentes: a liberal-democrática e a liberista. Em suma: tanto o liberalismo como o liberismo, com seus pressupostos, romperiam com o patrimonialismo estatista.

Por outro lado, queremos oferecer um esquema explicativo sobre a relação entre patrimonialismo e idealismo constitucional na cor-

---

19 Num certo sentido, é como o encontro histórico, também analisado por Bobbio, entre "liberalismo" e "democracia". Há formas de pensamento liberal que não se conjugam com a democracia; há formas de pensamento democrático que não se combinam com os ideais liberais; não obstante, houve, ao longo da história, um encontro que sustentou a chamada "democracia-liberal". O que queremos enfatizar com isso é que tal encontro "não está marcado", mas depende do desenvolvimento concreto da história. A discussão sobre a relação liberalismo e democracia perpassará parte desta dissertação, sendo inevitável o retorno a tal questão mais à frente.

20 Isso fica mais explícito no seguinte trecho: "Já se observou que o liberalismo econômico não realiza o liberalismo político, senão que o nega, na medida em que interdiz ao homem o acesso ao domínio econômico. O liberalismo econômico, para salvar seus fins, divorcia-se frequentemente do liberalismo político, entregando, em renúncia à autodeterminação, aos tecnocratas e à elite a condução da economia." (FAORO, 2007, p. 197)

rente de pensamento do "patrimonialismo estatista". Ou seja, nosso esquema explicativo poderia contribuir para a elaboração do projeto de Brandão (2007) sobre a construção das "linhagens do pensamento político brasileiro".

Sustentamos que existiriam afinidades eletivas não apenas no sentido positivo, como teria se desenvolvido, segundo Max Weber, no reforço mútuo entre a ética protestante e o espírito do capitalismo. Existiria, na relação que estamos estudando, por assim dizer, uma afinidade eletiva "negativa"[21] entre a perspectiva do patrimonialismo estatista, de um lado, e do liberalismo, de outro. Ou seja: para um problema em comum, a centralização excessiva e a atuação ilegítima do Estado sobre a sociedade brasileira (problema identificado com o patrimonialismo), haveria uma solução comum: a redução do papel sócio-político do Estado e a ênfase na associação dos cidadãos.

Essa tese, formulada nos termos de patrimonialismo no sentido centralizador, perpassa vários autores liberais brasileiros a partir da publicação de *Os donos do poder*, a primeira obra que usa o conceito de patrimonialismo para "explicar o Brasil".[22] Para indicar a existência

---

21 Quando da primeira redação desta dissertação, não tínhamos conhecimento de que Michael Lowy (2014) já havia usado o termo afinidade eletiva negativa. Segundo ele, haveria na teorização weberiana uma afinidade negativa entre catolicismo e espírito capitalista. Ou seja: as práticas católicas distanciariam os sujeitos dos pressupostos das práticas capitalistas. *Para o que nos interessa aqui, é importante observar que não usamos a expressão no mesmo sentido de Lowy.* Em nosso sentido, a afinidade eletiva negativa teria uma dimensão de reforço, e não de distanciamento, tal como na formulação de Lowy. Em poucas palavras: a compreensão do patrimonialismo estatista, que tem como pressuposto axiológico uma avaliação *negativa*, reforçaria as teses liberais como solução para os elementos nefastos da formação histórica luso-brasileira.

22 Aqui cabem duas menções. A primeira é a lembrança de que a palavra "patrimonialismo" já aparecia em *Raízes do Brasil*, livro publicado por Sérgio Buarque de Holanda em 1936. Porém, nessa obra o termo é bastante aproximado, conceitualmente, da noção de "patriarcalismo". E, como assinala Faoro (1993), a ideia aparece mais como palavra adjetiva do que conceito explicativo, como é o caso de *Os donos do poder*. A outra menção é sobre outros teóricos que usam a ideia de patrimonialismo, no sentido "estatista", para empreender uma análise do desenvolvimento histórico-

Os dilemas do patrimonialismo brasileiro   33

de tal afinidade eletiva, precisamos responder a *por que o patrimonialismo, em chave negativa, seria um conceito próximo de uma utopia liberal, em sentido positivo?* Importante dizer que o nosso argumento,aqui, não entrará nos detalhes. Posteriormente, quando retomarmos a análise específica dos âmbitos normativos dos autores, ele será melhor precisado. Também vale mencionar que a ideia de patrimonialismo é, para Faoro e Schwartzman, *o conceito que permitiria articular a análise e a narrativa histórica* do desenvolvimento histórico-político nacional como também é o *problema* a ser superado. *Aliás, é precisamente essa articulação entre a teoria sociológica weberiana e uma avaliação normativa* – ausente no uso que dela faz o próprio Weber – *é que permite a existência da afinidade eletiva negativa tal como estamos a entendendo.* Neste aspecto, o uso que fazemos da noção de afinidade eletiva se distancia da maneira como ela é usada pelo autor de *Economia e Sociedade.*

Por outro lado, no que se refere ao conceito de afinidade eletiva, do ponto de vista da definição conceitual, nossa perspectiva coincide com a de Weber e Lowy – que a entende da mesma maneira que o sociólogo de Heidelberg. Neste sentido, afinidade eletiva é

> um tipo muito particular de relação dialética que se estabelece entre duas configurações sociais ou culturais, não redutível à determinação causal direta ou à "influência" no sentido tradicional. Trata-se, a partir de uma certa analogia estrutural, de um movimento de convergência, de atração recíproca, de confluência ativa, de combinação capaz de chegar até a fusão. (LÖWY, 1989, p. 13)

É importante assinalar, como faz o autor citado, que existem diferentes intensidades de afinidades eletivas, que podem ir de uma "atra-

---

-político do Brasil, como Antonio Paim, Ricardo Vélez Rodrigues e José Osvaldo Meira Penna.

ção estática" até a "fusão total". No caso analisado nesta dissertação, haverá uma atração entre o patrimonialismo, normativamente pensado de maneira negativa, e o liberalismo, avaliado em chave positiva. Assim, não se poderia falar em uma "fusão total", mas talvez se possa dizer, para usarmos a expressão de Löwy (1989), uma "simbiose cultural", isto é, os dois elementos se conectam, mas se mantém separados.

Um primeiro ponto importante a assinalar nessa convergência é que o conceito de patrimonialismo weberiano é usado sobretudo no sentido da *centralização política*, que é avaliado em sentido negativo. Ou seja, o patrimonialismo seria marca do Estado e não da sociedade (WERNECK VIANNA, 1999). Tendo isso em mente, o argumento desenvolvido pelos autores enfatiza que a centralização política geraria o arbítrio do soberano, a corrupção, algo como a desagregação da sociedade e etc. Noutros termos, o patrimonialismo aparece como o modo de dominação no qual o senhor, sob a lógica da propriedade privada, dispõe do Estado, que corresponderia idealmente ao espaço público.[23]

---

23 Isto aparece claramente no discurso de posse do ministro da Fazenda Joaquim Levy, notadamente um economista ortodoxo. Em seus discurso, diz o ministro: " O patrimonialismo, como se sabe, é a pior privatização da coisa pública. Ele se desenvolve em um ambiente onde a burocracia se organiza mais por mecanismos de lealdade do que especialização ou capacidade técnica, e os limites do Estado são imprecisos. É um mecanismo excludente, ainda que o estado centralizador possa gerar novos grupos para operá-lo, como foi pela proliferação de viscondes e marqueses no nosso primeiro império, de que nos fala Raimundo Faoro em sua análise formidável desse fenômeno tão nocivo. A antítese do sistema patrimonialista é a impessoalidade nos negócios do Estado, nas relações econômicas e na provisão de bens públicos, inclusive os sociais. Essa impessoalidade fixa parâmetros para a economia, protegendo o bem comum e a Fazenda Nacional, a qual então foca sua atividade no estabelecimento de regras gerais e transparentes. O que permite a iniciativa privada e livre se desenvolver melhor. Ela que dá confiança ao empreendedor de que vale a pena trabalhar sem depender, em tudo, do Estado." (LEVY, 2015, p.3-4). Note-se que no trecho também fica clara a identificação do bem público com a liberdade econômica, que deve ser protegido pelos "meios" liberais. Esta percepção que chamamos acima de "simbiose cultural". Porém, é importante destacar que essa identificação não é necessária. Outra possibilidade seria opor o patrimonialismo à democracia, que nos parece ser o caso de Faoro. Desenvolveremos o ponto adiante.

Os dilemas do patrimonialismo brasileiro   35

Neste sentido, a proposta liberal aparece justamente como o oposto disso e, portanto, sua solução: em grandes linhas, a tradição do contrato social, em oposição ao arbítrio do soberano, e a ênfase no mercado como mais eficaz do que o Estado, que é visto sempre como centralizador, ineficaz e corrupto.[24] Não à toa, Faoro e Schwartzman valorizam as formações sociais feudais, que seriam casos extremados, no sentido da descentralização, do patrimonialismo weberiano. Tais formações sociais teriam gerado sociedades fundadas na relação de igualdade formal, pois correspondiam à descentralização significativa e efetiva do poder, o que agregava resistências ao poder absoluto do soberano. Daí a ideia de que tais sociedades teriam sido ensejadas pelo contrato social realizado entre o soberano, incapaz de exercer o poder político absoluto, e os seus vassalos, capazes de resistir ao poder político do primeiro.[25] Por isso, poderíamos dizer que nas sociedades de origem feudal haveria uma correspondência entre a estrutura social e o liberalismo.[26]

---

24 Segundo Gianfranco Pasquino: "Podemos distinguir três tipos de Corrupção: a prática da peita ou o uso da recompensa escondida para mudar a seu favor o sentir de um funcionário público; o nepotismo, ou concessão de empregos ou contratos públicos baseada não no mérito, mas nas relações de parentela; o peculato por desvio ou apropriação e destinação de fundos públicos ao uso privado." (PASQUINO, 2004, p. 291-2). Veremos, na próxima seção, que é constitutivo da dominação patrimonial pelo menos duas das três formas de corrupção mencionadas, o nepotismo e o peculato. O primeiro porque é da natureza da dominação patrimonial o recrutamento de homens de confiança do senhor e o segundo porque não há distinção entre o espaço público e o espaço privado, pois ambos estariam sob o domínio do senhor. Na mesma direção aponta Montesquieu (2005) quando observa, ao analisar o despotismo oriental, que "o peculato é então natural nos Estados despóticos" (MONTESQUIEU, 2005, p. 75).

25 Esse ponto de vista fica especialmente claro na seguinte argumentação de Simon Schwartzman: "Portanto, e contrariamente ao que é algumas vezes sustentado, o feudalismo não parece ter constituído historicamente um fator de subdesenvolvimento. Ao contrário; sua ausência e o predomínio do passado de um Estado burocratizado e excessivamente grande é o que parece terem sido determinantes do atraso relativo de muitos países no presente" (SCHWARTZMAN, 1988, p. 58).

26 "Patrimonial e não feudal o mundo português, cujos ecos soam no mundo brasileiro

Em contraposição ao feudalismo, a história luso-brasileira é vista como uma história não pertencente ao Ocidente liberal-capitalista.[27] Numa metáfora já antiga, usada por Tavares Bastos, "patriarca" da linhagem intelectual a qual Faoro e Schwartzman pertenceriam, o nosso Estado seria "asiático". É neste sentido que Werneck Vianna (1997) afirma que na interpretação histórica de nossa formação, feita por Tavares Bastos, prevalece uma explicação *política* e não sociológica para os nossos males. Até por enfatizarem o lugar da política em nosso desenvolvimento histórico-político, pensamos que a mesma observação vale para Faoro e Schwartzman. Sinal disso é que Faoro sublinha o papel dos clássicos da ciência política em *Os donos do poder*.

Nos termos de Werneck Vianna (1997, 1999), este Estado "sufocante" e patrimonial corresponde ao nosso "oriente político". Assim, podemos dizer que o nosso "oriente político", aliado à nossa "metafísica brasileira" em chave negativa, tem como solução o "americanismo", calcado na "física dos interesses" ou na "matriz dos interesses". Isto é, a ordem política centralizada, arbitrária e corrupta seria "corrigida" por uma outra ordem, fundamentada na descentralização e nas relações políticas contratuais, que teriam como base os interesses individuais. Isto implica numa aproximação com as ideias fundamentais de uma certa tradição da teoria política moderna ocidental, cuja argumen-

---

atual, as relações entre o homem e o poder são de outra feição, bem como de outra índole a natureza da ordem econômica, ainda hoje persistente, obstinadamente persistente. *Na sua falta, o soberano e o súdito não se sentem vinculados à noção de relações contratuais, que ditam limites ao príncipe e, no outro lado, asseguram o direito de resistência, se ultrapassadas as fronteiras de comando."* (FAORO, 2008, p. 35, grifo nosso)

27 Não é despropositado observar que essa relação entre condição americana e a oriental também ocorre em outros países do continente. Pode-se citar uma obra fundamental para a compreensão da construção nacional argentina, o *Facundo,* de Domingos Sarmiento (2010). Nessa obra há várias referências ao deserto, geografia clássica do Oriente. Aliás, essa ligação metafórica entre os pampas e o deserto será uma constante no pensamento social argentino, como demonstram as obras de Alberdi (1943) e Martínez Estrada (1996).

Os dilemas do patrimonialismo brasileiro 37

tação vai na direção do estabelecimento de contratos sociais e, mais especificamente, da ordem burguesa liberal,[28] com sua ênfase nos interesses materiais sobre as justificativas "metafísicas" da escolástica medieval dominante no mundo ibérico. Em termos muito resumidos, a ocidentalização aparece como solução de nossa condição oriental.

Ainda nesta referência, os autores que esposam a ideia do patrimonialismo estatista enfatizam a corrupção política dos agentes estatais que agiriam, para usarmos os termos de Schwartzman, pela lógica da cooptação em relação aos setores localizados fora do poder político. Os termos dos autores, contudo, variam. Em Faoro, quem realiza o "patronato" é o estamento burocrático; em Schwartzman, quem realiza a "cooptação" são os membros da classe política e a burocracia estatal.[29] Assim, pode-se ver como solução do problema estatal, historicamente vicioso no país, a redução de seu espaço e de sua atuação e o consequente fortalecimento das relações sociais privadas. Nota-se que a solução para o problema do Estado, que é regido pela lógica privada, não vai na direção de negar a validade das relações privadas, mas sim a reforça, pois a resolução do problema seria fortalecer o espaço privado, naturalmente regido por sua lógica própria, que agora estaria "no lugar". Percebe-se, assim, que o alvo da crítica não é o predomínio

---

28 Como, nesta altura, estamos no plano da realidade concreta e não da teoria, e partindo da ideia de que nem sempre a ordem política de inspiração liberal realiza efetivamente o programa teórico-político liberal, uso o termo "ordem burguesa liberal", no sentido dado por Santos (1978), para que não haja confusão com relação ao "liberalismo" enquanto teoria política, embora possam estar naturalmente conectados. Neste ponto específico, interessam-me mais os resultados práticos do desenvolvimento histórico-político ocidental do que as teorias que os fundamentaram, que podem estar, por outro lado, em desacordo com tal desenvolvimento. Em suma, penso a ordem política liberal como ideologia e não como teoria, neste ponto.

29 Como veremos, existe uma diferença importante entre estes conceitos nos autores. Para Schwartzman, a elite política brasileira é "permissiva" (SCHWARTZMAN, 1988, p. 15), enquanto para Faoro ela tem o comportamento oposto, sendo um estamento fechado sobre si mesmo (e, por isso, é um estamento). Voltaremos ao ponto no capítulo sobre a obra de Simon Schwartzman.

de assimetrias de poder entre os agentes no âmbito privado, mas sim ao fato do poder político – isto é, público – ser tomado como algo particular.

Noutro plano, o do ponto de vista da análise histórica, uma questão fundamental é a *contraposição à visão marxista da história política nacional*. Notemos que é aqui que o idealismo constitucional se conjuga à percepção do patrimonialismo estatista. Esta oposição tem como fundamento duas objeções às teses marxistas: i) os teóricos do patrimonialismo estatista recusam, por um lado, a ideia de que país teria raízes feudais, como defendiam os teóricos alinhados com o Partido Comunista Brasileiro (PCB); ii) sustentam que no Brasil o fenômeno político seria autônomo, ou seja, no Brasil, o Estado não seria o "comitê executivo da burguesia". Para sintetizarmos esse ponto, o aparato estatal brasileiro equivaleria ao "comitê executivo do estamento burocrático" ou da "classe política e da burocracia", por onde se vê, como indicamos anteriormente, de que maneira o idealismo constitucional tende a enfatizar a dimensão política dos males brasileiros.

Neste ponto, as teorizações de Faoro desempenharam um papel histórico importante. O próprio autor relatou que pretendeu oferecer uma visão da história do país que fosse distinta daquela pensada pelos teóricos marxistas ortodoxos (FAORO, 2008, p. 13). Como observou o autor em *Os donos do poder*:

> De outro lado, o ensaio se afasta do marxismo ortodoxo, sobretudo ao sustentar *a autonomia de uma camada de poder*, não diluída numa infra-estrutura esquemática, que daria conteúdo econômico a fatores de outra índole. (*idem, ibidem,* grifo nosso)

Por seu turno, Simon Schwartzman é bem claro no que se refere à importância das formulações faorianas em sua oposição à visão marxista da história brasileira:

Os dilemas do patrimonialismo brasileiro

> Ele [*Os donos do poder*] ajudou a questionar o marxismo convencional que, sobretudo a partir dos trabalhos do famoso grupo de leitura de *O Capital* da Universidade de São Paulo dos anos 50, e dos trabalhos de Caio Prado Jr., dominou as ciências sociais brasileiras nos anos seguintes. (SCHWARTZMAN, 2003, p. 208)[30]

Assim, nessas análises que empregam a sociologia da dominação weberiana, o patrimonialismo, em chave estatista, aparece como perspectiva epistemológica que se contrapõe ao suposto esquematismo histórico-economicista marxista. Por outro lado, no plano ideológico, a valorização da ideologia liberal, que enfatiza o papel da sociedade civil como solução para o problema do Estado sufocante, também se opõe ao marxismo como proposta política.

Sublinhando o argumento: no plano epistemológico, a abordagem "patrimonialista estatista" colabora para a fixação de uma visão dos fenômenos políticos como tendo causas próprias, além de serem aqueles que deveriam ser tomados como predomionantes em relação aos problemas de nosso pouco desenvolvimento. Assim, não haveria, como supostamente alegaria o marxismo na visão dos autores citados, a determinação do plano político pelo econômico. Ocorreria na verdade, o oposto: o soberano, centralizador, dominaria a economia, utilizando o "capitalismo politicamente orientado" e suas ferramentas, como o fiscalismo tributário. Veja-se que até mesmo o nosso capitalismo é político, o que nos poria fora de uma lógica eminentemente capitalista. É pela avaliação negativa dessa constante histórica que re-

---

30 Vale ainda mencionar, neste caso, a visão de Antonio Paim, outro autor que defende a perspectiva do "patrimonialismo estatista": "O grande mérito de Faoro consiste em haver chamado a atenção para a importância da tradição cultural no adequado entendimento do processo histórico e, ao mesmo tempo, em ter recorrido à inspiração de Max Weber, abandonando as fastidiosas análises de cunho positivista-marxista, que se tornaram a nota dominante na abordagem da nossa realidade político--social neste pós-guerra." (PAIM, 2000, p. 265)

sulta a articulação com a reflexão liberal: seria preciso alterar o quadro, reduzindo (ou alterando) o papel do Estado nesse âmbito. *É aqui que reside o "nó" da articulação epistemológica (idealismo constitucional) e a ideologia política liberal.*

Aliás, como assinala Gina Kuper (1993), haveria uma série de intelectuais ocidentais que refletiram sobre as diferenças sociopolíticas entre o Ocidente e o Oriente. Entre eles estariam Aristóteles, Maquiavel, Montesquieu, Hegel, Marx, Weber e Gramsci. Não é por acaso que nas obras dos nossos autores aparecem autores como Maquiavel, Montesquieu e Weber.[31] Esses autores não só pensaram a questão do "oriente político", mas explicaram, a partir de argumentos que enfatizam a dimensão política desse processo, as formações históricas que geraram as sociedades próximas de suas características. Esse é o sentido do paralelismo entre o "despotismo oriental" montesquiano, utilizado por Tavares Bastos, e o "patrimonialismo" weberiano e sua ressignificação faoriana: ambos enfatizam a dominação política instável e a fraqueza da sociedade civil perante ela.

Como se vê, a proximidade de nossa política com o "estilo oriental", por assim dizer, seria negativa. Isso porque o patrimonialismo implicaria: na inexistência de barreiras jurídicas, que limitariam os poderes do soberano; na ênfase em aspectos religiosos ou tradicionais como sustentáculo do direito, o que poderia legitimar arbitrariedades; na ideia de "igualdade servil[32] dos cidadãos frente ao soberano; na destacada dificuldade de desenvolvimento do mercado, uma vez que a economia seria controlada pelo detentor do poder e, como consequência, o aspecto agrário predominaria sobre o industrial; e, por fim, na corrupção, que emanaria deste tipo de dominação devido ao arbí-

---

31 E não está inteiramente ausente a discussão de Marx sobre o "modo de produção asiático", que é feita por Schwartzman (1988).

32 O termo é de Kuper (1993, p. 181)

Os dilemas do patrimonialismo brasileiro   41

trio do poder. Tendo isso em mente, o liberalismo aparece como uma "solução" para os problemas postos pela dominação patrimonial: o contrato social entre governantes e governados, a garantia dos direitos formais, o sistema de freios e contrapesos, a livre-iniciativa econômica, o sistema liberal-democrático e etc.

A partir dessa oposição conceitual é que podemos compreender o lugar especial que São Paulo ocupa nas "interpretações do Brasil" de Faoro e Schwartzman. Como sustenta Werneck Vianna (1999), São Paulo seria

> um primeiro esboço do Ocidente sobre o qual deveria se assentar a arquitetura institucional da democracia representativa, removendo-se a pesada carga de um Estado parasitário a fim de dar passagem aos interesses e à sua livre agregação. Nesse sentido, conta-se a saga de infortúnios da democracia brasileira a partir das derrotas políticas de São Paulo, que o teriam privado de universalizar o seu paradigma ocidental. (WERNECK VIANNA, 1999, p. 5)

Por outro lado, se existe uma afinidade eletiva entre a perspectiva do "patrimonialismo estatista" e o liberalismo, em sentido amplo, não há necessariamente *plena* coincidência ideológica entre os defensores dessa perspectiva ideológica. Mas, por enquanto, nos limitaremos a discutir as afinidades eletivas. Às afinidades ideológicas, voltaremos adiante, no terceiro capítulo desta dissertação. De qualquer modo, é importante sublinhar que este esquema que acabamos de expor é que estará em jogo nas análises dos autores, as quais exploraremos nos dois próximos capítulos.

Para que esta análise seja produtiva, é preciso que conheçamos minimamente aquele conceito que será o nosso objeto de estudo. Por isso, é preciso retomar, sem pretensões de uma análise aprofundada, as formulações de seu sistematizador, Max Weber. O retorno à reflexão

O patriomonialismo em Max Weber

Como lembra Hinnerk Bruhns (2012), não foi Weber quem criou o conceito de patrimonialismo e seus correlatos, como o de dominação patrimonial. Segundo o autor, esses conceitos já faziam parte do vocabulário dos políticos conservadores alemães no século XIX. Além disso, o próprio Weber lembraria que teria recorrido à formulação de Haller para empregá-la (WEBER *apud* BRUHNS, 2012, p. 65).[33] Ou seja, num primeiro momento, o uso que Weber faz desta categoria reflete os usos dela pelos teóricos políticos e historiadores alemães do século XIX, que introduzem a ideia de uma "relação genética" entre patriarcalismo e patrimonialismo. Nessa acepção, o patrimonialismo corresponderia à descentralização do *oikos*. Uma obra importante sobre o assunto foi a de Georg Von Below e que, segundo Bruhns, teria levado Weber a distinguir patriarcalismo de patrimonialismo, entre o "nível da casa" e o do grupo político.

Analisando o desenvolvimento da obra teórica de Max Weber, Bruhns propõe distinguir temporalmente os usos do arcabouço conceitual em *Economia e Sociedade*, pois existiriam dois grupos de textos que comporiam a obra: os mais influenciados pela sociologia histórica, que foram escritos antes da Primeira Guerra Mundial, e outros mais influenciados pela sociologia sistemática, que seriam do final da década de 1910 e início da de 1920. No entanto, haveria uma inversão

---

33 Reihardt Koselleck, teórico da História dos conceitos, afirma que "conceitos sociais e políticos contêm uma exigência concreta de generalização, ao mesmo tempo em que são sempre polissêmicos" (2011, p. 108). Ou seja, há disputas intensas sobre eles e parece ter sido uma estratégia teórica de Weber assimilar alguns conceitos políticos – como patrimonialismo, classe e estamento – como conceitos sociológicos.

Os dilemas do patrimonialismo brasileiro   43

temporal na ordem de publicação: os primeiros escritos foram publicados por último.[34] Mais do que diferentes combinações, as indagações a respeito dos tipos de dominação também mudariam. Na primeira parte do texto, chamado "Sociologia da dominação", a questão chave que Weber buscaria responder é "como funcionam as dominações"?; na mais recente, denominada "Tipos de dominação", o problema passaria a ser "como se legitimam as dominações"? (BRUHNS, 2012, p. 66).

Também convém compreender como Weber refletiu sobre as formulações de sua sociologia da dominação. Para tanto, é preciso entender a diferenciação, para o autor, entre o conhecimento histórico e o sociológico. O primeiro estuda a explicação de comportamentos e conexões individuais, enquanto o segundo busca se referir às "uniformidades", procurando compreender os sentidos das ações sociais, de modo a construir os "tipos e as leis gerais dos acontecimentos" (KUPER, 1993, p. 20-1). Neste sentido, os tipos de dominação são "realidades sociológicas e não sociais", constituindo-se como "tipos ideais" não puramente encontráveis na realidade empírica e aplicáveis para entender uma dominação exercida em qualquer tempo. Observa-se que, na explicação dos tipos ideais de dominação, Weber utiliza com frequência exemplos históricos, contudo, eles são ilustrativos do argumento e não se confundem com a tipologia construída.[35]

---

34 O debate acerca das periodizações da obra de Max Weber é grande, como observa Gina Kuper. Sobre as possíveis periodizações da obra weberiana, há aqueles que defendem que elas coincidem com as crises nervosas sofridas por Weber (1897, 1902). Outros, como Wolfgang Mommsen, argumentam que o ano de "corte" é o de 1913, quando Weber escreve parte de sua sociologia da dominação e o ensaio "Sobre algumas categorias da sociologia compreensiva", que integrarão volumes diferentes de *Economia e Sociedade*. A partir daí, Weber deixaria de lado a "história da cultura" e se preocuparia mais com uma "sociologia universal e sistemática".

35 "Esta solidariedade da história e da sociologia aparece muito claramente na concepção de tipo ideal que é, de certo modo, o centro da doutrina epistemológica de Max Weber" (ARON, 2008, p. 756).

Weber sustenta que as formas de dominação existentes são mesclas históricas de três tipos ideais: a tradicional, a carismática e a racional-legal. Como esclarece Kuper, "cada forma de dominação representa uma condensação dos princípios organizativos que têm sido o fundamento das instituições políticas" (Tradução livre. *Idem, ibidem,* p. 22). Além desses princípios organizativos, a tipologia das formas de dominação almeja explicar o processo de desenvolvimento de cada uma delas, tanto no âmbito pessoal, como no de grupos ou mesmo de instituições. Isso não quer dizer que haja alguma espécie de evolução deles, mas que os tipos de dominação podem se combinar de modos distintos. Assim, nos seus estudos das formas de dominação, Weber almeja construir "pontos de orientação conceitual" e não reduzir os incontáveis fatos históricos aos três tipos ideais de dominação.

Nesta referência, o patrimonialismo aparece, então, não só como um subtipo de dominação tradicional, mas também como uma forma histórica que, na prática, mistura-se com outras.[36] Por isso, focaremos, sobretudo, nas teses expostas na "Sociologia da dominação", que são mais relevantes para o nosso debate, dada a dimensão histórica que o conceito ganha nesta chave.

Em uma caracterização geral da dominação patrimonial, Weber define:

> A princípio, trata-se somente de uma descentralização da comunidade doméstica quando, numa propriedade extensa, certos membros não-livres (também: os filhos da casa) são colocados em parcelas com moradia e família próprias e abastecidos com gado (por isso: *peculium*) e utensílios. Mas precisamente esta forma mais simples do desenvolvimento

---

36 Como lembra Kuper (1993, p. 24), essas misturas são devidamente analisadas por Weber em seus estudos da Índia e da China, quando enfatiza o arcabouço patrimonial das dominações exercidas nesses países, sem deixar de prestar atenção aos fatores carismáticos e burocráticos.

Os dilemas do patrimonialismo brasileiro   45

do *oikos* conduz inevitavelmente a uma debilitação interna do poder doméstico pleno. Já que entre o senhor da casa e seus dependentes não existem originalmente relações associativas na base de contratos compromissivos [...] *as relações internas e externas entre o senhor e os submetidos regulam-se também neste caso exclusivamente de acordo com o interesse do senhor e com a estrutura interna da relação de poder. Esta própria relação de dependência permanece uma relação de piedade e lealdade.* Mas uma relação baseada em tal fundamento, por mais que represente inicialmente uma dominação puramente unilateral, faz surgir sempre a exigência de reciprocidade, por parte dos submetido ao poder, e esta exigência, em virtude da 'própria natureza da coisa', adquire reconhecimento social como 'costume'. (WEBER, 2009, p. 237, grifos nossos)[37]

Ou, em uma definição mais sintética:

A este caso especial da estrutura de dominação patriarcal: o poder doméstico descentralizado mediante a cessão de terras e eventualmente utensílios a filhos ou outros dependentes da comunidade doméstica, queremos chamar de dominação patrimonial. (*idem, ibidem*, p. 238)

Assim, as relações entre os senhores e os submetidos são *desiguais*, inclusive formalmente, pois não há contrato, e fundamentadas na *piedade e na lealdade*. A despeito dessa desigualdade, ambos devem *ser recíprocos em suas obrigações*. Ademais, se há a dimensão do arbítrio do senhor, há também a tradição como elemento regulador da convivência, o que limita a margem de discricionariedade do chefe. No entanto, é a mesma tradição que legitima o seu domínio.

---

37 Gina Kuper lembra outras duas possíveis origens da dominação patrimonial, segundo Weber: a gerontocracia-patriarcalismo e a rotinização do carisma. (KUPER, 1993, p. 45).

Por outro lado, neste tipo de dominação, o senhor receia intervenções que modifiquem a sua relação de piedade com os sujeitos, pois tal modificação pode prejudicá-lo. Como assinala Weber, "ao lado da onipotência diante do indivíduo dependente existe aqui a impotência perante o conjunto deles" (*idem, ibidem*, p. 239). É nesse sentido que, neste tipo de dominação, o direito é ao mesmo tempo lábil e estável, restringindo a arbitrariedade do senhor em favor da tradição.

Com o desenvolvimento histórico, a dominação patrimonial se transforma, passando por uma espécie de "evolução" em relação ao patrimonialismo de raiz patriarcal. A resultante desta metamorfose é chamada por Weber de "formação estatal-patrimonial", que é definida do seguinte modo:

> Quando o príncipe organiza, em princípio, seu poder político, isto é, sua dominação não-doméstica, com o emprego da coação física contra os dominados, sobre os territórios e pessoas extrapatrimoniais (os súditos políticos), da mesma forma que o exercício de seu poder doméstico, falamos de uma formação estatal-patrimonial. A maioria de todos os grandes impérios continentais apresentou, até os inícios da Época Moderna e ainda dentro desta época, um caráter fortemente patrimonial. (*idem, ibidem*, p. 240)

É preciso sublinhar a passagem do domínio doméstico para o domínio *político*, e isto:

> significa então a agregação ao poder doméstico de outras relações de dominação, diferentes, do ponto de vista sociológico, somente em grau e conteúdo, mas não na estrutura. A questão de qual é o conteúdo do poder político decide-se por condições muito diversas. Os dois poderes especificamente políticos, do nosso ponto de vista, o poder militar e o judicial, são exercidos pelo senhor ilimitadamente sobre aqueles

Os dilemas do patrimonialismo brasileiro   47

que lhes estão patrimonialmente submetidos, como partes integrantes do poder doméstico. (*idem, ibidem*)

Do ponto de vista da economia, Weber assinala que o desenvolvimento econômico e monetário pode gerar um "monopolismo econômico aquisitivo", tendo em vista a necessidade de satisfação das "necessidades" do senhor patrimonial, como ocorreu no Egito Antigo. Ademais, os impostos vêm a substituir as "antigas satisfações litúrgicas". As complexificações políticas e econômicas que esse desenvolvimento traz, e sua consequente tentativa de racionalização, fazem com que "o patrimonialismo passe a adotar imperceptivelmente a rotina de uma administração burocrática, com um sistema regulamentado de contribuições em dinheiro." (*idem, ibidem*, p. 241).

Do ângulo do funcionalismo patrimonial, cabe observar, em oposição ao funcionalismo burocrático, a sua não-especialização.[38] "Em comum com os funcionários burocráticos, costumam os funcionários patrimoniais ter a diferenciação estamental perante os dominados" (*idem, ibidem*, p. 251). O sociólogo alemão afirma, contudo, que os cargos patrimoniais, "com a progressiva divisão das funções e racionalização [...] pode(m) assumir traços burocráticos" (*idem, ibidem*, p. 253). Entretanto, do ponto de vista de uma tipologia pura, a burocracia e o patrimonialismo se afastam, principalmente, pela distinção, presente na primeira e ausente no segundo, entre "público e privado" (*idem, ibidem*, p. 253). Isso porque, no patrimonialismo,

> [...] a administração política é tratada como assunto puramente pessoal do senhor, e a propriedade e o exercício de seu poder político, como parte integrante de seu patrimônio pessoal, aproveitável em forma de tributos e emolumentos.

---

38 Sobre o assunto, duas observações. Weber lembra que o primeiro tipo de funcionário patrimonial é o "ocasional" (Cf. WEBER, 2004, p.254) e que a especialização desse tipo de funcionário, quando existente, se dá por motivos monetários.

> A forma em que ele exerce o poder é, portanto, objeto de seu
> livre-arbítrio, desde que a santidade da tradição, que inter-
> fere por toda parte, não lhe imponha limites mais ou menos
> firmes ou elásticos. (*idem, ibidem*, p. 253)

Ainda do ponto de vista de uma comparação entre o funcionário patrimonial e o burocrático, tem-se que "a posição global do funcionário patrimonial é [...], em oposição à burocracia, produto de sua relação puramente pessoal de submissão ao senhor, e sua posição diante dos súditos nada mais é que o lado exterior desta relação" (*idem, ibidem*, p.255). Isso ocorre porque o cargo do funcionário patrimonial deriva diretamente da "mesa do senhor". Todavia, esse pagamento ao funcionário patrimonial evolui juntamente com a complexificação da administração e, "por isso [desenvolveu-se], já nos tempos primitivos, para os funcionários patrimoniais com lar próprio, a dotação com uma 'prebenda' ou um 'feudo." (*idem, ibidem*, p. 256).

Prebenda "em regra significa ao mesmo tempo o reconhecimento de um 'direito fixo ao cargo', tratando-se, portanto, de uma apropriação [...]." (*idem, ibidem*). Esse tipo de pagamento ocorreu em vários lugares, como no Egito, na Assíria e na China. No início de sua vigência, a prebenda costumava ser uma participação fixa, feita em espécie e vitalícia, dada ao beneficiário diretamente pelo senhor.

As prebendas, a partir de dado momento histórico, tornaram-se alienáveis, de modo que se podia negociá-las. Curiosamente, Weber assinala que acabou "tratando-se de uma espécie de precursores, na economia não-monetária, das modernas rendas da dívida pública" (*idem, ibidem*). Este tipo de prebenda é denominado por Weber como *prebenda participativa*.

O segundo tipo de prebenda é a de *emolumentos*. Essa implica na "atribuição de determinados emolumentos que cabem ao senhor ou a seu representante em troca de certos atos oficiais. Também

Os dilemas do patrimonialismo brasileiro   49

implica em independência maior dos funcionários da gestão orçamentária do senhor, por basear-se em receitas de origem ainda mais extrapatrimonial" (*idem, ibidem*). Um exemplo era o leilão de cargos na *polis* da Antiguidade.

O terceiro tipo de prebenda aproxima-se do feudo, pois "podia existir na forma de atribuição de terras de cargo ou serviço para usufruto próprio, e também este fenômeno significava uma mudança muito sensível da situação do prebendado em direção à independência do senhor" (*idem, ibidem*). Weber assinala que os beneficiados nem sempre viam com bons olhos este tipo de prebenda, pois implicava em correr riscos econômicos. Por outro lado, o senhor era, por vezes, obrigado a recorrer a este tipo de medida pois era preciso reduzir os gastos econômicos, que eram crescentes com a complexificação administrativa.

Como já indicado, o recrutamento dos funcionários patrimoniais é feito, primeiramente, a partir do círculo de dependentes do senhor. Normalmente, esta medida é insuficiente, além de causar descontentamento entre os súditos, que ficam insatisfeitos de verem pessoas não-livres em postos de comando. Assim, o senhor também recruta funcionários de forma extrapatrimonial. Dissertando sobre a relação entre funcionários e posição estamental, Weber afirma:

> O homem livre que na Alemanha se torna ministerial entrega seus bens de raiz ao senhor e recebe-os de volta em tamanho aumentado, como terras de serviço. Se, por um lado, em virtude da extensa discussão sobre a origem dos ministeriais não parece hoje ter restado nenhuma dúvida acerca de sua origem histórica em círculos não-livres, temos também certeza, por outro lado, de que o caráter específico desta camada, de "estamento", se deve precisamente àquela penetração em massa de pessoas livres, com modo de viver cavaleiroso. Isso significa, na prática, uma estereotipagem quase completa da

sua posição e, portanto, uma limitação fixa das exigências do senhor, pois a partir de então era óbvio que este podia exigir deles apenas os serviços cavaleirosos estamental-convencionais [...]. (*idem, ibidem*, p. 251)

Como assinala o autor de *Economia e Sociedade*, o senhor tenta evitar essa estereotipação sempre que pode, nomeando para cargos estamentais e funções sociais pessoas de seu círculo de dependência. Há, portanto, certa tensão entre senhor e os demais homens independentes. Em suma, "a estereotipagem e a apropriação monopolizadora dos poderes oficiais pelos detentores, como companheiros jurídicos, cria o tipo 'estamental' do patrimonialismo" (*idem, ibidem*, p. 253).

Nesse momento, cabe assinalar uma tensão presente no pensamento weberiano. De acordo com Kuper, por vezes, Weber toma "patrimonialismo" como sinônimo de dominação tradicional e, neste sentido, o feudalismo, que é *sinônimo de "patrimonialismo estamental"*, passa a ser um caso extremado de patrimonialismo (KUPER, 1993, p. 31).[39] Outras vezes, o sociólogo alemão distingue e opõe patrimonialismo e feudalismo. Dessa maneira, Kuper propõe distinguir o patrimonialismo em sentido amplo, como no primeiro caso, e patrimonialismo no sentido estrito, como no último.

E mesmo o desenvolvimento da dominação patrimonial não seria sempre o mesmo, como mostra a história. Dessa forma, Weber faz uma importante distinção na relação entre funcionários estamentais no Ocidente e no Oriente:

Mas enquanto no Ocidente a estereotipagem dos cargos oficiais dos ministeriais estava acompanhada de um direito esta-

---

39 Rubens Campante (2003, p. 163) também faz uma observação nesta direção e lembra, com razão, que o "patrimonialismo estamental" em Raymundo Faoro é o oposto da formulação weberiana. Voltaremos ao ponto no capítulo sobre Faoro. A mesma observação vale para Simon Schwartzman.

Os dilemas do patrimonialismo brasileiro 51

> mental de companheiro relativamente firme do funcionário individual, dentro do cargo pelo qual especialmente ele foi nomeado, este era muito menos o caso no Oriente. Ali, a constituição dos cargos era também bastante estereotipada, mas a pessoa do detentor, ao contrário, ficou em alto grau livremente amovível – consequência, como veremos, da ausência de determinadas condições prévias estamentais do desenvolvimento ocidental e do caráter diferente, em parte politicamente, em que parte economicamente condicionada, da posição de poder militar do soberano oriental. (WEBER, 2009, p. 253)

Em suma: Weber sugere que, por faltar "condições prévias estamentais, a dominação patrimonial no Oriente", ao menos no que diz respeito aos funcionários, é mais centralizada e *discricionária* que no Ocidente. Entre os autores que estamos estudando, vale esclarecer que que Faoro problematiza essa tese, pois indica que existiriam condições estamentais para uma elite burocrática patrimonial na formação portuguesa, o que não se opõe ao mando centralizado e discricionário desta elite. Por seu turno, Schwartzman, neste ponto, fica mais próximo da posição de seu inspirador, pois recusa a ideia de que a classe política e a burocracia brasileiras tenham dimensões estamentais.

Por causa das constantes referências de Weber à questão das dominações no Oriente, Gina Kuper (1993) chama a atenção para a proximidade que o termo patrimonialismo tem também com o que ela chama de "sociologia do Oriente" de Max Weber. Ou seja, o patrimonialismo seria chave para compreender a política não ocidental, da qual o México, país da autora, poderia ser aproximado. Portanto, desse ponto de vista, o estudo deste conceito poderia abrir portas para um estudo de história comparada entre as ex-colônias latino-americanas e outros países "periféricos".

Talvez aqui caiba fazer um parêntese rápido na discussão sobre o patrimonialismo e possamos nos voltar para um ponto interessante destacado por Michael Lowy (2014) sobre uma possível relação entre a reflexão weberiana acerca do Oriente e o catolicismo. Segundo Lowy, o catolicismo e o Oriente compartilham uma característica em comum que dificultaria uma conduta de vida racional, à puritana: a ênfase em aspectos mágicos. Como diz Lowy, "a magia é o argumento central do discurso weberiano sobre a ausência de um desenvolvimento capitalista endógeno no Oriente." (LOWY, 2014, p.77). Por outro lado, a reflexão weberiana sobre o catolicismo – que seria n'*Ética protestante e o "espírito" do capitalismo* um "subtexto", "um contra-argumento" – enfatizaria também a ética da salvação própria da Igreja de Pedro, que seria uma instituição misericordiosa. Por isso, pouco estimularia a condução racional da vida de seus fiéis.

Chamamos a atenção para este raciocínio weberiano porque, de um lado, poderia reforçar a tese de Faoro e Schwartzman sobre a dificuldade do Brasil, que foi colonizado por um país fortemente católico, em desenvolver uma ética de vida moderna. Nesta perspectiva – e este é um outro ponto de interesse – é curioso que os dois autores que trabalharemos não chamem a atenção para a dimensão religiosa da vida social brasileira, que poderia, como vimos, também ser aproximada, a partir da chave weberiana, do Oriente.

Tendo em vista os nossos problemas e objetos de análise, nos próximos capítulos nos debruçaremos sobre as "interpretações do Brasil" de Raymundo Faoro e Simon Schwartzman, buscando compreender como os autores utilizam o conceito de patrimonialismo.

RAYMUNDO FAORO E O PATRIMONIALISMO NO BRASIL

Este capítulo tem como objetivo analisar como Raymundo Faoro empregou, ao longo de sua obra, mas com atenção especial a *Os donos do poder*, o conceito de patrimonialismo na sua análise da formação histórico-política do Brasil. Levando-se em conta a própria estrutura da argumentação do autor, pode-se sustentar que esse enfoque tem a vantagem de colocar em evidência aquele argumento básico que perpassa a obra do jurista gaúcho. Isso ocorre porque, para Faoro, o conceito de patrimonialismo é o fundamento teórico básico que permitiria compreender o que o autor chamou de a nossa "viagem redonda", na qual o tempo cronológico passaria, mas o "tempo político", por assim dizer, se repetiria incessantemente num ritmo circular.

Também importa destacar que a interpretação será feita a partir da terceira edição d' *Os donos do poder*. Para entender as motivações disso e destacar as mudanças em relação às demais edições, faremos uma breve discussão sobre o contexto de elaboração das edições do principal ensaio de Faoro na primeira seção deste capítulo. Na seguinte, vamos evidenciar como o jurista gaúcho expõe os conceitos principais de sua obra, com especial atenção para a exposição teórica feita nos três primeiros capítulos de seu ensaio. A intenção desta seção é esclarecer quais serão as ferramentas conceituais com as quais Faoro construirá sua narrativa histórica, que será exposta nas duas seções seguintes, as quais serão dedicadas ao período colonial e ao período pós-Independência. Na última parte do capítulo analisaremos outros textos de Faoro, visando compreender as continuidades e rupturas de seu pensamento, o que é importante não só para entender as tensões em sua análise histórica, mas também para refletir sobre alguns elementos que podem nos ajudar a compreender aquilo a que chamamos de "utopia política" do autor.

O contexto de elaboração e as edições de
Os donos do poder: permanências e alterações

Nascido em 1925, na cidade gaúcha de Vacaria, Raymundo Faoro ingressou no curso de Direito na Universidade Federal do Rio Grande do Sul (UFRGS) em 1948. Dois anos antes, havia ajudado a fundar o grupo e a revista *Quixote*, compostos por estudantes, escritores e intelectuais. O grupo se destacou, segundo Martins Costa (2010), por ter acrescentado ao ambiente intelectual gaúcho, dominado pelo positivismo jurídico, elementos teóricos advindos do marxismo, da história e da sociologia. Será aos antigos membros deste grupo que Faoro recorrerá para a revisão da obra *Os donos do poder*, bem como é por este canal que o livro será publicado.

Neste período, segundo Sandroni (2003), Faoro viajava com alguma frequência para Buenos Aires, onde frequentava as grandes li-

Os dilemas do patrimonialismo brasileiro 55

vrarias e se atualizava sobre os lançamentos editoriais hispânicos, que eram também exportados para Porto Alegre.

Dadas as dificuldades de encontrar emprego em Porto Alegre, Faoro se mudou para a cidade do Rio de Janeiro em 1951, com o intuito de advogar. Mesmo com a mudança, não deixou de colaborar com a crítica literária e os jornais porto-alegrenses. Terminou de escrever *Os donos do poder* em 1954, mas o longo processo de revisão que o autor impôs a si mesmo permitiu que apenas em 1956 ele enviasse o ensaio para a revisão de seus amigos do grupo Quixote. Em 1958, publicou *Os donos do poder* pela editora Globo. Isso ocorreu, como destaca Martins Costa (2010, p. 349), pela bem sucedida diligência entre Jorge Moreira, amigo de Faoro e membro do grupo Quixote, e o dono da editora Globo, que era de origem gaúcha, José Bertaso.[1] No ano seguinte, devido à indicação do "imortal" Barbosa Lima Sobrinho, o ensaio receberia o prêmio José Veríssimo da Academia Brasileira de Letras (ABL).

As razões para receptividade "fria" à primeira edição de *Os donos do poder* não parece ser uma questão de todo bem resolvida. O que é estabelecido amplamente na literatura sobre o nosso autor é sintetizado nas palavras de Bernardo Ricupero, para quem "os dezessete anos que separam a primeira da segunda edição de *Os donos do poder* viram seu autor, nas palavras do jornalista Mino Carta, converter-se de *outsider* numa espécie de profeta." (RICUPERO, 2007, p. 158). Simon Schwartzman (2003) e Francisco Iglesias (2009) também defendem essa perspectiva.

---

1 Em carta a Jorge Moreira: Raymundo Faoro escreve "Graças à tua diligência e amizade o livro saiu do desvio onde me encontrava atravancado. [...]. A publicação, aqui [Rio de Janeiro] ou em São Paulo, seria de pouca valia, dado que o meu ambiente é P. Alegre, onde algum maluco (inclusive os amigos, que estão nessa alta classificação) ousará enfrentar a leitura. [...]." O trecho é citado por Martins Costa (2010, p. 349)

Ainda em 1960, Faoro se torna Procurador do Estado da Guanabara, função que exercerá o resto de sua vida. É interessante notar que a figura do intelectual não universitário é, normalmente, atrelada ao passado (século XIX e início do XX), no qual não haveria institucionalização desse tipo de instituição, e que a trajetória de Raymundo Faoro relativiza essa ideia.[2] É de se pensar se o nosso autor não terá sido o último dos "intérpretes do Brasil" que teve tal trajetória.[3]

No que se refere propriamente ao livro, sua primeira estrutura foi marcada por conter quatorze capítulos, com total de 271 páginas. Na segunda edição do ensaio, o livro salta para o total de 750 páginas, que foram divididas em dois volumes, embora o número de capítulos só tenha aumentado em dois.

Nesta nova edição, em três capítulos se analisa a formação e o desenvolvimento do quadro político português, seguidos de outros três capítulos dedicados à colonização. Posteriormente, dois capítulos discorrem sobre a Independência, quatro tratam do Império e três discutem a República. Por fim, um último capítulo expõe a síntese interpretativa de Faoro. Comparada com a primeira, a segunda edição teve o acréscimo muito concentrado no que se refere à análise de Faoro sobre o período republicano. Esse período, que antes ocupava dezenove páginas das 271, agora ocupa 231 de 750, perfazendo quase um terço da obra. A primeira edição também possuía menos notas: 140 contra 1355 da segunda. A

---

2   Embora nos anos de 1958 e 1959 fossem publicados trabalhos importantes que seriam, possivelmente, colocados numa via média entre o ensaísmo e a ciência universitária. Referimo-nos a *Formação da Literatura Brasileira* de Antonio Candido e *Formação Econômica do Brasil*, de Celso Furtado.

3   Como vimos, *Os donos do poder* foi publicado em 1958, data tardia para a publicação de uma larga "interpretação do Brasil" na forma de um ensaio aos moldes dos clássicos dos anos 30. Fica a sugestão de que a trajetória intelectual e política de nosso autor, tal como a de seu principal livro, é de um tipo anterior ao contexto no qual ocorreu, pois neste já havia alguma institucionalização – e a decorrente especialização – intelectual no Brasil.

Os dilemas do patrimonialismo brasileiro 57

terceira edição é também aumentada, de modo que o livro passa a contar com mais de 850 páginas (IGLESIAS, 2009).

Dadas as alterações de grandes proporções no livro, uma questão que não pode deixar de ser enfrentada é a seguinte: a segunda edição seria o mesmo livro da primeira, a despeito das mudanças? De saída, percebe-se, como indica a manutenção do título, que a resposta de Faoro é positiva. Aliás, no curtíssimo prefácio da longa segunda edição (LESSA, 2009), Faoro observa que "a tese deste ensaio é a mesma de 1958, íntegra nas linhas fundamentais, invulnerável a treze anos de dúvidas e meditação" (FAORO, 2008, p. 13). Na mesma direção, argumenta Francisco Iglesias, que "o certo é que a obra de hoje é a mesma de 1959, só mais elaborada e explicitada" (IGLESIAS, 2009, p. 41). Ainda que este argumento se sustente, levando-se em consideração as alterações, é difícil que não tenha havido modificação da argumentação. É provável que tenham ocorrido mudanças para além do acréscimo de capítulos, páginas e notas.

Bernardo Ricupero e Gabriela Nunes Ferreira (2008) fizeram uma investigação com intuito de perceber quais foram as mudanças principais entre as versões de 1958 e 1973. Para os nossos objetivos, vale destacar que esse é um ponto que convém ser estudado, visto que pode impactar no uso que Faoro faz do conceito de patrimonialismo, como também pode dar pistas sobre a "utopia política" do autor.

Os autores indicam que a principal alteração de uma edição para a outra foi a acentuação do pessimismo do autor. Muda também, em direção consonante com o pessimismo crescente, o tratamento da história luso-brasileira. O contraste pode ser sintetizado como se segue: enquanto, na primeira edição, Faoro teria visto poucas chances de mudanças no passado dos dois países, mas apostaria, em alguma medida, numa ruptura futura, na segunda edição, o jurista de Vacaria teria assinalado possibilidades de ruptura já fracassadas, como nos casos das derrotas históricas do judeu – que seria quem estaria mais próximo do "espírito do capitalismo" em Portugal - e do cafeicultor paulista - seu homólogo social no Brasil.

Faoro enfatiza o papel do cafeicultor paulista como agente modernizante no país, tal como já feito antes por Sérgio Buarque de Holanda, Caio Prado Jr., Celso Furtado e Florestan Fernandes. O autor de *Os donos do poder* "chega a considerar que a transformação capitalista do Brasil dependeria de sua "sampaulização", que combinaria a iniciativa privada com o afluxo de capitais estrangeiros" (RICUPERO; FERREIRA, 2008, p. 85). Mas a derrota deste breve domínio paulista veio em 1906, com o Convênio de Taubaté – paradoxalmente criado pelos paulistas -, que regularizou a interferência do Estado na produção e venda do café.

Para o nosso argumento sobre as distinções entre as teorizações de Faoro e Schwartzman, interessa ressaltar que Ricupero e Ferreira, acertadamente, indicam o afastamento entre as perspectivas de Faoro e de Schwartzman em *Bases do autoritarismo brasileiro*. Isso porque o sociólogo mineiro acredita que o setor capitalista privado, representado pelos paulistas, continua pressionando pela mudança, enquanto Faoro já não considera essa possibilidade factível (*idem, ibidem*, p. 86). Isso fica especialmente claro nas diferentes avaliações que os autores fazem do papel desempenhado pelos cafeicultores paulistas e pelo Convênio de Taubaté.[4]

Já do ponto de vista da ideologia política, importa destacar a avaliação que Faoro faz do pensamento e da ação do jurista baiano Rui Barbosa – que, como vimos, faria parte, segundo Brandão, da mesma linhagem intelectual de pensadores do Brasil que Faoro. Na segunda edição, o autor considera que Barbosa, principalmente a partir da sua

---

4 Veremos no capítulo dedicado à reflexão de Schwartzman como o Convênio de Taubaté parece ser um ponto cego de sua explicação.

Os dilemas do patrimonialismo brasileiro   59

segunda candidatura presidencial, afastou-se tanto do estamento burocrático como dos senhores rurais, representando a ascensão dos setores modernos no país, notadamente as camadas médias e o proletariado urbano. Neste sentido, seria possível indicar a aproximação entre os ideais políticos dos dois juristas (CAMPANTE, 2009).[5]

No plano historiográfico também houve mudanças. Segundo Ricupero e Ferreira (2008), algumas das principais mudanças das edições estariam na avaliação que Faoro faz do período imperial do Brasil. Por exemplo, a avaliação, na primeira edição, das reformas regenciais era muito similar à de Oliveira Vianna, argumentando que o liberalismo no Brasil geraria uma profunda desorganização política e social. Já na segunda edição, as críticas às reformas regenciais são atenuadas, com Faoro criticando, inclusive, seus críticos contemporâneos, vinculados que seriam ao estamento burocrático. Neste sentido, as críticas ao Código do Processo Criminal são feitas pelo fato da reforma liberalizante não ter sido completada, isto é, não foram garantidos os meios para que fosse levada adiante.[6] No entanto, a ideia de que as instituições liberais seriam inadequadas ao país prevalecem nas duas edições.

---

5   Note-se, de passagem, que Rui Barbosa foi o redator principal da constituição de 1891 e Ministro da Fazenda no período do Governo Provisório. Em sua atuação política, observamos tanto a ênfase no estabelecimento do governo representativo no país, como também a busca de estimular a industrialização do país por meio de políticas econômicas. Se observarmos que seu sucessor na pasta da Fazenda, Joaquim Murtinho, era um defensor da "indústria natural" e da ortodoxia econômica, bem como sustentou o arranjo político de Campos Sales – denunciado por Rui Barbosa como anti-republicano – podemos já perceber aí uma cisão que o próprio Faoro percebeu: a separação entre o liberalismo econômico, apoiado por Murtinho, e o liberalismo político, defendido por Rui Barbosa. Para o nosso argumento, interessa indicar que o liberalismo político de Rui, de quem o "segundo Faoro" se aproxima, foi industrialista e talvez pouco afeito às ortodoxias do liberalismo econômico.

6   Segundo os autores, a maior simpatia de Faoro pelos liberais se explicaria "por eles não mais serem vistos como uma alternativa real de poder no Império. Ou melhor, quando considera que liberais poderiam ter mudado a orientação política predominante no Brasil – como no livro de 1958 – avalia negativamente essa possibilidade. Mas, se considera que o liberalismo não tinha como realizar o seu programa – como

Em 1958, Faoro identificava os partidos imperiais – Liberal e Conservador – como opostos; enquanto o primeiro seria liberal, federalista, democrático e autonomista, o segundo tomaria posições centralizadoras, unitárias e monárquicas. Ricupero e Ferreira (2008) observam a similitude do argumento com a oposição de Sarmiento entre "civilização e barbárie", embora sem a questão da base geográfica, antes correspondendo a estratificação social, como o "litoral" sendo identificado com o conservadorismo do estamento burocrático, e o "sertão" com os liberais. Pode-se indicar que o livro de 1958 enfatizava o dualismo, enquanto em 1975, Faoro o recusava ao argumentar que a oposição entre "litoral e sertão" era já obsoleta no século XIX. Sendo assim, na segunda edição, o autor sustenta que os dois partidos, quando no poder, comportavam-se de modo semelhante. Isso pode ser explicado se observarmos que na edição de 1975, Faoro parece identificar com mais profundidade – e daí o consequente aumento do pessimismo – as raízes do patrimonialismo no Brasil. Neste sentido, a aproximação dos dois partidos imperiais se dá pelo fato de que a natureza do poder político brasileiro torna as diferenças ideológicas menos fortes, pois o ponto central para sua manutenção não é a relação responsiva com a sociedade civil, mas sim a manutenção do poder em separado dela. Notemos a diferença essencial entre essas duas modalidades de poder político: enquanto na relação responsiva entre política e sociedade civil a ideologia é fortalecida, pois o poder político busca acompanhar as ideias da so-

---

na segunda edição de *Os donos do poder* – passa a ter mais simpatia por ele. (RICUPERO; FERREIRA, 2008, p. 98-9). Retomando a nota anterior, talvez o mesmo argumento se aplique a Rui Barbosa e, assim, ao próprio Faoro e ao próprio liberalismo político no Brasil. Se estivermos corretos, ganha força a formulação de Brandão (2007) sobre o que chamou de "radicalismo abstrato" de Faoro, pois o programa político de Faoro parece ir se tornando mais claro na medida em que suas possibilidades de existência se fecham.

Os dilemas do patrimonialismo brasileiro   61

ciedade, que não deixa de ser cindida entre diversas ideologias, aqui
o poder é "desideologizado", pois não precisa se conectar às demandas da sociedade, que assiste calada ao seus desdobramentos.
Além disso, Faoro alterou sua análise da escravidão e da Abolição. Na segunda edição, Faoro enfatizou o papel da escravidão na
sociedade colonial e mesmo no Império. Contudo, o autor frisou
como a escravidão reforçaria a lógica patrimonial e o capitalismo politicamente orientado, pois aumentaria a dependência dos senhores
de terras frente aos detentores do crédito, além do fato de que a homogeneidade de interesses teria fortalecido a centralização política
e administrativa. Por fim, o escravismo teria impedido a formação
de um setor médio forte. Em suma: em 1958, Faoro acreditava que o
fim do trabalho servil minou uma das bases da monarquia; em 1975,
argumentou que o fim da escravatura rompeu o "esquema tradicional da agricultura comercial, vinculada ao crédito, negócio de intermediação exportadora e, com ela, o estamento político" (FAORO
apud RICUPERO; FERREIRA, 2008, p. 91).

Alterações também foram feitas na avaliação do período republicano. Neste registro, o autor destaca e analisa o funcionamento do
sistema coronelista, tendo como base analítica o clássico trabalho de
Vitor Nunes Leal (1975). Faoro, no entanto, interpreta o fenômeno de
maneira simetricamente oposta a obra de Leal.

Ainda que para os dois autores o coronelismo esteja vinculado
às sociedades agrárias, há divergências entre as análises. Para Nunes
Leal, o coronelismo é uma forma do poder privado se apropriar do
poder público, o que é contestado por Faoro em alguns pontos centrais. Resumindo o argumento de Faoro, o coronelismo seria uma forma de delegação do poder público para o poder privado. No entanto,
ao contrário de Leal, que sublinharia que a perda de importância do
coronelismo se deu pelo desenvolvimento econômico e social do país,

Faoro sustenta que o coronelismo declinou porque se tornou inútil. A partir de 1930, a União, devido ao processo de centralização autoritária, passa a ter contato direto com o povo. Na própria burocracia estatal, contudo, haveria formas análogas de coronelismo, como o "pelego sindical", que domestica o trabalhador e o vincula ao "pai dos pobres". Para Faoro, é claro que o fim das oligarquias não representa o surgimento do povo. Por fim, sua análise do período de 1930 enfatiza o Exército como "único vencedor", protetor da centralização estatal e "braço forte do estamento burocrático". Nem proletariado, nem camadas médias, aparecem como autônomos, pois se tornaram grupos amarrados ao Estado.

Como Ricupero e Ferreira sublinham, Faoro termina a primeira edição de seu maior ensaio com a afirmação da necessidade da transformação radical, mas que "essas são as expectativas cegas da fé, que a razão e a análise histórica repelem [...]" (FAORO, 1958, p. 271). É neste contexto que o autor usa a metáfora do "vinho novo em odres velhos", quando diz parecer impossível, como ensinou Jesus, deitar vinho novo em odres velhos, porque, "em fermentando o vinho, aqueles se rompem e este se entorna" (*idem, ibidem*). Portanto, seriam necessários novos vinhos e novos odres. Na segunda edição do livro, a metáfora volta a aparecer, embora modificada: "deitou-se remando de pano novo em vestido velho, vinho novo em odres velhos, sem que o vestido se rompesse nem o odre rebentasse" (FAORO, 2008, p. 837). Ou seja, como observam os autores, a *história está escrita no passado*. Assim, não haveria mais espaço para as "expectativas cegas da fé" e nem a metáfora do "vinho novo em odres velhos" quer dizer a mesma coisa nas duas edições. (RICUPERO; FERREIRA, 2008, p. 66).

Neste registro, a existência de maior conflito entre o Estado e a Nação, tal como indicado na primeira edição de *Os donos do poder*, seria positiva porque abriria algum espaço para superação dos proble-

Os dilemas do patrimonialismo brasileiro   63

mas nacionais. Na segunda edição, por sua vez, na qual o conflito é atenuado, a superação se torna mais difícil justamente por isso.[7] Se o argumento estiver correto, as afirmações de Ricupero e Ferreira parecem ir em direção oposta daquela sugerida por Luiz Werneck Vianna (1999). Para o último, haveria possibilidades de se extrair da obra faoriana um programa político de cunho americanista e liberalizante, enquanto nos argumentos dos primeiros o pessimismo crescente de Faoro desautorizaria tal perspectiva, pois as possibilidades inerentes a uma utopia política liberal-republicana já teriam passado.

Gildo Marçal Brandão (2007) também vai na direção de apontar as diferenças entre as duas edições de *Os donos do poder*. Segundo Brandão, o "radicalismo abstrato" de Faoro em 1958 indicaria duas saídas possíveis: o que o autor chama de "Grande Recusa" – o que resultaria numa perspectiva revolucionária – ou a aceitação resignada do presente. Já a partir de 1973, o pessimismo eliminaria as duas possibilidades. Daí o caráter "estóico" e "melancólico" da obra de Faoro (BRANDÃO, 2007, p. 144-5).

Voltaremos ao assunto adiante. Por ora, indica-se que o cerne do argumento faoriano se mantém na segunda edição, apesar da narrativa histórica ter ficado mais detalhada. O patrimonialismo ibérico é precisamente este ponto nodal, que marca a continuidade histórica entre o momento de formação do Estado português e o restante de nossa história. É bem verdade que a conjugação dessa imensa história com a repetição inarredável do mesmo conceito, que é, ao mesmo tempo, o problema a ser superado, traz ao principal livro de Faoro uma forma de "pesadelo", para usarmos os termos de Lessa (2009).

É hora, então, de enfrentá-lo. Começaremos por destacar e analisar as principais ferramentas conceituais com as quais Faoro constrói

---

7   O que é característica do pensamento dialético, aliás. Como veremos, há outros momentos análogos no pensamento faoriano.

a estrutura da narrativa histórica de *Os donos do poder*. Neste sentido, explorá-las nos permitirá compreender o argumento de Faoro de um ponto de vista histórico-intelectual, dada a oposição do autor à tese da formação feudalista do Brasil, até então bastante vigorosa, como também do ponto de vista histórico-narrativo, isto é, a estruturação do argumento que irá percorrer de fio a pavio nossa história nacional. De passagem, observemos o seguinte: faremos esforço para indicar os movimentos presentes na análise faoriana. A tentativa é válida não apenas porque para os nossos propósitos é importante fazer uma leitura cerrada dos argumentos do autor, mas também porque se costuma assinalar o caráter imutável da interpretação do Brasil de Faoro. Se, de fato, a sua nota tônica é a repetição dos argumentos, não é menos verdade que há mudanças históricas assinaladas, que costumam ser deixadas de lado quando se reflete sobre o pensamento do autor de *Os donos do poder*. A questão é que, do ponto de vista da análise histórica empreendida por Faoro, repetição e mudança são parte do mesmo movimento histórico, daí a necessidade de analisar os dois aspectos.

Os conceitos básicos

Com razão, Faoro é sempre lembrado, ao lado de Sérgio Buarque de Holanda, por ter introduzido a análise sociológica de Max Weber no Brasil.[8] Não obstante, como o próprio autor observa no prefácio à segunda edição de *Os donos do poder*, este livro não segue o pensamento weberiano à risca, apesar do seu "parentesco" (Cf. FAORO,

---

8   Como observa Glaucia Villas Bôas (2006), já havia, por volta de 1958, algumas publicações de intelectuais alemães no Brasil. No caso de Max Weber, a autora aponta um artigo de Emílio Willens sobre os conceitos de burocracia e patrimonialismo que foi publicado na Revista da Administração Pública do DASP no ano de 1945. Contudo, mesmo tendo isso em mente, é inegável que o espaço da sociologia weberiana foi afirmado com as publicações dos livros de Sérgio Buarque de Holanda e Raymundo Faoro.

Os dilemas do patrimonialismo brasileiro 65

2008, p. 13). Essas aproximações e distanciamentos, que constituem uma relação que não seria exagero chamar de ambígua, aparecem no núcleo conceitual utilizado por Faoro em sua interpretação do Brasil. Referimo-nos ao conceito de patrimonialismo e aos seus correlatos, que serão estudados nessa seção.

Os três primeiros capítulos de *Os donos do poder* são aqueles nos quais Faoro observa com mais vagar os conceitos que lhe serão chaves daí por diante. Para analisá-los adequadamente, teremos que fazer um breve resumo da visão de Faoro sobre a formação do Estado português.

Segundo Faoro, a península ibérica teria se formado sob o signo da guerra entre as civilizações do "ocidente remoto" e do "oriente próximo". O Estado português surge marcado por tais conflitos: "No topo da sociedade, um rei, o chefe da guerra, general em campanha, conduz um povo de guerreiros, soldados obedientes a uma missão e em busca de um destino" (FAORO, 2008, p. 18). Devido ao ambiente bélico, logo em 1098 o rei português passa a reinar (*regnare*), enquanto os demais reis europeus, sob o regime feudal, apenas exercem o domínio (*dominare*). O fundamento do poder real português era a conquista e o aumento do território. Simultaneamente, o rei de Portugal centralizava em si todos os poderes e riquezas.[9] Essa mistura entre o "rei senhor da guerra e o rei senhor de terras imensas" marcará a história luso-brasileira. Aliás, é precisamente a quantidade de riquezas do rei que ditaria a transformação da qualidade da soberania presente naque-

---

9 "A Coroa conseguiu formar desde os primeiros golpes da reconquista, imenso patrimônio rural [...] cuja propriedade se confundia com o domínio da casa real, aplicado o produto nas necessidades coletivas ou pessoais, sob as circunstâncias que distinguiam mal o bem público do bem particular, privativo do príncipe." (FAORO, 2008, p. 18). Se observamos o argumento de Montesquieu, veremos a proximidade da situação portuguesa da dos "moscovitas" e "turcos", quando o teórico político diz:" Tudo se reduz a conciliar o governo político e civil com o governo doméstico, os oficiais do Estado com os do serralho." (MONTESQUIEU, 2005, p. 71).

le momento, do *dominare* para o *regnare*. O quadro político é marcado, então, pela ausência de intermediários entre o rei, detentor do poder máximo, e os súditos, o que confere ao cenário as feições ideais para o despotismo, segundo a teoria montesquiana.[10] Neste quadro, a nobreza portuguesa não foi aniquilada, mas domesticada sob o domínio reinol. Outra característica de Portugal foi o precoce (res)surgimento da economia monetária, que tinha o intuito de arrecadar impostos nas municipalidades para o rei.

Com a chegada de D. Fernando ao poder português, os padrões administrativos baseados no Direito Romano[11] ganham novo impulso por meio da expansão comercial deflagrada pelo chefe do Estado. Este mesmo padrão seria reforçado com a vitória do Mestre de Avis na disputa sucessória, em 1385. Aliás, é sob o domínio deste que se forma a aliança política dominante naquele período e que perpassa a história luso-brasileira: *o rei se aliaria aos funcionários públicos, com o sustento da burguesia comercial, interessada na expansão comercial ultramarina. Os derrotados foram os senhores de terras.* Ao mesmo tempo, viu-se a cisão entre o poder do rei, cada vez mais poderoso, e a sociedade, cada vez menos ativa.

Neste sentido, houve a formação precoce do absolutismo português, no qual estariam as sementes da formação patrimonial portugue-

---

10 "Entre o rei e os súditos não há intermediários: um comanda e todos obedecem." (FAORO, 2008, p. 19). Aqui, aparece a influência da teoria de Montesquieu na análise de Faoro: a falta de corpos intermediários é um sintoma da dominação absoluta. Como diz Montesquieu sobre o déspota: "Tal príncipe, acostumado em seu palácio a não encontrar nenhuma resistência, fica indignado com aquela que se lhe faz de armas na mão; logo, ele é normalmente conduzido pela cólera ou pela vingança. Aliás, ele não pode ter ideia da verdadeira glória. As guerras devem pois realizar-se neste caso com toda a sua fúria natural, e o direito das gentes deve ter, neste mesmo caso, menos extensão do que alhures." (MONTESQUIEU, 2005, p. 70). Ricupero e Ferreira (2008) fazem observação na mesma direção.

11 Segundo Faoro, o Direito Romano é o "fundamento ideológico" da monarquia lusitana do período de formação do Estado português.

Os dilemas do patrimonialismo brasileiro   67

sa. A expansão comercial ultramarina teria selado o destino vitorioso da aliança rei-funcionários-burguesia e a derrocada da aristocracia fundiária feudal. Esse é o contexto no qual houve a formação do elemento-chave da tese faoriana sobre o Brasil: o estamento burocrático.

Entendamos: com a vitória da aliança mencionada, os fatores nobilitadores passaram a ser cargos e honrarias – isto é, prebendas, no sentido weberiano que exploramos páginas atrás-, elementos que permitiam o controle político-econômico da ordem social. O serviço público, incubador de tais elementos, passou a ser o objetivo almejado. Dessa forma, com o predomínio do Estado patrimonialista e seus componentes sobre a sociedade, o estamemto burocrático passou a dirigir a sociedade. Daí a cisão entre Estado e Nação em Portugal, que se refletirá sobre o Brasil.

Voltando aos conceitos, aqui aparecem os principais: o patrimonialismo e a contraposição ao feudalismo; o surgimento do capitalismo politicamente orientado como sustáculo da dominação patrimonial; e a ideia de estamento, em contraposição à uma ordem social calcada nas classes sociais.

No caso português, destaca-se a *centralização* precoce do Estado. O fundamento básico da distinção entre patrimonialismo e feudalismo, para Faoro, é esse: a primeira é uma forma de dominação centralizada e a segunda seria descentralizada. Frise-se que a centralização patrimonial deve ser entendida tanto no sentido político como administrativo. Além disso, havia a amalgamação das rendas privadas e rendas públicas, pois ambas seriam de direito do rei.

Num trecho iluminador, diz Faoro:

> O feudalismo não cria, no sentido moderno, um Estado. Corporifica um conjunto e poderes políticos, divididos entre a cabeça e os membros, separados de acordo com o objeto do domínio, sem atentar para as funções diversas e privativas,

68   Leonardo Octavio Belinelli de Brito

> fixadas em competências estanques. Desconhece a unidade
> de comando – gérmen da soberania -, que atrai os fatores dis-
> persos integrando-se: apenas concilia, na realização da ho-
> mogeneidade nacional, os privilégios, contratualmente reco-
> nhecidos, de uma camada autônoma de senhores territoriais.
> (FAORO, 2008, p. 36)

O trecho citado esclarece o motivo de Portugal não ter sido um país feudal. Destacam-se dois elementos, que são interconectados: o feudalismo é uma forma de domínio no qual há corpos intermediários, e no qual a relação se dá como uma relação de contrato, de modo que não há uma noção como a de soberania, o *regnare* citado anteriormente. É, portanto, um tipo de dominação descentralizada, na qual os componentes da "camada autônoma de senhores territoriais" têm poder equivalente. Daí a noção de *dominare* e daquilo que Faoro chamará de uma espécie de "confederação política" (*idem, ibidem*, p. 60) De outro ângulo, não deixa de haver, nesse caso, um exemplo de dialética histórica: o regime de dominação que, *a priori*, não cria o Estado moderno, o feudalismo, é justamente aquele que ensejará os seus melhores modelos. Já a dominação patrimonial, muito mais semelhante ao estilo de dominação de um Estado propriamente dito, não conseguirá atingir plenamente as características políticas da modernidade.

> Estado patrimonial, portanto, e não feudal, o de Portugal
> medievo. Estado patrimonial já com direção pré-traçada,
> afeiçoado pelo direito romano, bebido na tradição e nas
> fontes eclesiásticas, renovado com os juristas filhos da Es-
> cola de Bolonha. A velha lição de Maquiavel, que reconhece
> dois tipos de principado, o feudal e o patrimonial, visto, o
> último, nas suas relações com o quadro administrativo, não
> perdeu o relevo e a significação. Na monarquia patrimonial,
> o rei se eleva sobre todos os súditos, senhor da riqueza ter-
> ritorial, dono do comércio – o reino tem um *dominus*, um

Os dilemas do patrimonialismo brasileiro 69

titular da riqueza eminente e perpétua, capaz de gerir as maiores propriedades do país, dirigir o comércio, conduzir a economia como se fosse empresa sua. O sistema patrimonial, ao contrário dos direitos, privilégios e obrigações fixamente determinados do feudalismo, prende os servidores numa rede patriarcal, na qual eles representam a extensão da casa do soberano. (*idem, ibidem*, p. 38)

O trecho acima, além de ser o primeiro no qual Faoro afirma, explicitamente, o caráter patrimonial da dominação portuguesa, também tem a força de resumir o que o autor entende por patrimonialismo e sua relação com a história portuguesa. Além disso, abre caminho para compreendermos a especificidade da economia portuguesa, no quadro daquilo que Faoro, seguindo Weber, chamará de "capitalismo politicamente orientado".

Num primeiro momento, convém indicar que o argumento de Faoro sobre a precoce urbanização das municipalidades portuguesas tem como objetivo criticar a tese de que Portugal foi uma "monarquia agrária", embora reconheça que a maior parte da população portuguesa fosse de agricultores. A resposta para a aparente contradição é que o ponto fundamental da vida econômica portuguesa não seria dado por ela, mas sim pelo comércio marítimo. Isso porque foi ele que deu ensejo ao povoamento da costa e a exploração das possibilidades oferecidas pelo mar, que foram fundamentais para financiar a obra da reconquista e da independência portuguesa.

É no contexto deste comércio marítimo que surge a burguesia, desvinculada da terra e financiadora da empresa oceânica. Sobre ela, a direção dos negócios era dada pelo príncipe, que distribuía rendas e privilégios à burguesia nascente. Assim:

> Estão lançadas as bases do capitalismo de Estado, politicamente condicionado, que floresceria ideologicamente no

mercantilismo, doutrina, em Portugal, só reconhecida por empréstimo, sufocada a burguesia, na sua armadura mental, pela supremacia da Coroa. A camada dirigente, com o rei no primeiro plano, o futuro régio mercador da pimenta, deverá ao comércio seu papel de comando, sua supremacia, sua grandeza. A estrutura patrimonial levará, porém, à estabilização da economia, embora com maior flexibilidade do que o feudalismo. Ela permitirá a expansão do capitalismo comercial, fará do Estado uma gigantesca empresa de tráfico, mas impedirá o capitalismo industrial. (*idem, ibidem*, p. 40)[12]

O capitalismo industrial não encontrará solo para florescer em terrenos patrimoniais porque nestes há constantes intervenções do príncipe, de modo que não há empresa individual, nem possibilidade do cálculo econômico, dada a ausência de relações fixas. É por isso que, para Faoro, apenas os países feudais conseguiram gerar este tipo de capitalismo, que integra nele sociedade e Estado, ao contrário do capitalismo politicamente orientado, no qual o Estado se sobrepõe à sociedade. A tese da relação entre feudalismo e capitalismo industrial, como observa Faoro, está ausente em Weber e poderia ser capaz de gerar uma revisão da tese do sociólogo de Heidelberg acerca da relação entre ética protestante e o surgimento do capitalismo.

Conforme assinala o nosso autor, são quatro os elementos que formaram a ordem sociopolítica portuguesa: guerra, comércio, o poder do príncipe e o quadro administrativo. Já abordamos os três primeiros, o que abre caminho para tratarmos do último deles, notadamente o significado e o papel do estamento burocrático para Faoro.

A formação do estamento burocrático se deve justamente à necessidade de dirigir os negócios da Coroa, uma espécie de "grupo de

---

12 Vale mencionar um trecho no qual Montesquieu comenta a economia dos regimes despóticos: "[...] e se, além disso, o príncipe for mercador, toda espécie de indústria estará arruinada" (MONTESQUIEU, 2005, p. 71).

Os dilemas do patrimonialismo brasileiro 71

conselheiros e executores, ao lado do rei, sob a incontestável supremacia do soberano" (*idem, ibidem*, p. 60). Além disso, esta camada também seria responsável por colher os tributos e as receitas que deviam
chegar às mãos do rei.

Segundo Faoro, esta camada, que se estrutura numa comunidade,

> *não é, nas circunstâncias históricas em exame, uma classe*, da
> qual o Estado seria mero delegado, espécie de comitê exe-
> cutivo. A classe se forma com a agregação de interesses eco-
> nômicos, determinados, em última instância, pelo mercado.
> [...]. A classe e seus membros, por mais poderosa que seja,
> pode não dispor de poder político [...]. A classe se forma de
> um grupo que não repousa numa comunidade, embora possa
> levar, pela identidade de interesses, a uma ação congregada
> [...]. (*idem, ibidem*, p. 60-1).

A camada que Faoro está analisando será, em oposição à ideia de
classe, denominada estamento, o que a deixa mais próxima da ideia de
casta do que de classe. O estamento é uma camada *social* e não econômica, como a classe,[13] nem se confunde com a casta, que é o seu
extremo e é ainda mais fechada.[14] Ao contrário da classe, em sentido
weberiano, o estamento é uma comunidade e seus membros agem de
acordo com um sentimento de pertencimento.[15] Ainda para efeitos
comparativos, o sujeito de uma classe tem sua posição avaliada segundo sua posição no mercado, enquanto o do estamento é marcado pela
aspiração da honra social.

---

13 Vale observar que, para Faoro, o estamento pode repousar sobre uma classe (Cf.
FAORO, 2008, p. 61).

14 Como indica Weber: "Onde as suas consequências se realizaram em toda a extensão,
o estamento evolui para uma "casta" fechada. As distinções estamentais são, então,
asseguradas não simplesmente pelas convenções e leis, mas também pelos *rituais*
(WEBER, 1982, p. 221).

15 É clara aqui a oposição do conceito de classe social de Weber à tese marxista sobre a
possível unidade de atuação das diversas classes, notadamente o proletariado.

Ademais, em contraposição à classe, na qual haveria como pressuposto a igualdade formal entre os seus membros, no estamento prevaleceria o pressuposto da desigualdade social entre seus componentes e o restante da sociedade. Além disso, na lógica estamental há um sistema de recrutamento exclusivista, no que também se contrapõe ao ideal classista, para o qual bastaria o meio econômico ou a habilitação profissional para ingressar em seu quadro. O sistema de recrutamento é importante porque, no limite, leva à apropriação monopolística de atividades lucrativas ou profissionais. No plano político, como se pode perceber, a lógica de funcionamento do estamento "configura o governo de uma minoria", que "não exerce o poder em nome da maioria, mediante delegação ou inspiração pela confiança do povo, como entidade global, se irradia". (*idem, ibidem*, p. 107). O estamento burocrático usurpou a soberania para si, exercendo-a em nome próprio. Nesta altura, aparece o tema da soberania em Faoro que, como veremos, tem papel fundamental na sua argumentação.

Faoro distingue também a ideia de estamento burocrático dos termos "classe política", "classe dirigente" e "elite", que são definidos por autores como Robert Michels, Vilfredo Pareto e Gaetano Mosca.[16] Para o nosso autor, o estamento estaria mais próximo da aristocracia do que da elite, que seria o resultado necessário de qualquer sistema político. O único ponto de contato teórico que teriam essas duas noções seria o "conteúdo minoritário" de ambas as categorias. Indo mais longe, Faoro sugere mesmo que, na prática, a elite estaria articulada em favor do estamento, "que a define, caracteriza e lhe infunde energia" (*idem, ibidem*, p. 111).

De um ponto de vista mais amplo, como diz Faoro, "os estamentos florescem, de modo natural, nas sociedades em que o mercado

---

16 Como veremos, o termo "classe política", de Mosca e Pareto, aparecerá na análise de Simon Schwartzman.

Os dilemas do patrimonialismo brasileiro 73

não domina toda a economia, a sociedade feudal ou patrimonial" (*idem, ibidem*, p. 61). Nesta referência, pode-se observar que a estabilidade econômica favoreceria os estamentos, enquanto que as mudanças econômicas afetariam suas possibilidades de manutenção. Por isso, representariam uma espécie de freio sobre as mudanças. Nos termos de Faoro:

> Os países aprisionados pelo estamento se modernizam, *ocidentalizando-se, por via de um plano do alto*, imposto à nação, com a teorização, retardada de muitas décadas, de processos espontâneos nas sedes criadoras. O mundo se parte em mundo metropolitano, diretor e condutor, e mundo de retaguarda, alheando ainda mais a minoria do conjunto da nação. *O estamento absorve as técnicas importadas, refreando a elite ocidentalizadora, para que as novas ideias, as ideologias não perturbem o domínio da sociedade, domínio, mesmo vestido de palavras novas, tradicionalmente cunhado*. (*idem, ibidem*, p.1 13, grifo nosso).

Numa palavra, para Faoro, "os estamentos governam, as classes negociam" (*idem, ibidem*, p. 62). Neste sentido, pode-se compreender o próximo passo do argumento faoriano: se a dinâmica social é efetivada pelo estamento, e ele é sobranceiro em relação à sociedade, vê-se que o influxo político é determinado de cima até atingir a base, ao contrário de uma sociedade de classes. Dessa forma, podemos voltar a ideia de que, para Faoro, nas sociedades de origem feudal, Estado e sociedade são conectados, justamente pelo primeiro ser controlado pelo segundo, enquanto nas sociedades patrimoniais, "Estado e nação, governo e povo, dissociados e em velado antagonismo, marcham em trilhas próprias, num equívoco renovado por todos os séculos, em contínua e ardente procura recíproca" (*idem, ibidem*, p. 114).

De outro ângulo, observa-se que o estamento burocrático enseja um processo de ocidentalização da sociedade "pelo alto" e, neste sentido, seria um equívoco pensar que o estamento burocrático, como a sociedade que governa, é imutável ao longo do tempo. Este processo, que Faoro chamará em escritos posteriores de modernização (FAORO, 1992), implica numa ocidentalização *não genuína*, pois absorveria a forma moderna, mas com ideologia arcaica. A contraface desse processo é o que o autor chamará de modernidade.

O estamento é burocrático num sentido muito preciso e que pouco tem a ver com o processo de racionalização descrito por Max Weber. Ao contrário, como indica Faoro, é uma "burocracia de caráter aristocrático, com uma ética e um estilo de vida particularizados, impregnados do espírito pré-capitalista" (FAORO, 2008, p. 63). Aliás, como vimos na seção dedicada à reflexão de Weber sobre o patrimonialismo, existe a possibilidade desta combinação entre conteúdos arcaicos e formas modernas na atuação dos funcionários patrimoniais.

E aqui se coloca uma questão que também será candente na análise de Simon Schwartzman sobre o desenvolvimento histórico político nacional. Sinteticamente, ela pode ser formulada, em termos weberianos, do seguinte modo: Portugal seria um país "moderno" ou "tradicional"? A pergunta é importante porque ela impacta a análise, pois a assunção sobre tais características implicaria na pressuposição de diferentes orientações valorativas dos atores sociais, o que implicaria em comportamentos diferentes.

Como Schwartzman, Faoro também indica que Portugal (e Brasil) teria um pé na modernidade e outro na tradição. Algum deles prevalece sobre o outro? Pensamos que na análise de Faoro, sim. Segundo a nossa compreensão de suas teses, o jurista de Vacaria busca acentuar sempre que possível a nota "tradicional" de nossa formação. Como indicação disso, temos a própria ideia de "modernização", que busca sublinhar justamente a sua diferença em relação à "modernidade" por meio do destaque dos aspectos arcaizantes presentes em suas práticas. Soma-se a isso que, embora Faoro aponte a forma moderna do

Estado português, a sua condução política é feita com base em ideias de cunho tradicional. Nesta referência, o próprio domínio de um estamento seria indicativo desta ideia, pois a ordem política genuinamente moderna é dominada por classes sociais. Se observarmos a própria noção de estamento burocrático, veremos o mesmo ponto se repetindo: ao passo que pode adotar feições modernas, a sua nota distintiva está nas suas práticas pré-modernas.

No plano historiográfico, Faoro observa que na relação entre o soberano e o estamento burocrático houve um movimento de fortalecimento deste em relação ao primeiro,[17] principalmente a partir da crise de 1383-85. Isso porque o estamento consolida a "separação entre a coisa pública e os bens do príncipe. O reino não é mais o domínio do rei: o soberano é o domínio da nação" (*idem, ibidem*, p. 63). Neste sentido, o estamento burocrático é que "apropria-se da soberania nacional, controla o governo, amesquinhando as demais classes, indiferente à autonomia do reino" (*idem, ibidem*, p. 106). Faoro destaca a importância dos juristas na construção deste arranjo social, pois eles racionalizariam o direito romano, de modo que delimitam a fronteira do Estado patrimonial ainda não afirmada.[18] Com isso, a construção do Estado patrimonial português está terminada:

---

17 Retomando brevemente a análise weberiana, aponta-se que a análise é consistente com uma das tensões essenciais da dominação patrimonial tal como descrita por Max Weber, aquela que se refere a relação entre o senhor e os demais nobres.

18 Luiz Werneck Vianna (1997) lembra o importante papel que os magistrados têm para a análise de Alexis de Tocqueville sobre a democracia norte-americana. Lá, os magistrados desempenhariam um papel aristocrático, favorável à liberdade. Nesta referência, os magistrados teriam um papel análogo ao dos corpos intermediários na teoria política de Montesquieu. A sua cooptação pelo poder, como o ocorrido na história luso-brasileira, é outro indicativo da ordem patrimonial e do nosso "oriente político", dado que os magistrados não fazem o papel de intermediar o poder, mas sim de colaborar em seu reforço.

> Sobre a nação, acima de suas classes, de seus grupos e de seus interesses – este o ponto fundamental a fixar – uma comunidade, que fecha-se sobre si própria, comanda e dirige, pronta para as grandes empresas. O Estado atinge a perfeição capaz de lançá-lo ao grande salto, às suas portas desde dois séculos, da expansão no mundo. Somente esta organização política ensejaria, naquela hora, a magna arrancada ultramarina. (*idem, ibidem*, p. 66-7).

Nesta altura, aparece um argumento que perpassará toda a análise de Faoro, e que já foi indicado anteriormente: a cisão social fundamental se efetiva entre o estamento burocrático e seus aliados e o resto da Nação. Observa-se que este tratamento da questão também é diferente da análise weberiana, que enfoca, no caso da dominação patrimonial, a tensão entre o governante e seus asseclas, dadas as tensões sobre a questão da descentralização do poder. Este tipo de análise, aliás, é pouco presente nos estudos faorianos, como observa Rubens Campante (2003), sendo o trecho no qual Faoro assinala a tensão entre o rei português e o estamento burocrático no período inicial da formação da ordem política lusitana um destes raros momentos.[19]

No trecho citado acima aparece também a tese de que o Estado patrimonial português foi, naquela circunstância histórica, sinal de progresso político e condição para as aventuras comerciais ultramarinas, que trariam riquezas ao reino. Enquanto isso, a Europa central ainda estava se debatendo com o "atraso", isto é, com o feudalismo. Todavia, como já observamos, a situação se inverterá: os países feudais conseguirão dar a arrancada em direção ao capitalismo industrial moderno, o que não ocorrerá com Portugal.

---

19 Outro trecho no qual se nota esse foco é o dedicado à análise das capitanias hereditárias.

Os dilemas do patrimonialismo brasileiro
77

Conforme lembra Campante (2009b), o capitalismo industrial não se conecta bem à estrutura social patrimonialista. No principal, a incompatibilidade reside nas lógicas distintas de relações sociais que presidem tais formações. No capitalismo industrial, o fundamento da acumulação é a exploração racional, disciplinada e calculável. Ou seja, há uma dimensão de previsibilidade neste tipo de formação social. No caso do patrimonialismo, as características principais são justamente o arbítrio, o casuísmo, a indefinição entre as esferas pública e privada, o que leva à uma política fiscal errática. Em poucas palavras, é uma formação social que não fornece segurança para a previsibilidade do cálculo e da racionalidade.

Daí o surgimento de uma outra forma de capitalismo, o politicamente orientado. Neste plano, a *forma* é importante porque é justamente ela que a diferencia do capitalismo industrial: *a acumulação é levada a cabo de modo distinto*. Não estamos longe da teorização weberiana sobre as diferenças entre as economias voltadas para o "consumo" e aquelas voltadas para o "lucro". A primeira seria orientada para a satisfação das necessidades de um Estado, ou de um grupo e etc. Sua base de sustentação é o rentismo e o patrimônio. Já a segunda seria voltada para as possibilidades de ganho no intercâmbio econômico, e daí sua ênfase na calculabilidade. Como se pode imaginar, o patrimonialismo seria mais próximo da economia voltada para o "consumo", pois é voltado para a renda daqueles que exercem o poder político. Como explica Rubens Campante, a quem acompanhamos nesta argumentação, nestes casos "o capital é meramente um meio, um instrumento, para o aumento e fortalecimento do patrimônio e da renda, e não o contrário, como nas economias de tipo lucrativo, em que a renda e o patrimônio são modos de acumulação de capital" (CAMPANTE, 2005, p. 86).

Feitas essas breves considerações sobre o arcabouço conceitual a partir do qual Faoro erigirá sua explicação sobre os problemas históricos brasileiros, nas próximas seções vamos acompanhar a narrativa montada pelo jurista gaúcho. Neste ponto, registra-se a dificuldade de expor a narrativa sem adotar esta forma. Noutros termos, a imbricação entre forma e conteúdo na narrativa de Faoro é grande, o que é um mérito de *Os donos do poder*, visto que empresta potência ao argumento, mas dificulta a exposição de outro modo. Sendo assim, vamos adotá--la, sob pena de perder os nexos narrativos feitos pelo autor. Por outro lado, pretendemos explicitar, sempre que possível, como os conceitos analisados nesta seção aparecerão nas análises de Faoro.

A formação sociopolítica de Portugal e da colônia

Como vimos, para Faoro, Portugal teve raízes patrimoniais, o que implicou numa centralização precoce do poder nas mãos do rei e daqueles próximos ao trono - a burocracia e os comerciantes. Dessa maneira, essa formação social impactou a própria formação de um capitalismo regido pelos interesses reais, de modo que era "politicamente orientado", baseado na captação de rendas monetárias e na ruptura com a economia agrária.

A Revolução de Avis concretizou tal formação social, pois centralizou o poder político e o afastou dos senhores de terras, que poderiam, eventualmente, conduzir Portugal ao feudalismo. Consolidado o Estado português, o rei, apoiado na burguesia, lançou o país aos negócios marítimos. A empreitada, contudo, exigia uma rede burocrática que fosse capaz de organizar e gerir os negócios do rei. Esta é, como também já vimos, a semente da qual brotará o estamento burocrático. Nesse arranjo de forças, a burguesia passa a ser subordinada ao rei e ao estamento burocrático, dado o caráter dependente de seus negócios. Observemos que, além de precoce, a burguesia portuguesa não terá o

Os dilemas do patrimonialismo brasileiro 79

caráter "conquistador" e "rebelde" da sua congênere francesa. Ao contrário, a burguesia portuguesa se *aliará* ao poder real e centralizador. Daí um estilo particular dessa burguesia, uma espécie de "burguesia aristocrática". Como veremos no próximo capítulo, essa caracterização é ausente na obra de Simon Schwartzman, o que terá impacto grande nas diferenças entre as formulações dos dois autores.

É nesse contexto amplo que acontecem as descobertas de novos territórios por Portugal. Inicialmente, o que viria a ser o território brasileiro se apresentava como comercialmente inútil, servindo como um lugar para o qual poderiam ser levados os subversivos portugueses, bem como os empreendedores. Esse caráter "aliviador das tensões", na expressão de Laura de Mello e Souza (1999), explica a descrição paradisíaca do território agora colonial.

Nesta altura aparece outro ponto chave do argumento de Faoro: a colonização foi obra do Estado português, que já exercia o capitalismo politicamente orientado e nada tinha de feudal. Aliás, a colonização foi efetivada por aquele grupo de domínio português, os "burocratas adestrados nos negócios do reino e do oriente" (FAORO, 2008, p. 137), visando a manutenção da colonização como obra estatal. Daí a criação de vilas por parte do poder público português, bem como a ocupação do território, sob o domínio real, por toda sorte de funcionários, como burocratas, militares, letrados e guerreiros. Não deixa de ser um aparente paradoxo, como aponta Faoro (*idem, ibidem,* p. 170): centralização que investe na municipalização? Convém lembrarmos que o investimento na fundação de vilas como *modo de centralizar* o poder era um "velho mecanismo de luta do rei contra a nobreza" (*idem, ibidem*). O autor assinala que o foco municipalizante poderia confundir o observador, que pensaria estar vendo a formação das *townships* americanas. No entanto, a diferença fundamental entre estes dois tipos de vilas é que "o município [aos moldes lusitanos] não criava nenhum sistema representativo, nem visava à autonomia que depois adquiriu, abusivamente, aos olhos da Coroa (*idem, ibidem, p.* 171). Além disso, a municipalização tinha objetivos de povoar o interior do território. Neste sentido, notemos que o Brasil foi colonizado a partir de uma estrutura jurídico-política existente anteriormente. Assim, neste caso, aplica-se a formulação de Angel Rama, para quem, na América hispânica, "o ideal precedeu o material, o signo, as coisas" (RAMA *apud* WERNECK VIANNA, 1997, p. 126). Ou, na formulação de Werneck Vianna, a "metafísica brasileira" precedeu a "física dos interesses".[20]

Por outro lado, a insuficiência de recursos de Portugal para colonizar o território recém-descoberto e protegê-lo adequadamente fez com que fosse criado um sistema no qual se cedia o poder sobre um determinado território para um cidadão, via de regra ilustre, que teria como missão proteger o território, assegurando seus empreendimentos particulares mas sobretudo o domínio português sobre ele. De quebra, o donatário do território, ao pagar os tributos da cessão, sustentava o Estado português e sua modalidade de capitalismo. É o sistema conhecido como "capitanias hereditárias". Aliás, esse ponto – o da concessão - corroboraria o argumento faoriano da inexistência do nosso "feudalismo indígena". Num trecho lapidarmente claro, "opõe-se ao feudalismo a própria natureza dos favores concedidos aos donatários, favores de estímulos a uma empresa que o rei engordava para colher benefícios futuros – é o capitalismo politicamente orientado em ação" (FAORO, 2008, p. 155). Na sequência, Faoro observa que o rei, a despeito das concessões feitas, reservou para si vários dos possíveis ganhos de tais capitanias. Neste registro, indica-se que, seguindo

---

20 Escreve Faoro, na primeira edição d'*Os donos do poder*, que com as capitanias hereditárias "começava-se, com isso, uma prática que iria marcar a história da colônia: *criação da realidade pelas leis e ordens régias*." (FAORO, 1958, p. 58, grifo nosso)

Os dilemas do patrimonialismo brasileiro

a teoria weberiana, as capitanias se aproximariam mais do caso de prebendas reais oferecidas aos nobres.

Não obstante, as capitanias fracassaram no seu objetivo de defender as riquezas do rei, do ponto de vista externo, e também não lograram sucesso em pacificar os habitantes da Colônia. Esse duplo fracasso ameaçava os negócios do rei. Porém, Faoro relativiza o fracasso das capitanias quando afirma que "só houve malogro administrativo porque, sob o aspecto econômico e financeiro, a conquista prometia muito [...] O governo-geral não nasce da ruína da colônia, mas da esperança de seus lucros" (*idem, ibidem*, p. 163). Além disso, como é clássico na dominação patrimonial, passou-se a suspeitar dos poderes dos donatários (*idem, ibidem*, p. 164). Assim, em 1548 a Coroa estabelece no Brasil o Governo-Geral, primeiramente sob a chefia de Tomé de Sousa. Utilizando a autoridade real, Sousa disciplinou os agentes coloniais e lançou as bases da unificação administrativa, judicial e financeira da Colônia. Vale mencionar que, naquela altura, as riquezas provindas do açúcar despontavam como possibilidade e, juntamente com o comércio de escravos, prometia fortunas abundantes e fáceis: "O comando da economia e da administração deveria, para conservar o já tradicional edifício do governo português, concentrar-se nas zelosas e ciumentas mãos, mãos ávidas de lucros e pensões, do estamento burocrático" (*idem, ibidem*, p. 164-5).[21]

Essa política de centralização real contou com o importante apoio dos conselhos municipais, que eram dominados por homens fiéis à Coroa. Nesse contexto, a centralização foi intensificada a partir de 1640, quando houve a Restauração em Portugal, ocorrida, segundo Faoro, por dois motivos: como tentativa de evitar os constantes des-

---

21 Numa outra aproximação com o Oriente, Faoro lembra que a busca de riquezas foi o principal motor para a colonização do Brasil, de modo análogo ao que ocorreu na Ásia. (Cf. FAORO, 2008, p. 166).

82 Leonardo Octavio Belinelli de Brito

vios das rendas públicas e também como imperativo da necessidade de reconstrução do Estado português. No plano americano, Portugal avançava sobre os territórios da Colônia. O meio pelo qual logrou fazê-lo foi o uso de particulares que eram imbuídos de missões desbravadoras e pacificadoras pela Coroa: "o conquistador não era, na verdade, um funcionário público, nem o plano expansionista tinha os caracteres do moderno planejamento. Ele exercia, contratualmente fixadas, atribuições públicas [...]" (*idem, ibidem*, p.181). Esse é o ponto que Faoro destaca nas expedições bandeirantes: o seu caráter ligado às funções públicas. A rebeldia, que era miragem de liberdade e independência, era tolerada pela Coroa até o ponto no qual os bandeirantes deixassem de serem úteis,[22] quando eram substituídos por agentes reinóis. Aliás, estratégia semelhante foi adotada no próprio caso das capitanias hereditárias. Como assinala Faoro, a Coroa portuguesa não investia o seu capital na colonização, pois era

> ao tempo escasso e comprometido em outras aventuras. Servia-se dos particulares – nobres e ricos, com suas clientelas e parentes sem cabedal acenando-lhes com a opulência e o lucro fácil, móveis de ação tipicamente capitalistas, como capitalista seria a oferta aos pobres da vida fácil americana. (*idem, ibidem*, p. 156).

Assim, coerente com a tese da primazia do papel desempenhado pela centralização política luso-brasileira, Faoro enfatiza, mesmo em situações mais próximas da descentralização política, como os agentes

---

22 E aqui há um contraponto com a análise de Simon Schwartzman, ao menos no tocante à questão dos bandeirantes paulistas. Enquanto Schwartzman enfatiza a independência de São Paulo, uma espécie de "república dos bandidos" (os termos são de Schwartzman). Num comentário, diz Faoro: "Essa situação deu aos paulistas a *ilusão* de que seriam uma república sem rei ou com o rei que aclamassem. Na realidade, fortes eram os vínculos entre o soberano e os potentados [...]" (FAORO, 2008, p. 187-8 – grifo nosso).

Os dilemas do patrimonialismo brasileiro 83

sociais e políticos estão articulados ao centro político, que, ainda assim, seria o determinante das ações de tais agentes. Por outro lado, essa coerência tem seu custo, que é o de homogeneizar todos os momentos políticos da história brasileira, deixando de se atentar para a especificidade de cada um deles. Daí a sensação de que o autor, por vezes, "força" a história para que ela se encaixe no seu argumento. Do ponto de vista teórico, sublinhemos que tal ênfase tem a ver com a própria concepção de patrimonialismo com a qual Faoro trabalha. Isto é, se ao patrimonialismo corresponde uma forma de dominação centralizada, oposta à descentralização feudalista, é preciso indicar, sempre, como tal centralização ocorre, pois, do contrário, a tese ameaçaria se desmentir e indicar a existência de traços feudais no país.

Um momento chave para o estabelecimento do aparelho estatal-fiscalista no território colonial foi o da descoberta das minas na sua região central. Essa descoberta de riquezas no futuro estado de Minas Gerais fez com que houvesse a necessidade de administrá-las e protegê-las, além de fiscalizá-las. Daí o enorme contingente de burocratas, militares e outros agentes reais lá instalados.

Nesta altura, com a complexificação da economia, convém analisar a interpretação de Faoro acerca da formação das classes sociais ao longo do processo de colonização. Observa-se que elas estavam *sob domínio* da camada dirigente. Como diz o autor:

> Essa posição subalterna das classes caracteriza o período colonial, com o prolongamento até os dias recentes, sem que o industrialismo atual rompesse o quadro; industrialismo, na verdade, estatalmente evocado, incentivado e fomentado. Numa sociedade desta sorte pré-capitalisticamente sobrevivente, apesar de suas contínuas modernizações, a emancipação das classes nunca ocorreu. (FAORO, 2008, p. 237, grifo nosso)[23]

---

23 Lembremos que o período no qual Faoro escrevia era anos 1970, momento da industrialização promovida pelo regime militar.

Faoro distingue três classes, e duas delas teriam seu polo positivo e negativo. São elas: classe proprietária, classe lucrativa e classe média. A primeira, a classe proprietária, seria composta pelos donos de terras e outros bens, que seriam chaves para a sua localização na estratificação social. No polo negativo desta classe estariam os escravos, que eram propriedade, os pobres, os devedores e etc. Já a classe lucrativa seria composta por aqueles que atuam no mercado, como os comerciantes, industriais, banqueiros, financistas e etc. No polo negativo desta classe estariam os trabalhadores qualificados, semiqualificados e braçais. Por fim, a classe média seria composta por pequenos proprietários e especuladores, numa espécie de mistura entre a pequena burguesia antiga e a nova classe média de empregados. Tendo tais divisões em mente, fica mais claro pensarmos nos grupos que comporiam, ou se aproximariam, daquilo que o autor chama da "estamento burocrático". Para Faoro, pelo "estilo de vida", as classes proprietárias, que são mais favoráveis à manutenção da ordem do que à mudança, e certos setores das classes médias seriam aquelas mais próximas do grupo de poder.

Dessa forma, Faoro critica aquilo que denomina "esquema tradicional" de interpretação do país, que focaria apenas na relação entre os senhores de terras e os seus dominados, esquecendo-se dos comerciantes e financistas (Cf. FAORO, 2008, p. 239). A ressalva faoriana neste ponto remete ao início do argumento exposto: a aliança fundamental entre o poder real se dá com a classe mercante. Ou seja, torna-se compreensível a insistência da importância da atuação desta classe que, apesar disso, não logrou se emancipar do jugo burocrático. Veremos que a mesma ênfase aparecerá na análise do autor sobre a industrialização brasileira.

Voltando à narrativa histórica. A crise econômica surgida após o esgotamento das reservas minerais abateu fortemente tanto a colônia como a metrópole, de modo que o país entra no século XIX imerso

Os dilemas do patrimonialismo brasileiro 85

numa crise econômica. Aliás, crise essa que afeta a estrutura e a lógica econômica dos latifúndios, bem como o *status* político dos senhores de terras (*idem, ibidem*, p. 280). Isto porque o quadro sociopolítico teria gerado o retraimento dos senhores de terras aos seus domínios. Como nota Faoro, a economia passa a ser de subsistência, o que dificulta o desenvolvimento econômico, visto que não produz excedente. Ao mesmo tempo, a proibição da criação de indústrias no Brasil também impunha empecilhos de outra ordem para o desenvolvimento do país. Dialeticamente, contudo, esse retraimento dos latifundiários aos seus rincões teria feito, segundo Faoro, com que eles passassem a gozar de maior independência em relação à tutela real. Segundo o autor,

> ele [o senhor de terra], se a ruína na hora da contração da fazenda não o abateu, tem nas mãos as condições, embora não vigorosas, para resistir à pressão exterior e ditar sua conduta, que a velha arrogância, bebida nos tempos da caudilhagem territorial, lhe inspirará. (*idem, ibidem*, p. 283)

Em síntese: no plano econômico-político, o senhor de terras deixa de ser exportador para ser um criador de sua autossuficiência. Simultaneamente, o comércio perde sua força, dadas as quedas das taxas de exportações e o predomínio mercantil da Inglaterra. Soma-se a esse quadro a vinda da família real, no ano de 1808, para o Rio de Janeiro. O resultado dessas rearticulações é a aproximação ainda maior, dada a dependência crescente, dos comerciantes em relação à Coroa. Por outro lado, com a crise econômica de então, os senhores de terras passam a ter mais possibilidades de disputar o poder, devido a perda da "consistência hegemônica" dos negócios mercantis. Mas aqui há uma outra volta na análise faoriana: as localidades, isoladas umas das outras, não conseguem unificar seus interesses em combate ao poder central, permanecendo dispersas e conectadas apenas ao comércio, agora inglês.

Ainda assim, é nesta altura que aparece algo novo na história política brasileira:

> Uma *vigorosa* corrente subterrânea, que ameaçara aflorar contra os emboabas, hesitante mas viva contra os mascates, tímida e ativa na Inconfidência, emerge em 1817, no Recife. Adensa-a uma constante, já homogênea no começo do século XIX, estruturada na propriedade agrária, em conflito com a cúpula burocrática, vinculada ao comércio urbano e internacional, o comércio de raízes portuguesas. A aliança entre propriedade agrária e liberalismo, visível nos demagogos letrados, entrelaçada pelos padres cultos, pelos leitores dos enciclopedistas e pelos admiradores da emancipação norte-americana, ensaia seus primeiros e vigorosos passos, que darão os elementos de luta nos dias agitados de 1822 e expulsarão o imperador em 1831, incapazes, todavia, de organizar o Estado à sua imagem. 1817 não sugere um movimento malogrado, mas a amostra de uma tendência possível, como possível foi o processo de independência e de fragmentação do mundo americano espanhol. (*idem, ibidem*, p. 30, grifo nosso)

Aí reside, no essencial, a possibilidade de emancipação nacional que Faoro entreviu em suas análises. É esta corrente subterrânea, formada por uma aliança das classes proprietárias e frações da classe média, que possibilitará a independência e a expulsão de Pedro I do Brasil.

Vale observar o papel do liberalismo nesta corrente. Ao contrário do outro, que Faoro chamará de "liberalismo de transação", que será esposado pelo estamento burocrático, este liberalismo seria mais semelhante do ideal europeu por dois motivos: ele teria uma "energia republicana", bem como seria oposto ao poder colonial absolutista (*idem, ibidem*, p. 303). Em poucas palavras: este é um liberalismo que se opõe ao poder, enquanto o liberalismo de transação é feito para justificá-lo e construí-lo. Por ora, vale assinalar que a avaliação de Faoro sobre este liberalismo é ambígua pois, ao mesmo tempo que vê nele alguma chance

Os dilemas do patrimonialismo brasileiro 87

de emancipação, argumenta que as forças que sustentavam este liberalismo eram "liberais por fora, anárquicas no seu conteúdo".[24] De qualquer modo, apesar do ressurgimento dessa corrente em algumas revoltas isoladas, principalmente no Nordeste, um grande conflito aberto com o poder colonial não aconteceu. O que ocorreu foi uma transação capitaneada pelo Rio de Janeiro, por São Paulo e por Minas Gerais. Este movimento "parte da abertura dos portos levará ao 7 de setembro, *sem ruptura, senão na superfície, do edifício monárquico, na feição que lhe infundiu a Revolução de Avis e a Restauração de 1640* " (*idem, ibidem*, p. 304, grifo nosso).

A Revolução de Porto de 1820 também desempenhou um importante papel nas decisões da Coroa portuguesa, fazendo com que a independência do Brasil fosse a única saída para a manutenção de seu poder. Naquela altura, o Brasil havia sido alçado ao *status* de Reino Unido de Portugal, o que se tornou eixo da contestação revolucionária portuguesa. Na verdade, essa união de reinos indicava um predomínio do Brasil sobre Portugal, que não era aceita pelos lusitanos. Ao mesmo tempo, Portugal precisava manter os seus laços com o Brasil, dependente que era de sua economia, enquanto o contrário não se dava, segundo Faoro. Ou seja, o pacto colonial havia terminado, na prática. Este quadro, somado às crises econômicas e políticas de Portugal, inspirou a burguesia portuguesa a fazer um levante nacional, tomando

---

24 Cf. FAORO, 2008, p. 304. Em *Existe um pensamento político brasileiro?* Faoro explicará esta ambiguidade, afirmando que a possibilidade de formação de um pensamento político brasileiro passava pela "consciência possível", que era esta naquele momento. Diz ele: "... o elemento nacional está no sentido certo; não se trata de um pensamento nacional, de um país como Nação, mas como núcleos não-homogêneos, com um projeto – apenas como projeto nacional. As circunstâncias – a dissolução do sistema colonial, teriam configurado as bases de uma consciência histórica, estamental e virtualmente de classe, sem que se possa configurar uma situação revolucionária, pelo menos no seu momento inicial, pela ausência de projeto. Mas o quadro é um conjunto de *possibilidades* num processo difuso. Trata-se de uma *consciência possível* [...]" (FAORO, 1987, p. 35, grifos do autor).

como mote a ideia de soberania popular, de molde liberal, que vigorava na Europa e foi sufocada historicamente pela monarquia lusitana (*idem, ibidem,* p. 306)

Do ponto de vista da relação com o Brasil, Faoro indica que a Revolução do Porto tinha como objetivo recolonizar o país. Ou seja: num primeiro momento, os brasileiros viram com bons olhos a Revolução do Porto, dado o seu caráter liberal e antiabsolutista, mas logo perceberam que o seu intuito é recolocar o país sob o jugo colonial. Segundo Faoro, os revolucionários portugueses esqueceram das "incógnitas submersas no aplauso do Brasil".

Rio de Janeiro, Minas Gerais e São Paulo, dando voz ao "ímpeto desencadeado do interior", encabeçam o movimento pela permanência de parte da família real, com os mesmos poderes que ela haveria de ter em Lisboa. D. Pedro I, compreendendo a situação e passando por cima da inércia do pai, num "gesto cesáreo", sagra-se o intermediário entre o povo e o rei (*idem, ibidem,* p. 307-8). Faoro observa que nesse "lance usurpatório – a primeira usurpação de dom Pedro" havia uma nova fonte de legitimidade, estranha àquela vigente até então, calcada na tradição monárquica e apropriada pelas Cortes revolucionárias. Como retrato da incerteza portuguesa, Faoro cita a famosa frase que D. João VI teria aconselhando D. Pedro[25] a fazer a independência do Brasil como sinal das preocupações portuguesas de perder as duas partes de seu reino.

Com a ida de D. João VI para Portugal, grande parte do estamento burocrático também partiu para o país do Tejo, levando consigo muito dinheiro. A partida deste grupo abriu espaço político para que os senhores de terras ocupassem seu lugar, o que, no entanto, não ocorrerá. Neste momento, as Cortes lusas mostram seu ideal re-

---

25 "Pedro, se o Brasil se separar, antes seja para ti, que me hás de respeitar, do que para alguns desses aventureiros." (D. JOÃO VI *apud* FAORO, 2008, p. 309).

Os dilemas do patrimonialismo brasileiro   89

colonizador, votando a separação das províncias brasileiras umas das outras, com o Exército permanecendo uno. Depois, exigiram a volta de D. Pedro ao país.

Momentaneamente, todas as camadas do poder, inclusas as províncias do Centro Sul do país e excetuando as tropas portuguesas que permaneciam fiéis aos desígnios das Cortes lusitanas, unem-se em volta de D. Pedro (*idem, ibidem*, p. 313). O construtor desse amplo arco de alianças foi José Bonifácio de Andrada e Silva. É ele quem costurará a transação, com a permanência de D. Pedro I no trono do país independente. O programa político vencedor se colocou entre as duas soluções extremas, o liberalismo jacobino e o absolutismo português.

O fim do consulado de Bonifácio marcará o retorno daquilo que Faoro chamou de "normas estamentais de organização política, mediante o mecanismo tutelador de uma constituição outorgada."[26]

O Brasil independente

Como se vê, segundo Faoro, a Independência política do país não acarretou a libertação da dominação patrimonial de origem lusitana. Mesmo tendo em conta a ida de grande parte do estamento burocrático para Portugal, alguns de seus fundamentos ideológicos permaneceram, tal como a precedência do agora Imperador sobre a nação, refletida pela ideia de soberania nacional, e não popular. Aliás, a Assembleia Constituinte não teria conseguido "conciliar, organicamente, o imperador ao país. O soberano, segundo o modelo tradicional de Avis e Bragança, queria ser a cabeça do Estado, defensor de seus interesses e

---

26 Cf. FAORO, 2008, p. 315. Indo mais longe, Faoro condenará esse liberalismo de origem lusitana em termos fortes. Por exemplo: "A sociedade luso-brasileira contraiu, a partir da Revolução Portuguesa de 1820, o achaque liberal. Contraiu é o termo: o liberalismo não seria mais que uma doença importada, com a qual deveria conviver sem a ela ceder" (FAORO, 2008, p. 418).

sentimentos, sem a intermediação de órgãos representativos" (*idem, ibidem*, p. 331). Neste sentido, Faoro chega a assinalar as tendências opostas do imperador e do povo: enquanto o primeiro pendia ao despotismo, o segundo tendia para a anarquia.

Ao analisar a constituição de 1824, Faoro oporá, teoricamente, "soberania popular" à "soberania nacional", bem como os ideais de Jean Jacques Rousseau aos de Benjamin Constant. É baseado na soberania nacional que D. Pedro I outorgará a constituição de 1824, que mantinha a estrutura jurídico-política da ordem absolutista, agora com colorido liberal. Exemplo disso é a instituição do Poder Moderador, proposta original do liberal-constitucionalista Constant, que serviu ao Imperador como uma espécie de Poder acima dos demais, o que garantia uma ordem que, se não era absolutista *tout court*, estava muito longe de ser republicana, dado que o Imperador reinava, governava e administrava.

A solução dada pela carta constitucional de 1824 ao dilema tocquevilliano sobre a relação entre igualdade política, de origem moderna, e a liberdade, de fundamento aristocrático,[27] foi preservar essa em detrimento daquela.[28] Nos termos do nosso autor, "veste-os uma cor já perseguida por José Bonifácio: a estrutura política funcionaria apoiada nas liberdades dos cidadãos, mas com a reserva da ditadura de cima, ditadura educativa, senhor do estatuto liberal" (*idem, ibidem*, p. 332). O juízo de Faoro sobre essa situação é severo, como indica o trecho no qual afirma que "dos três atos da trama dos dois povos de língua portuguesa, *o mais arbitrário saiu do moderno ambiente liberal, explorada, pela primeira vez na história comum,*

---

27 Para uma exposição sobre o dilema, ver WERNECK VIANNA, 1997.

28 Nesta altura, observa-se mais precisamente a lacuna da obra de Faoro sobre a escravidão. Não há propriamente em *Os donos do poder* uma discussão sobre como foi possível "preservar a liberdade" num contexto escravocrata. A tensão, embora não nestes termos exatamente, é trabalhada por Roberto Schwarz (2012)

Os dilemas do patrimonialismo brasileiro   91

a designação direta do povo, de caráter cesarista, sem as velhas e tardias cautelas que sagravam um rei" (*idem, ibidem,* p. 417, grifo nosso). Ainda como esclarece nosso autor, o regime era representativo, mas o governo não. Fazem parte desta construção o estabelecimento do Conselho de Estado e o Senado vitalício, que seriam os dois pilares de sustentação da ordem política do período imperial e *locus* do poder político do estamento burocrático.

No plano da ação política, podemos distinguir, neste contexto, dois grupos principais: de um lado, os liberais exaltados, defensores do federalismo e até mesmo da república; de outro, os moderados, que argumentam que a monarquia era um meio de conciliar liberdade e ordem. Havia também uma terceira facção diminuta, conhecida como "partido português", que seria composta por lusitanos defensores da recolonização. Na verdade, esta pequena facção desempenhou um papel importante, pois depois da irrupção de algumas revoltas nas províncias, desejosas de maior liberdade política, D. Pedro recorre a ela como sustentáculo social de seu poder, depois de malograda sua tentativa de se aproximar do exército e da "aristocracia nova" (*idem, ibidem,* p. 337).

O ponto aqui é compreender *quem compõem a nova elite,* o que nos leva diretamente a uma das críticas mais frequentes ao nosso autor, que é a de justamente não indicar com clareza quem pertence ao estamento burocrático (Cf. IGLESIAS, 2009). Num trecho esclarecedor, diz Faoro:

> A nova elite, diante do colapso do quadro dirigente, não sai, como geralmente se supõe, da propriedade territorial, amesquinhada e sufocada pela burocracia colonial, durante cem anos de opressões. Num conjunto de oitenta representantes (deputados e suplentes) eleitos às Cortes de Lisboa, o fazendeiro e o latifundiário tem expressão e voz, na ordem não superior a trinta por cento, se contados os agricultores e seus dependentes. *Predominam, contudo, os clérigos,*

> *os magistrados e funcionários, com cerca de metade do conjunto. É a burocracia de segunda linha que dá um passo à frente, para ocupar as fileiras vazias. Essa orientação, revelar-se-á, no futuro, uma constante, em favor sobretudo da magistratura.* (FAORO, 2008, p. 419, grifo nosso)

A partir da frustrada tentativa de aproximação com a aristocracia nova e o Exército, D. Pedro I passou a ser identificado mais fortemente com seus compatriotas, que eram pessimamente vistos pelos demais grupos. É neste clima de incertezas que o Imperador promove a reabertura das câmaras em 1826, o que deu a impressão de que os ânimos liberais, identificados que eram com o nativismo, estavam arrefecidos. Contudo, a reabertura do parlamento propiciou o realinhamento das forças em combate.

Ainda com relação à atuação política de D. Pedro I, Faoro aponta para o fato de que o imperador fez um governo "para o povo e não pelo povo", de modo que se apoiava no "carisma da Independência", que já acabara, se algum dia existira. Notemos que a explicação que Faoro dá para a abdicação de D. Pedro I é eminentemente política e centrada nesse ator. A impressão que fica é que tal explicação, além da nítida matriz weberiana da ideia de "carisma", deve muito também às formulações d'*O Príncipe* de Nicolau Maquiavel. No nosso entender, é como se houvesse faltado *virtù* ao Imperador. Veremos que tal padrão explicativo voltará a se repetir no livro.

D. Pedro I, exercendo um governo pessoal e sem apoio político, acaba por renunciar. Não obstante, a ânsia dos liberais, a "dialética oposicionista", não se esgotava com a renúncia do primeiro Imperador do país. Segundo eles, capitaneados por Bernardo Pereira de Vasconcellos, Evaristo da Veiga e Diogo Feijó, seria preciso avançar no sentido do *self-government*, das municipalidades. Faoro critica a ideia do grupo de que "*o juízo político deriva do juízo geométrico*, con-

Os dilemas do patrimonialismo brasileiro 93

fusão que a Regência espancará" (*idem, ibidem*, p. 340, grifo nosso).
A crítica da relação entre "juízo político" e "juízo geométrico" contida no trecho parece indicar a divergência de Faoro em relação a um pensamento muito esposado pelos "idealistas constitucionais" para quem, como vimos, o caminho da modernidade seria aberto pela repetição dos padrões institucionais dos países centrais. Como explicaremos mais adiante, a razão da discórdia de Faoro em relação ao pensamento desse grupo reside na profundidade do problema do poder político nacional. Ou seja, não bastaria adotar um modelo estrangeiro para reproduzirmos uma sociedade exemplar, pois essa perspectiva se esquece do caráter do poder no país, que tudo subverte. Assim, como proporemos numa reflexão posterior, Faoro também se distancia do idealismo constitucional em certa medida. Por enquanto, fiquemos apenas com a indicação.

Destaca-se que, para Faoro, esta revolta dos exaltados, que foi vitoriosa, foi um renascimento do nativismo. A abdicação de D. Pedro I deixou um vácuo no poder e é com relação à solução deste problema que houve uma cisão entre os liberais moderados e exaltados. Os últimos sentiram-se traídos pelos primeiros quando estes se apropriaram do governo com a ideia de manter a monarquia e fortalecer a unidade nacional. Isso porque a leitura do grupo moderado era a de que a missão do poder regencial era reconstituir a autoridade política, tal como no período da Independência. Segundo Faoro, os antigos liberais se tornam conservadores quando no poder. Ademais, haveria o agravante de que isso ocorreria

> em condições muito mais ingratas do que a do verdadeiro partido conservador quando defende a ordem pública, porque tinham contra si pelas suas origens e pela sua obra revolucionária o ressentimento da sociedade que eles abalaram profundamente. [...] *Este é o primeiro ato do drama do libe-*

> *ralismo brasileiro, ideologia de oposição, demolitório, incapaz de governar de acordo com seu programa, transformado, no poder, em conservador, com os mesmos vícios, com igual despotismo ao do partido substituído.* (*idem, ibidem*, p. 345, grifo nosso)

A tentativa inicial foi em sentido oposto daquele seguido pelo antigo Imperador, isto é, tentou-se descentralizar o poder, de modo que o poder político ficasse amplamente conectado com a sociedade, superando a cisão entre a esfera política e a social vigente até então. Nesse arranjo, que contava com o apoio tanto de exaltados como de moderados, apesar das divergências "nos meios e na impaciência",[29] províncias e municípios ganharam poderes políticos. Os principais mecanismos de descentralização do poder foram o Código do Processo Penal (1832) e o Ato Adicional (1834).

O estranhamento foi geral porque "o salto era imenso: da centralização das Ordenações Filipinas à cópia do localismo inglês" (*idem, ibidem*, p. 352). Contudo, a fraqueza econômica dos municípios não permitia que os seus poderes públicos confrontassem a força dos poderes privados locais, que passavam a exercer as funções públicas. Já com relação ao Ato Adicional, Faoro aponta para a tentativa de "desmontar, pela descentralização, quase federativa, mas adversa à federação, o centralismo bragantino, ao tempo que foge da fragmentação municipal. Obra de convicção liberal – aproximar o governo do povo - e obra de contemporização – fugir do extremado liberalismo, casado com ideias republicanas" (*idem, ibidem*, p. 354). A intenção deste Ato era terminar a obra de Independência. Contudo, tamanhas foram as modificações feitas no projeto de lei que o seu próprio redator teria

---

29 Como observa Faoro (2008, p. 346), os exaltados foram excluídos do governo regencial, que foi entregue a uma trina governativa, que contava com os nomes Vergueiro, representante dos moderados, do marquês de Caravelas, representante dos bragantinos e lusitanos, e com Francisco Lima e Silva, representante do Exército. Entretanto, os moderados foram afastando os seus apoiadores iniciais ao longo do tempo.

Os dilemas do patrimonialismo brasileiro 95

dito "entrego-lhes o código da anarquia" (VASCONCELLOS *apud* FAORO, 2008, p. 355). O resultado não poderia ser outro: a inadequação das ideias liberais em nosso ambiente social ficou patente. Os poderes locais teriam se tornado legitimadores dos poderes privados, dando margem para o arbítrio e para a escalada da violência. O fim do governo Feijó e a ascensão de Araújo Lima, o futuro marquês de Olinda, marcou o fim da experiência liberal, ao passo que assinalou a ascensão do período conservador, que daria ensejo ao arranjo que permaneceria vigente até o fim do Império.

O novo arranjo político regencial vigorou entre 1831-1837 e coincidiu com o já mencionado retraimento das fazendas, que passaram a ter o enfoque em sua subsistência, além do deslocamento do eixo econômico nacional do Norte para o Sul do país, devido à força emergente do café. Nesta altura, volta a vigorar com imensa força o estamento burocrático, expressado no Senado, no Conselho de Estado e nos partidos políticos. Teria havido um deslocamento entre o poder político-econômico e o então regente, o Padro Feijó, que seria apoiado pelas classes médias, os quais tinham pouco poder político para sustentá-lo.

O chamado "Regresso Conservador", formulado predominantemente pelos antigos liberais moderados frustrados com os resultados anárquicos do período regencial, fortaleceu a ideia de um parlamentarismo sem povo, com eleições sem importância real. Novamente, vemos que entre a democracia, malograda no período regencial, e a liberdade – entendida aqui como o conjunto de direitos civis –, a ordem volta suas forças para a manutenção da última. Do ponto de vista prático, a Lei de Interpretação do Ato Adicional (1840) marca este período, pois permitiu a centralização do poder nas câmaras legislativas centrais e, assim, esvaziava os poderes locais. Ou, nas palavras de nosso autor, "sob o inocente pretexto de elucidar o Ato Adicional, infunde ao estatuto de 1834 alma oposta ao seu contexto" (*idem, ibi-*

dem, p. 379). Este é o momento de fortalecimento do Partido Conservador, que contava com figuras do calibre de Bernardo Pereira de Vasconcellos, Paulino José de Sousa (futuro Visconde do Uruguai), Honório Hermeto (futuro Marquês do Paraná), Rodrigues Torres, entre outros. Por sua vez, os liberais tentariam, ao longo de todo o período imperial, submeter o Poder Moderador à nação, tentativa que se mostrará fracassada.

Convém nos determos um pouco sobre os papéis e sobre as ideias que cada um dos partidos imperiais, o Liberal e o Conservador, desempenharão e esposarão ao longo do período imperial. O primeiro seria mais comprometido com a ideia de soberania popular e nacional, apoiador da ideia do *self-government*, e neste sentido teria um viés mais democratizante do que propriamente liberal, no sentido que entendemos hoje (*idem, ibidem*, p. 389). Também esposaria a ideia da descentralização do poder, muito ligada aos ideais federalistas. Do ponto de vista das bases sociais, o Partido Liberal estaria mais conectado aos senhores de terras, àquela "corrente subterrânea" já mencionada (*idem, ibidem*, p. 390).

Por oposição quase simétrica, o Partido Conservador estaria mais ligado à ideia da soberania do Imperador, anterior à própria constituição de 1824, focalizando a manutenção da ordem e dos direitos civis. Assim, visando as suas garantias, concorda com a ideia de um poder que reina, governa e administra, pois só um poder deste tipo daria conta de conter as forças anárquicas da sociedade brasileira. Essa proximidade, que poderíamos chamar ideológica, em relação ao trono, garantiria um acesso maior do Partido Conservador aos lugares do poder político. Para Faoro, ele é o Partido que personificaria, tanto do ponto de vista da composição dos seus quadros, como ideologicamente, o estamento burocrático.

Faoro aponta que neste período emergem duas colunas, ambas oriundas do "aviltamento provincial", que visavam sustentar o poder

Os dilemas do patrimonialismo brasileiro 97

imperial: o renascido Conselho de Estado, que fora abolido no início da Regência; e também a reforma do Código do Processo. Para o que nos interessa aqui, vale destacar o papel importante do Conselho de Estado, que passou a compartilhar do poder do soberano. Aqui há um ponto de virada no argumento de Faoro, que pode causar mal-entendidos. Na (escassa) literatura sobre Faoro aparece a ideia de que o autor trataria ambiguamente a relação do imperador com o estamento burocrático, pois ora predominaria sobre este e ora seria apenas um "joguete" nas mãos dos burocratas. No nosso entender, o que ocorre é outro fenômeno: no Segundo Reinado haveria uma inversão na relação, que até ali seria baseada no predomínio do rei sobre o estamento. Haveria o fortalecimento do estamento burocrático, responsável inclusive pela educação do jovem imperador, bem como pela construção da ordem imperial. Isso não implica em dizer que Pedro II fosse um mero "joguete" nas mãos do estamento, mas, a nosso ver, sinaliza para o fato de que Faoro sustenta que havia uma maior equalização dos poderes do imperador e do estamento. Como diz nosso autor, "para manter o imperador liberto das lutas políticas, era necessário guardá-lo com o muro da oligarquia" (*idem, ibidem*, p. 382).[30]

No que se refere ao Código do Processo, destaca-se não só a centralização radical imposta, mas também o modo como Faoro a avalia. Neste sentido, o argumento de Ricupero e Ferreira (2008) parece se sustentar quando observamos uma passagem como a que afirma que "poderes privados, emergentes das fazendas, são eliminados, *confundi-*

---

30 Noutro trecho esclarecedor, diz Faoro: "O funcionamento do corpo político, apesar da institucionalização das categorias sociais, dependerá do feitio do chefe do Estado, que deve limitar-se a funções bonapartistas, superior e árbitro das ambições, dos interesses e dos grupos. O talhe político de dom Pedro I não se coadunará com o arcabouço por ele montado, mas encontrará em dom Pedro II, conjugado à maturidade do plano, o príncipe perfeito para conduzir a máquina, maciamente" (FAORO, 2008, p. 333-4). Ou seja, é como se o "príncipe perfeito" para a máquina estamental fosse o menos político possível, no sentido carismático do termo, como parece ser o caso de Pedro II.

dos com a anarquia" (*idem, ibidem*, p. 384, grifo nosso). De fato, como assinalam os autores mencionados, na edição que estamos utilizando para realizar nossa análise, Faoro parece mais simpático aos ideais da "corrente subterrânea", ao mesmo tempo que lhes reserva um papel menos potente que na primeira edição. Para deixarmos mais claro: na primeira edição, Faoro parece admitir a tese conservadora de que o país, durante o período regencial, teria caído no "caos e anarquia dos sertões"; nesta, que é a terceira, argumenta tanto que o "apelo ao povo" dos liberais "será tão falso e demagógico quanto a denúncia da anarquia" (*idem, ibidem*, p.386). Ou seja, parece não aceitar, sem mediações, o argumento de nenhum dos grupos políticos envolvidos nas disputas políticas do período.

Voltando ao tema dos partidos, que ganha destaque e importância para o desenvolvimento político do Segundo Reinado, Faoro também indica algo que os une: o poder. É neste sentido que o nosso autor afirma que "o poder os embaraça e os confunde: o certo seria dizer que, no poder, nada separa um saquarema de um luzia, mas o poder, na verdade, tem outra estrutura, independente do jogo cênico dos partidos em revezamento no ministério" (*idem, ibidem*, p. 391). A referência de Faoro aqui é a fragilidade do nosso "povo", bem como do nosso sistema político. As eleições eram feitas de cima e já vinham com o resultado programado, o que fazia de um deputado um "resultado das combinações de cúpula, tramadas nos salões dos poderosos" (*idem, ibidem*). Enfim, o quadro geral é composto por "eleições inautênticas" e partidos "estamentalmente autônomos", sobre os quais se projeta a "vontade augusta" de Pedro II. Aliás, é por isso que Faoro aproxima o nosso parlamentarismo do modelo francês, oriundo da restauração (1814-1830) e da monarquia de julho (1830-1848) (*idem, ibidem*, p. 425).[31]

---

31 Francisco Iglesias (2009) indica a originalidade de Faoro ao atrelar o parlamentarismo brasileiro ao modelo francês, o que era contrário ao hábito, que lhe afirmava pre-

Como indicado, a questão do "lugar" do Poder Moderador no arranjo constitucional brasileiro foi chave para tais partidos, mesmo porque era por meio dele que, muitas vezes, se definia o pertencimento de alguém a algum dos dois partidos. Para os liberais, o Poder Moderador era o mecanismo pelo qual se garantia o poder pessoal do Imperador, o que impedia não só a estabilidade das leis, mas também a representatividade política dos poderes públicos e mesmo ascensão de novos tempos, que eram emperrados por um poder ilimitado. Indicativo disso era o chamado "parlamentarismo às avessas", no qual o partido escolhido pelo Imperador fazia a eleição que lhe garantia maioria nas câmaras. Nos termos utilizados neste trabalho, o Poder Moderador garantia institucionalmente a nossa "ordem política oriental". Já os conservadores defendiam a tradição e o trono, bem como a importância da existência de um poder acima dos partidos e das paixões.

Neste ponto, o gabinete da Conciliação (1853-1857) teve papel importante na política brasileira do período. Ao mesmo tempo em que "firmou o consenso dos partidos na autoridade superior, liberta dos instrumentos áulicos, acima das disputas das facções, árbitro de suas divergências, senhor dos cargos ministeriais, dos lugares do Conselho de Estado e das cadeiras do Senado" (FAORO, 2008, p. 411), ele também procurou diminuir o controle sobre o eleitor, como se

---

dominância da doutrina inglesa. Notemos a implicação disso para a argumentação faoriana. No pensamento faoriano o modelo inglês tem aura progressista. Contudo, no Brasil, ele é aplicado apenas formalmente, o que indica a pouca importância que a *forma jurídica* na prática política nacional. Seu conteúdo, relacionado à própria *natureza do poder político* no país, é muito mais próximo do liberalismo francês de matriz conservadora. Sintetizando: nosso parlamentarismo seria uma combinação da forma jurídica inglesa com o conteúdo político francês. Isto implica também em, pelo menos, outras duas questões, as quais retomaremos à frente: a valorização do liberalismo iluminista pré-Restauração por Faoro, e o recorrente apontamento do autor sobre a dificuldade de conexão entre *forma jurídica* e *conteúdo político* que, em caso extremo, virará sina da reflexão política brasileira, como aponta em *Existe um pensamento político brasileiro?.*

uma mudança legislativa modificasse a realidade como previsto. De qualquer modo, os liberais, "sempre interessados na autenticidade da expressão popular, [encararam a reforma] como uma vitória e o prenúncio de tempos novos" (*idem, ibidem*, p. 425).

Houve oposições, contudo. Entre elas se destacava a crítica do já falecido Bernardo Pereira de Vasconcellos, que dizia que o sistema representativo não era representativo da vontade popular, mas o governo dos mais virtuosos, numa reprodução de um argumento tipicamente aristocratizante. Como diz nosso autor, subjaz a tal ideia o pensamento de que entre o "país legal" e o "país real", o primeiro deve comandar o segundo, pois só ele poderia ser capaz de "modernizar, civilizar e elevar o povo. A ditadura mental, sonho de José Bonifácio, ressurge nas opiniões do Partido Conservador, desdenhoso das notabilidades de aldeia, dos empregados subalternos elevados ao parlamento pela proteção das influências locais" (*idem, ibidem*, p. 426). Nesta referência, trata-se de uma variante de um dos pontos já indicados neste trabalho: o predomínio histórico no contexto luso-brasileiro da ideia de que o pensamento antecede e conforma a matéria.

A eleição de 1856 foi chave porque abalou o arranjo político dos partidos, e também porque reduziu um pouco o predomínio quase inconteste do funcionalismo público, principalmente dos magistrados, na vida política nacional.

Não é à toa que em 18 de agosto de 1860, a reforma é alterada. Aliás, o tema das eleições também foi outro ponto de constante debate político nas câmaras imperiais e culminou na reforma eleitoral de 1881, que foi malograda do ponto de vista da participação da população, embora tenha garantido eleições mais pacíficas. Ela ajudou a garantir a barganha entre o poder central e os poderes locais, em substituição do poder das armas.

Os dilemas do patrimonialismo brasileiro   101

O Segundo Reinado marcará também a burocratização do Estado brasileiro. Um exemplo disso foi o estabelecimento da Guarda Nacional, que viria a converter em servidores públicos os poderes locais privados, numa repetição, na interpretação de Faoro, da estratégia lusitana das capitanias hereditárias e das bandeiras. Ao mesmo tempo, a Guarda Nacional também desempenhou o papel de substituir o Exército no que diz respeito ao prestígio que este detinha, o que impactará na sua exclusão da cúpula do poder. Veremos adiante que este ponto será fundamental, segundo Faoro, para entender o fim do Segundo Reinado e a proclamação da República.

A junção da burocratização do Estado, que chegava às localidades, e a barganha política entre os poderes central e local colaborou para firmar o fenômeno denominado "coronelismo". Isto é, os poderes locais obedeceriam ao poder central, sustentando-o com votos, desde que este poder colaborasse para a manutenção dos poderes hegemônicos nas localidades. Mas isso era um fenômeno de base, cuja ligação com o poder de fato, nas mãos do estamento burocrático, era pequena. Acima dessas negociatas e dos conflitos políticos, o estamento burocrático, fechado em si mesmo, mantinha suas características históricas e funcionais, entendendo que o país "real" era incapaz de se governar a si mesmo.

Como observamos, o Segundo Reinado fortaleceu os mecanismos de dominação do estamento burocrático, que é assentado na tradição. Papéis-chave foram os do Senado vitalício e do Conselho de Estado, que, além de diretamente ligados ao poder central também o organizavam politicamente. Essas eram estruturas de poder nas quais havia pouca circulação de indivíduos, muitas vezes aparentados: "A camada dirigente, aristocrática na sua função e nas suas origens históricas, fecha-se na perpetuidade hereditária, ao eleger os filhos e genros, com o mínimo de concessões ao sangue novo" (FAORO, 2008, p. 445).

Outro ponto importante para a eficácia da dominação patrimonial é o seu caráter modernizador, que tritura "nos dentes da engrenagem, velhas ideias importadas, teorias assimiladas de atropelo e tendências modernizadoras, avidamente imitadas da França e Inglaterra" (*idem, ibidem*, p. 445). Na verdade, há uma conexão íntima entre o caráter modernizador e o estamento burocrático, que se julga justamente o único grupo capaz de levar a cabo o processo de atualização do Brasil frente aos países centrais. Esse estamento, fundamento do atraso, segundo Faoro, é o agente que se propõe a superá-lo, desde que tal superação não implique na extinção das bases de seu poder. Vê-se, aí, a contradição inerente e insuperável do estamento burocrático, que se mantém no poder justamente realizando a "modernização" e não a "modernidade", que seria superadora da tradição na qual se baseia o domínio estamental.

No que se refere aos atores políticos e econômicos, nesta altura a análise de Faoro parece indicar qual seria o papel adequado aos membros das classes proprietárias. Diz o nosso autor que "sem que, entre a base e o topo, se intercale uma classe rica e vigorosa [...] sem essa força, somente ficticiamente engrandecida, o Estado reina soberano, com a ascendência de suas mãos, os funcionários" (*idem, ibidem*, p. 446). O trecho sugere que o lugar social das classes proprietárias seria uma espécie de corpo intermediário, à moda da análise de Montesquieu, que teria como função a "filtragem" do poder emanado do soberano. Se recordarmos, a ausência deste corpo é característica chave do despotismo oriental. É por essa ausência que Faoro afirma que "essa coluna [do estamento] parte do Imperador e vai até às eleições paroquiais, articula-se na vitaliciedade e se projeta nas autoridades policiais e judiciárias donas dos votos, no manejo caricato da soberania nacional" (*idem, ibidem*, p. 447).

Os dilemas do patrimonialismo brasileiro 103

Por essa conexão quase direta entre o poder central, altamente organizado, e a base social, amorfa e desarticulada, há o papel do controle da economia. É neste sentido que Faoro assinala que o Estado "centraliza as molas do movimento econômico e político", de modo que todos os assuntos são levados à corte, "com a papelada lenta da antiga subordinação da colônia à metrópole. As províncias, como outrora as capitanias, são as sombras do governo geral, esgotando a sua autonomia na cópia servil do centro" (*idem, ibidem*, p. 450).

No tocante ao ponto de vista econômico, o Segundo Reinado foi "o paraíso dos comerciantes, entre os quais se incluem os intermediários honrados e os especuladores prontos para o bote à presa, em aliança com o Tesouro. A velha dupla, estamento e comércio, dá-se as mãos, modernizadora em seus propósitos, montada sobre a miragem do progresso" (*idem, ibidem*, p. 500). O café, ao mesmo tempo em que foi a chave para a manutenção do poder imperial, dados os seus grandes lucros, também pressionou no sentido da descentralização do poder, uma vez que o processo de emissão e concessão de crédito do Poder Central freava o seu desenvolvimento. É daí que nasce uma oposição ao poder imperial, aliado às classes médias e o Exército, excluído, como já se indicou, do estamento burocrático. Deste ponto de vista, as ideias econômicas do empresariado brasileiro seriam difíceis, pois incongruentes: ao passo que precisa da proteção estatal, desejaria a liberdade econômica. O Barão de Mauá, segundo Faoro, seria um exemplo acabado dessa incongruência. Seria um "liberalismo *sui generis*, com a liberdade assentada sobre a rede oficial de favores" (*idem, ibidem*, p. 496).[32] Se fossemos resumir o argumento de Faoro sobre

---

32 Esperando não forçar o argumento, pode-se lançar como hipótese, para pesquisa futura, que a incongruência do nosso pensamento econômico liberal, detectado por Faoro, corresponderia ao problema apontado por Roberto Schwarz (2012) no seu clássico "As ideias fora do lugar". Tratar-se-ia, ao mesmo tempo, de ideologia equivocada e necessária, mas que, diferentemente da forma romance, que pode ser forma-

a vida econômica do Segundo Reinado, destacaríamos três ênfases: no papel do comércio; do comissário; e do que se poderia chamar do clientelismo, o favor político, no âmbito das concessões de crédito e nas finanças.

Por um lado, Faoro destaca que a tese de Celso Furtado, que, em resumo, sustenta o papel decisivo do capitalismo internacional no Segundo Reinado, seria "meia verdade". Isso porque o capitalismo internacional não controlava diretamente os produtores brasileiros, que dependiam do comissário, que era quem fornecia crédito aos fazendeiros. Era ele, o comissário, quem tinha a conexão com o exportador, não os fazendeiros. Além disso, a tese de que o capitalismo internacional dominava o país, produtor de mercadorias agrícolas, "exagera o papel do setor da exportação, o mais dinâmico do sistema. Nega a área comercial, responsável, na sua autonomia, pelo fornecimento dos escravos, a maior parcela da produção, campo alheio à interferência britânica, alheio e por esta hostilizado" (*idem, ibidem*, p. 460). Nosso autor ainda destaca o erro de se enfatizar o papel do padrão-ouro, que aqui "nunca teve acolhida nos fatos". De passagem, observe-se que a mesma observação de Faoro sobre a importância do comissário e da burguesia mercante já apareceu noutro contexto. Vê-se, com tais repetições, a tentativa do autor de emprestar coerência analítica à sua interpretação, o que é particularmente difícil de lograr, dada que a análise de seis séculos de vida política é um enorme desafio.

Por outro lado, Faoro afirma que exportação dependia de "facilidades financeiras", a importação das tarifas, as obras públicas das concessões, os preços dos juros, de modo que "tudo corria para o Estado. Quem há de suportar tudo será o orçamento, o crédito público, em

---

da sem uma formação social, não se resolve, mantendo-se como uma incongruência permanente. No âmbito própriamente econômico, Fernando Henrique Cardoso, em *Capitalismo e escravidão no Brasil meridional*, sugere algo nessa linha.

Os dilemas do patrimonialismo brasileiro   105

última instância" (*idem, ibidem*, p. 463). Exemplo disso foi o já citado Mauá, que ocupava cadeira no legislativo, onde defendia os seus interesses econômicos. Dessa contradição, o livre mercado no âmbito da empresa, e o amparo estatal na cúpula, viria a ser o que o autor chama de "*neomercantilismo*, dourado pela doutrina liberal, num país em que seria necessário criar o capital e submeter-se à dependência do complexo exportador-importador, reforçado pelo sistema fiscal, dependente de direitos de importação para sustentar o aparelhamento administrativo" (*idem, ibidem*, p. 495, grifo nosso).[33]

Contudo, as eleições de 1860 mostraram que as aspirações liberais não estavam mortas, mesmo que sufocadas desde o período regencial. É neste período que retornam "da sepultura os líderes mumificados", que "subitamente devolvidos à vida, filhos de outra época, no comando da renovação" (*idem, ibidem*, p. 503). O conflito dessas aspirações com a centralização do Segundo Reinado ficou evidente com a queda do Gabinete do liberal Zacarias de Góes, seguido pelo retorno do Partido Conservador ao poder.[34] A medida, levada a cabo

---

33 Passagens como essa talvez autorizem leituras como a de Werneck Vianna (2009), que sustentam um possível programa agrarista na obra de Faoro. No nosso entender, Faoro entende que ocorreu é que São Paulo, como veremos, foi o lugar onde atuou-se dentro do "complexo exportador-importador", de modo que logrou, ao mesmo tempo, gerar uma industrialização sólida. Neste sentido, o liberalismo econômico gerou a industrialização. Esse será o caminho do que Faoro chamará, em texto posterior, de "lei natural do desenvolvimento" que poderia fazer o Brasil chegar à modernidade e não passar por processos de modernização. Voltaremos ao tema adiante. Mas vale notar que, noutro trecho, Faoro aponta que "o pecado original do republicanismo não será, como repetidamente se denunciou, a presença militar, mas o agrarismo" (FAORO, 2008, p. 683). Neste sentido, entendemos que a crítica que Faoro faz da industrialização brasileira não implica numa posição agrarista, mas sim na defesa de *outro tipo de industrialização*.

34 Vale notar que Góes se transformou em liberal quando da formação da Liga Progressista, surgida no Gabinete Caxias (1861-1862). Noutros termos, até este ano, Góes era membro do Partido Conservador. Com ele, foram para o lado dos liberais Nabuco, Sinimbu, Saraiva e Paranaguá. Em 1968, a Liga Progressista se funde com o Partido Liberal.

mediante uma das atribuições do Poder Moderador, expõe a grande margem de arbítrio do poder central, causando indignação e revolta por parte dos liberais, que se voltam contra o poder pessoal do Imperador. Na explicação de Faoro:

> Desse ano de 1868 se projetará a ruína do Império, não, como se afirma sempre, pelo golpe de Estado que arrebatou o posto a um gabinete com maioria na Câmara dos Deputados – fato com muitos precedentes – *mas pela ruptura imprudente do quebra-mar construído pela mais fina arte monárquica, sem que a Coroa, insensível à violência da tempestade, nada ceda para conjuntar o desastre.* [...]. *A monarquia não compreendeu que, com um pouco de astúcia, a "maré democrática" se consertaria em outra jornada de otários, para sua permanência e glória. Na verdade, entretanto, a fúria das águas era outra, capaz de transpor obstáculos e tropeços. Daqui por diante, ao contrário da hora de Bernardo Pereira de Vasconcellos, o Partido Conservador não terá mais nenhuma missão: será apenas o resfriador das reivindicações liberais, realizando-as para amortecê-las.* (*idem, ibidem*, p. 505, grifo nosso).

O trecho novamente indica a importância das atitudes políticas frente ao que poderíamos chamar estrutura sócio-política. Tal ênfase, como indicamos, nos parece ter como base a leitura faoriana d'*O Príncipe*, de Maquivel. Num sentido mais amplo, o uso de Maquiavel e outros teóricos da teoria política parece coerente com o uso que o autor faz da ideia de patrimonialismo e estamento burocrático, pois ambas afirmam o caráter da dominação *política* e nada mais adequado para entendê-la do que o retorno aos clássicos da disciplina.

Como dizíamos, na década de 1860 surgem como plataformas tanto a descentralização política, traduzida no federalismo, como o livre comércio e a industrialização. Apesar de ideias que atingem o centro do poder real, o Partido Liberal, que respeitava a supremacia do Impera-

Os dilemas do patrimonialismo brasileiro 107

dor, passa a pregar a necessidade de *reformas* e não uma deposição da monarquia. Não obstante, há um grupo pequeno, jovem e exaltado que passa a defender a deposição do Imperador, ou a sua submissão aos ideais das reformas. Ou seja, um grupo que não aceitava a supremacia da monarquia, o que, na prática, e ao menos em sentido estritamente político, implicaria num tipo de *revolução*. A plataforma dessa "ala esquerda" era "radical": descentralização, ensino livre, polícia eletiva, abolição da Guarda Nacional, Senado temporário e eletivo, sufrágio direto e universal, presidentes de províncias eletivos e extinção do Poder Moderador e do Conselho de Estado. Como se vê, o grupo visava abolir os principais *locus* de poder do estamento burocrático: o Conselho de Estado e a vitaliciedade do Senado, além da própria Guarda Nacional. Essa ala esquerda identificaria "liberalismo com democracia".

Esse grupo floresce principalmente nos centros ricos do país: São Paulo, Minas Gerais e Rio Grande do Sul, num "consórcio então e ainda hoje mal compreendido e pior avaliado" (*idem, ibidem*, p. 513). Um dos elementos centrais desse grupo é a figura do fazendeiro paulista do oeste paulista. Diferentemente do fazendeiro do Vale do Paraíba, que emprega o trabalho escravo e depende de um sistema de proteção e de crédito, o fazendeiro paulista, utilizador do trabalho livre, não precisava se submeter aos mecanismos político-econômicos da monarquia. Ao contrário, para ele o livre comércio era mais próspero e, assim, a federação, com a sua elevada carga de autonomia regional, aparecia como um ideal político forte: ela permitiria a superação da dependência do comissário e do exportador. Nesse sentido, Faoro indica duas vertentes do republicanismo:

> De um lado, a corrente urbana, composta dos políticos, dos idealistas e de todas as utopias desprezadas pela ordem imperial; de outro, tenaz, ascendente, progressiva, a hoste dos fazendeiros. Dentro da primeira, viriam os positivistas doutrinários

a se acotovelarem com os liberais, perturbando a sociedade hierárquica com as ideias de igualdade, misturada com o "nivelamento" e dela afastada com evasivas cautelosas. Os fazendeiros, por sua vez, se alistam na nova bandeira, *mas com caracteres socialmente conservadores*, para o pasmo e a perplexidade dos observadores. A prematura agitação das ruas, descendente das desordens regenciais, correria a ouvir a palavra de José do Patrocínio (ao tempo republicano), Lopes Trovão, Silva Jardim, Luis Gama, sonhando com um regime igualitário, que aniquilaria os preconceitos de raça, superioridade social e de fortuna. Serão os precursores dos *jacobinos*, embrião do populismo brasileiro, ruidosamente alvoroçados na campanha abolicionista. (*idem, ibidem*, p. 514-5, grifo nosso)

O trecho indica algo interessante, pois nele Faoro estabelece uma linha de continuidade entre as rebeliões regenciais, expressões da "corrente subterrânea", e a vertente do republicanismo que seria derrotada, a democrática. Por outro lado, indica também a filiação desta com o populismo, que é por ele avaliado negativamente, o que parece uma contradição no pensamento faoriano.[35]

Vista a organização das forças opositoras, a monarquia tentou se reorganizar, promovendo reformas que, entretanto, não tocavam no problema central: a centralização política e administrativa. Além disso, naquela altura, como mencionamos acima, só os fazendeiros do Vale do Paraíba, por necessidades econômicas, estavam com ela. Como diz nosso autor, a monarquia

---

35 Como já mencionamos anteriormente, parece-nos central para Faoro a ideia de que o poder político na dominação patrimonialista é um poder corrompido. Neste sentido, talvez seja o caso de pensar que a ida de uma dada corrente ao poder no Brasil o transforma radicalmente, devido à natureza do poder político no país. Neste sentido, poder-se-ia compreender porque o republicanismo democrático é bem visto pelo autor, enquanto o populismo não.

Os dilemas do patrimonialismo brasileiro 109

fundada na tradição e não na lei, exigia o respeito emocional, carismático, do povo, falta que precipitou ao pó o primeiro imperador. O segundo sairia pela mesma porta, [...], de um processo de modernização que desencanta a camada dirigente e decepciona as expectativas utópicas. O *poder pessoal*, o *imperialismo* se exaurem, não pelo excesso de poder, mas pela indefinição entre imaginações exaltadas, consciências imantadas por outros ideais [...]. (*idem, ibidem*, p. 413, grifos do autor)

Outro ponto importante para o desenrolar republicano é o papel do Exército. Como indica Faoro, esta Força Armada tem o seu prestígio abalado desde a Independência do Brasil até o fim da monarquia, ao passo que sua composição social também pende para um lado popular, sem que as expectativas nobilitantes decresçam. Exemplo do crescente "descrédito social" do Exército seria a curva descendente de sua presença nos círculos do poder: haveria forte presença de militares no alto círculo do poder durante o reinado de D. Pedro I, enquanto no período regencial teria havido uma queda e virtual extinção no período de Pedro II. Ou seja, ao passo que era expulso do estamento governante, o Exército se burocratizava e fortalecia, ganhando corpo e ideias próprias. Segundo nosso autor, a marginalização dos militares se deveu à desconfiança do estamento burocrático em relação às manifestações e ao mando do Exército; daí, inclusive, a formação da Guarda Nacional, que acolheria a "aristocracia" e daria acesso aos "cargos políticos" (*idem, ibidem*, p. 536). No fim de seu período, Pedro II tentou atrair com honrarias as Forças Armadas, não logrando sucesso. O Exército não perdoou seu afastamento do poder, colaborando decisivamente para o estabelecimento da República no país (*idem, ibidem*, p. 537).

Conjuradas as forças políticas analisadas nestas últimas páginas, fez-se a República. O novo arranjo político realizará a harmonização do liberalismo político com os interesses dos senhores de terras. Os principais mecanismos foram a descentralização e a soberania popular, *com o povo sendo identificado com os grandes agricultores*. Desse liberalismo político veio também o liberalismo econômico. Mas antes de analisarmos o papel do liberalismo econômico na vida política nacional, convém indicar quais são os núcleos econômicos que se relacionarão com ele. Segundo Faoro:

> Os dois núcleos da principal riqueza nacional – o Vale do Paraíba e o oeste paulista – desenvolvem padrões diversos. O Vale do Paraíba parece, na agonia, semelhante ao nordeste açucareiro, enquanto prospera a fazenda paulista, com o caráter de empresa racional, calculáveis os custos, capaz de, nas aperturas, contrair as despesas de mão-de-obra com a dispensa de trabalhadores, sem o peso morto do capital fixo. Ela gira sobre o capital apto a financiar a safra, com o crédito mantido no limite da solvência. Não depende de crédito, nem se arrima fundamentalmente no credor urbano, circunstância que impediu o agricultor fluminense e nordestino de usar, em tempo, dos processos empresariais. Enquanto, dadas as disparidades, o fazendeiro do Vale do Paraíba precisa dos recursos indenizatórios para sobreviver, recursos que compensem a perda do escravo, o fazendeiro paulista só necessita de meios para pagar os salários, em parte compensados com a venda dos produtos de subsistência ao trabalhador. O primeiro, vinculado umbilicalmente ao fornecedor de crédito, invoca o auxílio do governo, por intermédio do banqueiro urbano. O paulista, ao contrário, regionaliza a teia de seus interesses, num plano de dispersão federal do poder econômico. Este poderia adequar-se ao liberalismo econômico, enquanto o fluminense há de contar, para susbsistir, com o sistema mercantilista. (*idem, ibidem*, p. 572-3)

A citação, que é bastante longa, ajuda a esclarecer a quem o liberalismo econômico beneficiará ao longo da Primeira República. O momento no qual o liberalismo econômico se converte em plata-

Os dilemas do patrimonialismo brasileiro 111

forma econômica é na crise do Encilhamento, ocorrida entre 1889-1891. Neste momento, duas correntes se cruzaram: uma industrialista e outra agrarista. A primeira, defendida por Rui Barbosa, perde sua influência com a crise, abrindo espaço para a segunda, muito mais próxima daquilo que os senhores de terras defendiam como projeto de país: um país agrícola, "sólido" e "estável", com alianças com o comércio exterior. Contudo, não deixa de ser interessante a análise que Faoro faz do industrialismo de Rui Barbosa e sua conexão com o liberalismo político e econômico dos senhores, travas para os projetos de Nação do advogado baiano. O projeto político de Rui Barbosa sustentava o federalismo e o liberalismo, mas ambos em nível muito menos radical do que o pretendido pelos fazendeiros paulistas e dos positivistas gaúchos, pois impediria "o caminho ao poder de São Paulo agrícola"; o projeto de Rui apostava numa nova classe urbana como sustentáculo do novo regime, "no lugar da classe lucrativa imperial". Num breve balanço que indica sua posição, Faoro, ao analisar o pensamento do jurista baiano, afirma que "nem tudo, nesses anos de 1889 e 90, era pó e vento, aventura e imprudência" (*idem, ibidem*, p. 577).[36] O que é curioso é que Faoro sugere que o estamento burocrático, naquele momento, estava próximo da ideologia difundida por Barbosa, que se opunha a ele.[37]

---

36 Em nossa interpretação, o mesmo elogio, que é contido, aparece em páginas seguintes, como quando analisa o papel de Rui Barbosa na campanha de 1919, especialmente no que diz respeito à "Questão social" (Cf. FAORO, 2008, p. 683-4). Como vimos, para Ricupero e Ferreira (2008) e Campante (2009), esta avaliação (mais) positiva do liberalismo de Rui Barbosa é uma alteração em relação ao formato inicial do livro. Neste sentido, esta mudança indicaria a própria mudança da interpretação de Faoro sobre o país.

37 Como indica Faoro, a "orgia papelista", iniciada no Império, terminou na Primeira República. "Não pereceu, todavia, a corrente industrial, calcada sobre o primeiro surto manufatureiro, favorecida pela necessidade fiscal das elevações de direitos alfandegários e pelo câmbio baixo. Mais tarde, o contingente paulista engrossará o caudal industrialista, para a marcha ascendente, ferida, embora, de obstáculos e

Com o Encilhamento, estará fixado o momento do encontro entre os "valores decrépitos" e "interesses novos". Nesse embate, houve a "falência do estamento, com a ascensão gradual de outras forças, emergentes em pleno período militar" (*idem, ibidem*, p. 579). Os "interesses novos" aqui são aqueles esposados por São Paulo e Rio Grande do Sul: o federalismo radical, convertido em sinônimo de liberalismo político, e ortodoxia econômica também intensa, chave do liberalismo econômico. Esta última concepção também é baseada na visão de "indústria natural". Daí a ênfase de Joaquim Murtinho, ministro da Fazenda de Campos Sales, na ideia da "indústria natural", que seria a nossa verdadeira vocação, em contraposição às "indústrias artificiais", que seriam, por aqui, especulativas e ineficientes.[38]

A aliança que possibilitará a vitória desse grupo agrarista sobre o industrialista "parte de Londres e chega às fazendas", passando pelos negócios dos importadores, que foi também seu grande beneficiário. Ocorreu, contudo, que neste período o café entra em crise, que só é contornada a partir do Convênio de Taubaté, assinado em 1906, marcando uma virada na política econômica do período, apesar de não romper de todo com a política econômica de Joaquim Murtinho (*idem, ibidem*, p. 595). Naquele momento de crise do café, e com uma política ortodoxa que retirava o crédito da praça, os fazendeiros precisaram se endividar, hipotecando ou vendendo seus bens. De acordo com nosso autor, ocorreu que a política econômica do governo teve um efeito inesperado: o alargamento do mercado interno, que seria contrário aos interesses dos importadores e do capitalismo internacional.

---

favores, ondulantes e variáveis." (FAORO, 2008, p. 585-6)

38 A ênfase na "indústria natural" seria, segundo Werneck Vianna (1997), um dos traços dos nossos "americanistas". Como veremos, isso não se aplica, contudo, ao pensamento de Faoro, nem ao de Schwartzman.

Os dilemas do patrimonialismo brasileiro

Neste período, a indústria começa a se recuperar, ainda que discretamente, do baque sofrido pela política ortodoxa dos governos do período. Principalmente em São Paulo, o movimento industrial vai ganhando peso. O ocorrido tem dois desdobramentos interessantes: o primeiro é que a política econômica ortodoxa *é levada a cabo pelos paulistas no governo federal* (Prudente de Morais, Campos Sales, Rodrigues Alves e etc.), ao passo que o setor industrial nascente e mais forte é justamente o paulista. Analisando o ponto de virada da influência dos interesses industriais no país, que é o período da Primeira Guerra Mundial, diz Faoro:

> Perdia a política de São Paulo, mas não o Estado, provavelmente não representado fielmente nos seus líderes. A mudança de rumo, com vinte anos de duração, não chegaria a ferir a estrutura política, consolidada pelas mãos de Campos Sales. A presença do poder público central não alcançaria a coloração imperial, embora anuncie os dias de 1930, com a troca das pedras no tabuleiro, em profundidade. (*idem, ibidem*, p. 601)

De passagem, observa-se que os políticos que levantaram a bandeira do protecionismo, que beneficiava as indústrias paulistas, foram os mineiros. No entanto, o interesse desses políticos não era propriamente colaborar para o desenvolvimento econômico paulista, mas sim promover o retorno da "teia mercantilista". A proteção será dada à "produção nacional", inclusive ao setor agropecuário de Minas Gerais e Rio de Janeiro

A segunda consequência é uma forma de industrialização surgida em São Paulo, que difere substancialmente da desenvolvida na região da então capital do país. Nesta última prevaleceria a indústria com desejo e necessidade das "coordenadas políticas", do protecionismo e do "aliciamento do favor público", o que vai no sentido oposto da paulista, fundada no "complexo exportador-importador", que depende menos do governo. "Essa combinação marcará a indústria paulista, economicamente liberal no conteúdo, *de certa ambiguidade no trato com o poder público,* de sorte a se sobrepor à tutela oficial" (*idem, ibidem,* p. 592-3, grifo nosso). No caso da indústria paulista, houve uma combinação entre ela e a agricultura e os importadores, que muitas vezes se tornaram industriais. Isso porque, "na base, o mercado interno favorece a substituição industrial de importações, dado que estas, em certos momentos, estritamente correspondentes à exportação, não logram abastecer as demandas" (*idem, ibidem,* p. 593). É como se a indústria paulista tivesse logrado um pacto com aqueles grupos que se opuseram, num momento anterior, aos seus ideais. O ponto de virada é a crise do café, como observamos. Todavia, Faoro observa muito claramente que

> *seria impróprio, nesta conjuntura, identificar nessas camadas uma burguesia industrial, segundo o modelo europeu.* Não há uma projeção natural do artesão ao fabricante, em florescência que sai do fruto depositado no solo nacional. *A indústria será um transplante, amortecido se adverso ao quadro exportador-importador, vivaz se estimulado pela crise do sistema maior.* (*idem, ibidem,* p. 594, grifo nosso)

O trecho, aliás, indica a concordância de Faoro com relação a tese de Furtado sobre o potencial industrial dos momentos de crise, o que não ocorre na interpretação de Simon Schwartzman.

Em resumo: do ponto de vista econômico, o patrimonialismo perde vigor neste período, entrando em cena apenas como corretivo, em alguns momentos, como no caso do Convênio de Taubaté. A indústria existente, que só vigorava se compatível com o café, tinha seu lugar no Sul do país. Assim, surgem duas modalidades de desenvolvimento: o paulista, que seria capitalista e de índole liberal; e o fluminense, especulador e dependente do Estado. Todavia, o projeto modernizador, que tinha grandes contradições internas, já se apresentava

Os dilemas do patrimonialismo brasileiro 115

comprometido desde o início. A principal destas contradições é o foco no comércio e não na produção.

No plano político, Faoro assinala que a República não foi feita por aqueles grupos que a pregavam ideologicamente: "A interferência militar, situada entre o Imperador sem herdeiros políticos e o federalismo não amadurecido desviou a direção dos acontecimentos, *sufocou a revolução em marcha. O Poder Moderador* [...] *encarnar-se-á, sem quebra de continuidade, em Deodoro e Floriano"* (*idem, ibidem*, p. 607, grifo nosso). Este é o quadro do primeiro governo republicano para Faoro: ele estaria mais próximo da monarquia do que do novo regime. Além disso, se o Exército foi peça-chave para a deposição do Imperador, também sufocou o genuíno ideal republicano.

Este primeiro momento será superado quando os paulistas romperem a "transação" da quadra do período militar. Não obstante, o Exército permanecerá sob os olhares atentos dos grupos que não participam, e mesmo de alguns participantes, da "*pax* republicana", pois poderia desempenhar o papel de rompê-la, se necessário. O bom convívio de vários grupos com o Exército atestaria esse interesse por parte de tais grupos.[39] Também convém assinalar o papel modernizador do Exército, que não o seria "no sentido do velho estamento português-colonial e imperial, *mas com acento na independência real do país – com expressão qualitativamente diversa no seu conteúdo, que bem se ajusta ao autonomismo cultural que se irradia no país a partir de 1922"* (*idem, ibidem*, p. 626, grifo nosso). Ou seja: tal como a política do estamento burocrático, o Exército também seria modernizador, mas com o viés nacionalista, o que não é um traço da política estamental burocrática. Por outro lado, Faoro indica que o

---

39 "Inegável, afastado o extremo militarista, que a força armada sempre esteve presente, real ou potencialmente, na superfície ou no subterrâneo das decisões políticas da República. Presente de fato ou pela ameaça, sentida na camada dominante, com a possibilidade de súbito aparecimento: o temido lobo do bosque, rondando uma não ingênua chapeuzinho vermelho." (FAORO, 2008, p. 623)

Exército exerceria o que ele chama de "bonapartismo institucional", que não teria o componente carismático. Com efeito, a hegemonia paulista só será consolidada ao longo do governo Prudente de Morais. Segundo nosso autor, a morte de Floriano Peixoto em 1895 e o desprestígio do Exército, oriundo das complicações surgidas no caso Canudos, foram fundamentais para que houvesse a possibilidade do grupo paulista consolidar o seu projeto político. O presidente seguinte, Campos Sales, é quem solidifica a República.

A hegemonia paulista não se traduziu propriamente num sistema partidário institucionalizado. Aliás, tentou-se fundar partidos ao logo deste período, com constante fracasso. A duração de partidos como o Partido Republicano Federal (PRF), de Francisco Glicério, o Partido Republicano Liberal (PRL) e o Partido Republicano Conservador (PRC), organizado por Pinheiro Machado, foram ligados às conjunturas políticas do momento. Segundo Faoro:

> Fracassados os sistemas partidários, a realidade incontrastável será a do presidente da República, conjugada aos governadores, num influxo recíproco, que acentua a força do primeiro, quando um grande Estado nele se encarna. *O velho estamento imperial se dissolve, desta sorte, num elitismo de cúpula, regredindo a estrutura patrimonialista para o âmbito local, local no sentido de entrelaçamento de interesses estaduais e municipais.* (*idem, ibidem*, p. 639-40, grifo nosso)

Expressão disso será a "política dos governadores" ou "política dos Estados", como preferia Campos Sales. A implicação disso é muito clara para Faoro, visto que, como o Império, a República descartou o seu elemento mais "sedicioso e anárquico", o povo. De qualquer modo, a centralização do poder político parece ser o traço fundamental do período para nosso autor: embora menor que no Império, o que envolve

Os dilemas do patrimonialismo brasileiro 117

uma descentralização e o enfraquecimento do estamento burocrático.[40] O ponto significativo é que houve uma descentralização, mas o poder do presidente do país ainda era muito amplo, mesmo sem equiparação possível com os poderes dos Imperadores do século XIX. Aliás, Faoro observa que, devido à política dos governadores, a força do presidencialismo brasileiro vai crescendo ao longo do período republicano.

Além do que argumentamos no parágrafo acima, o trecho indica muito claramente que o Exército, naquela altura, era parte integrante do estamento burocrático, então em decadência. Isso nos permite sustentar o movimento existente na análise faoriana sobre a composição do estamento burocrático. O caso do Exército é exemplar, pois, se era um componente estamental-aristocrático na velha ordem real portuguesa, ele perde tal caráter ao longo do século XIX brasileiro e, por isso, aliás, volta-se contra aquele grupo que o expulsou dos círculos do poder. Na ordem republicana, o Exército regressa ao seu lugar no estamento.

Ainda no plano político, mas num outro nível, a análise de Faoro sobre o coronelismo também merece destaque, não só porque utiliza algumas categorias weberianas ligadas à lógica do patrimonialismo, mas também pela sua originalidade. Neste tópico também é privilegiado o papel da sociedade, que não é propriamente o centro da análise de Faoro. Como diz o autor, "o senhor da soberania, o povo que vota e decide, cala e obedece, permanece mudo ao apelo à sua palavra" (*idem, ibidem*, p. 697).

---

40 "... o quadro federal impede o exacerbado fortalecimento da União, contra o qual se armam os chamados grandes Estados, cuja autonomia depende de um centro débil. Vinte unidades, embora quase todas sem capacidades para o pagamento de seus funcionários, opõem-se ao sistema patrimonial, a cuja sombra medraria o estamento, reduzido às forças armadas, paralisadas pelos controles dispersivos das milícias estaduais. Os deputados e senadores, representantes dos governadores, são, por via reflexa, agentes do presidente, fiéis no voto e calados na censura." (FAORO, 2008, p. 651).

A força dos coronéis não era nova. "Nova será sua coloração estadualista e sua emancipação no agrarismo republicano, mas liberto das peias e das dependências econômicas do patrimonialismo central do Império" (*idem, ibidem,* p. 699). O crescimento de importância da questão do coronelismo neste período deve-se, como se sabe, à importância do papel dos coronéis nas eleições do período republicano. No entanto, para o nosso objetivo aqui, a questão é compreender como Faoro caracteriza os coronéis e sua dominação.

O primeiro ponto é que, embora os coronéis possuam riquezas, o fundamento do seu poder não é econômico. Segundo Faoro, o poder dos coronéis adviria da delegação dos poderes centrais (dos estados, neste caso), de modo que pudessem predominar sobre os seus rivais. Do ângulo dos "dominados", o poder do coronel não é puramente calcado na dependência econômica dos outros em relação a ele; mas sim numa relação *política* externa à localidade. Aí um dos corolários da argumentação faoriana neste tópico. Ao sustentar que o poder do coronel era atributo do sistema vigente, vindo de "cima", o autor consegue defender a improvável tese de que, mesmo no período de federalismo exacerbado, havia um poder sobranceiro, não mais no governo central, mas sim os governos estaduais. De passagem, vê-se que o movimento do argumento é muito similar ao que o autor utiliza para explicar as descentralizações de outrora, como no caso das capitanias hereditárias.

Recordemos que os municípios não eram, de acordo com a Carta de 1891, entes federais. Soma-se a isso o exacerbamento dos poderes políticos e econômicos dos estados, e temos como resultado a miséria municipal. O coronel tinha também esta função política: intermediar junto ao governo estadual melhorias e condições de sobrevivência em prol das localidades. Em troca, como se sabe, exerciam o poder, que significava garantia de votos, em prol dos partidários da situação do governo estadual.

Os dilemas do patrimonialismo brasileiro

O curioso é que, segundo Faoro, esses votos não eram "comprados", ou percebidos como tais.[41] O coronel conseguia apoio por "dever sagrado", que a "tradição amolda". Não é difícil ver aí a ideia de Faoro de que o Brasil é um país tradicional, moldado por uma dominação de raiz arcaica. É neste sentido que Faoro sustenta que os coronéis eram *honoratioren*, que é um conceito desenvolvido por Max Weber para a análise da dominação patrimonial. Na caracterização faoriana, eles são:

> pessoas que, graças à sua situação econômica, podem dirigir um grupo como profissão acessória não retribuída, ou mediante retribuição nominal ou honorária, sustentados pelo apreço comum, de modo a gozar de confiança do seu círculo social. A origem do seu poder, mais do que a situação econômica, deriva do prestígio, da honra social, tradicionalmente reconhecido. Não se confunde, ao contrário da crença corrente, com modalidade ou derivação do domínio patriarcal. (*idem, ibidem,* p. 716)

Esses homens não têm a ver com a ideia de patriarcalismo porque está ausente na relação de dominação a "vinculação à economia familiar" e o "respeito ao pai"; no seu lugar, há o "acatamento do prestígio". Frisa-se que a função do *honoratioren* é, segundo Faoro, cumprir na localidade aquilo que foi decidido no centro administrativo do país. O que é curioso é que, quando os municípios são fortes, esses notáveis tendem a exercer o *self-government*. Noutros termos, eles ocupam aquelas funções eletivas deste sistema de governo, levando muitas vezes, pelo seu papel de corpos intermediários, para falar como Montesquieu, ao exercício da *common law*. É neste sentido que Faoro aponta que estes homens po-

---

41 "De outro lado, não se compra o voto, ainda não transformado em objeto comercial, só possível a barganha entre partes livres, racionalmente equivalentes." (FAORO, 2008, p. 714)

dem, pelo seu bom senso, impedir as "ondas carismáticas que invadem as cidades", bem como o "teorismo racional dos ideólogos".

No caso da dominação patrimonial, eles são peças do Estado e dos partidos, perdendo-se na fronteira entre o público e o privado, "privatização originada em poderes delegados e confundida pela incapacidade de apropriar o abstrato governo instrumental (Hobbes) das leis" (*idem, ibidem*, p. 718). Citado este autor clássico inglês da teoria política moderna, pode-se dizer, como mostrou Faoro noutro trecho, que uma das complicações fundantes do patrimonialismo é que o poder, nesta forma de dominação é "não racional, pré-burocrático, de índole tradicional".[42]

Voltemos à análise do desenvolvimento histórico-político do país. Segundo Faoro, as trombetas que anunciaram o fim da Primeira República soaram já em 1922, com a revolta do forte de Copacabana. Ora, se a Revolução que sepultou o arranjo republicano se deu em 1930, vê-se que duraram algum tempo os desgastes e recombinações políticas. Como diz o autor, a Revolução de 30 foi uma "data necessária, embora não irremediável nos termos em que aconteceria" (*idem, ibidem*, p. 741); ou, ainda, "1922 leva a 1930 numa trajetória necessária. Mas 1922 não é 1930, nem a revolução está nas revoltas militares" (*idem, ibidem*, p. 759).

O desgaste do arranjo logrado por Campos Sales se intensificou ao longo da Primeira República. Não é à toa que, na revolta do Forte

---

42 O trecho todo é o seguinte: "A caracterização sociológica do fenômeno coronelista ainda não mereceu tratamento sistemático. Não raro ele é apresentado, ilegitimamente, como singularidade brasileira. O poder, assinalava Hobbes, se exerce de modo *original*, de homem para homem, ou através de uma estrutura *instrumental*, com a impessoalidade derivada dessa intermediação institucionalizada. Trata-se de um poder de homem a homem, não racional, pré-burocrático, de índole tradicional. O mecanismo estatal, na percepção dos homens do campo, lhes parece, na sua composição jurídica e impessoal, o longínquo mistério de sombras. No máximo, o presidente e o governador corporificam os donos da República ou do Estado, super fazendeiros que dispõem de tudo, da vida e do patrimônio dos cidadãos." (FAORO, 2008, p. 713)

Os dilemas do patrimonialismo brasileiro 121

de Copacabana, convergiram o Exército, fortalecido pela pretensão de atuação política de Hermes da Fonseca, as camadas médias e o Rio Grande do Sul. Ou seja, todos os grupos externos ao acerto político vigente. Contudo, o Rio Grande do Sul, "no vestíbulo da ação [...] se retrai, dominado pelos persistentes escrúpulos republicanos da política conservadora" (*idem, ibidem,* p. 743).

Neste registro, aponta-se que o *status quo* do período não acreditava na força de tais revoltas, o que o impediu de agir adequadamente em relação aos fatos, e que essas revoltas não pretendiam por abaixo o edifício republicano. Como afirma o nosso autor, "uma manobra de cúpula, dentro do estamento banido, reformaria a ordem republicana, sem quebra da estabilidade. Os políticos que mandam, Epitácio Pessoa, Artur Bernardes, Washington Luís, dispensam esse apoio, confundido com a sedição [...]." (*idem, ibidem,* p. 745). Do nosso ponto de vista, novamente pensamos que aqui há algum paralelo entre a explicação de Faoro e a ênfase de Maquiavel na competência dos príncipes. Teria faltado *virtù* ao *establisment* político para compreender o que se passava. Novamente, a ênfase da explicação faoriana para a transição dos períodos é *política* e não sociológica.

Aliás, sinais de tentativas de reformas estavam presentes desde a fundação do período republicano, como atestava a militância contínua de Rui Barbosa pela reforma constitucional. É nesta referência que o jurista baiano apela às "classes conservadoras", entendidas como conservadoras da carta constitucional republicana. Na verdade, este será o foco das revoltas: a reforma do sistema vigente. Não obstante, não estava inteiramente claro o que isso significava. É neste sentido que o autor aponta que faltava aos demandantes "um programa, não uma ideologia, apesar do alheamento do elemento civil. Repeliam a aproximação proletária, que podia tornar o movimento suspeito de esquerdismo [...] enveredando para o discreto nacionalismo, que depois ganhará o primeiro plano" (*idem, ibidem*, p. 747).

Este é o núcleo da reforma, e que, mais uma vez, diz muito sobre a natureza do liberalismo no país, pois era "uma caricatura: um programa liberal por meio de instrumentos ditatoriais" (*idem, ibidem*, p. 747). O resultado é o afastamento da "carapaça liberal" e o fortalecimento dos ditames autoritários. Simultaneamente, como observamos, há o fortalecimento do poder presidencial, que também vai conduzindo o arranjo vigente para um rumo antiliberal. Daí o dizer de Faoro sobre "dois rumos antiliberais, na verdade: um, em nome do povo, outro, em nome da ordem" (*idem, ibidem*, p. 748). Nesse embate, o regime liberal, "na essência mais federal do que liberal", vai perdendo fôlego.

O nacionalismo foi ganhando espaço ideológico, embora de diversas formas. Segundo Faoro, existiria o "nacionalismo dos rebeldes", o "nacionalismo da ordem", que se conjuga com o presidencialismo vigente, e o "velho nacionalismo liberal", já em decadência por aqui e na Europa. Embora os dois primeiros possam ser confundidos no primeiro momento, as naturezas distintas ficaram claras quando do período pós-30, quando um se tornou comunista e o outro fascista.

Um ponto de interesse da análise de Faoro é que o nacionalismo teria aberto caminho para o retorno do estamento banido:

> Na sombra da aspiração culturalmente autonomista, a nota fundamental da reforma: o governo deve educar, cultivar e orientar o povo. Entre governantes e governados, a corrente democrática [...] não passa de grosseira farsa. Os governantes devem se reequipar, conhecendo o meio e a gente, para a obra de regeneração. Esse papel pedagógico não cabe, entretanto, às elites, no seu conteúdo sociológico. Elas hão de se transformar numa camada permanente, própria, autônoma, comunidade capaz de, além de governar, criar o povo, identi-

Os dilemas do patrimonialismo brasileiro 123

ficado na massa analfabeta, perdida nos devaneios macaqueadores. (*idem, ibidem*, p. 752)

Abordando as explicações para o movimento que deporá o regime republicano, Faoro nega a ideia que confere às "classes médias" a atuação fundamental neste processo, sustentando que ela "não tinha condições objetivas de aspirar ao comando político do país" (*idem, ibidem*, p. 757). O autor parece identificar o empresariado industrial com tal camada, assinalando que ele

> será um prolongamento do oficialismo, pregando a iniciativa privada protegida, modalidade brasileira do liberalismo econômico. Mostra-se, por isso, inapto a organizar uma sociedade, num quadro pluralista, com focos de poder sem que derivem do Estado. O setor se casa e prolifera no patrimonialismo, no qual um grupo estamental se incumbirá de distribuir estímulos e favores, com amor místico, um dia, ao planejamento global da economia. (*idem, ibidem*, p. 757)

Por outro lado, Faoro parece ter alguma simpatia por uma variante da explicação que enfatiza o papel das classes médias nos movimentos da segunda década do novecentos. A variante é aquela que argumenta sobre o papel do *tenentismo* nesses movimentos. Isto é, esta explicação combina o elemento da classe média, que era reivindicativo, com o elemento militar. Segundo nosso autor, essa explicação leva a rumos diferentes da primeira e que seriam "mais tarde confirmados: as reivindicações da classe média reclamariam proteção e amparo, não atendimento ou representação, numa realidade que autonomizou o Estado, condutor e agente econômico da sociedade" (*idem, ibidem*, p. 759).

Já que chegamos ao ponto da economia, convém uma palavra sobre a situação econômica da República naquele período, principalmente no governo Washington Luís. Esse governo foi marcado pelo retorno da ortodoxia econômica, que havia sido deixada de lado desde o governo de Epitácio Pessoa. Conjuntamente, o governo passava a se conectar menos com a esfera econômica, mesmo no tocante à política da valorização do café. Segundo Faoro, a reforma monetária favorecia industriais e exportadores. Na perspectiva do nosso autor, o governo Washington Luís:

> Corresponde, todavia, a um modelo possível de desenvolvimento do país, que já leva em conta o mercado interno, e não se submete apenas à economia exportador-importador, mercado interno integrado à economia mundial. O presidente queria que o Brasil fosse São Paulo e que o país seguisse o rumo deste Estado. [...]. Pra que o país progredisse nada mais lógico do que sampaulizar o Brasil, sob os moldes da iniciativa particular, e com a colaboração do capital estrangeiro. (*idem, ibidem,* p. 798)

Nesta altura aparece a peculiaridade de São Paulo e a interpretação de Faoro sobre a industrialização brasileira. No que se refere à industrialização paulista, ela teria ocorrido sem favores ou intervenções do Estado, lidando apenas com a depressão cambial, como apregoava a política econômica de Washington Luís. Convém recordar que, segundo Faoro, houve um outro processo de industrialização, como já mencionamos, mais ligado ao Rio de Janeiro. Existem duas diferenças básicas nestas industrializações: a interferência do Estado, ausente em São Paulo e presente no Rio de Janeiro e no resto do país. A outra, que é mais importante, é que em São Paulo, "importador e manufaturador não se tornam termos em conflito, mas de complementaridade: grandes grupos industriais paulistas começaram suas atividades em casas de venda de artigos estrangeiros" (*idem, ibidem,* p. 799). A análise que subsidia Faoro nessa argumentação é a de Warren Dean, que analisou

Os dilemas do patrimonialismo brasileiro   125

a industrialização em São Paulo.[43] Como veremos, essa análise também será importante para Simon Schwartzman.

É tendo essa distinção entre os tipos de industrializações ocorridas no país que Faoro argumenta que a "sampaulização" do Brasil seria o equivalente da vitória do norte sobre o Sul nos Estados Unidos (*idem, ibidem*, p. 799). Aliás, é precisamente o conflito de interesses entre o estado de São Paulo, mais moderno, e Minas Gerais e Rio Grande do Sul, mais agrários, menos ricos e menos industrializados, que dará início ao processo que culminará no fim da Primeira República.

O início do fim se deu com o colapso das exportações, notadamente da exportação de café, carro chefe da economia de São Paulo. Segundo nosso autor, tal colapso evidenciou a impossibilidade de sustentação do progresso econômico tendo por base a economia paulista, "calcada em moldes liberais – *liberais com muitos temperos e restrições*" (*idem, ibidem*, p. 801, grifo nosso). A derrocada do café fez com que voltassem os arranjos econômicos vigentes no período pré-Washington Luís e que "se entrosa no discreto, mas persistente, veio subterrâneo que mina a República Velha e se acentua a partir de Epitácio Pessoa, com expressão só visivelmente institucional" (*idem, ibidem*, p. 801).

É nesta conjuntura econômica que foram abertos os caminhos para a centralização política e autoritária, que faria do Estado condutor da economia e da sociedade. Aliás, como aponta Faoro, a Revolução de 30 foi feita em "nome do povo", feita antes que este a fizesse. Com o passar do tempo, Vargas, atendendo aos aliados conquistados, principalmente os militares, inicia o processo de modernização do país, que não foi exatamente no sentido antigo, de "ajustamento o padrão europeu ou norte-americano, mas preocupado com a integração nacional [...]" (*idem, ibidem*, p. 792). De quebra, Vargas ganhou o

---

43 O trabalho de Dean, *A industrialização em São Paulo*, é citado na página 799, nota 98.

apoio dos industriais e do operariado. Segundo Faoro, o governo de seu conterrâneo foi mais ligado à arbitragem entre as classes, e por isso não oficializou nenhuma ideologia. Pelo seu "tradicionalismo reformista", Faoro aproxima o regime varguista do português de Salazar, o que confere uma nota interessante de paralelismo entre a situação brasileira e a portuguesa, já separadas há cem anos. Vale observar, no entanto, as diferentes ênfases dos dois governos, que não são indicadas por Faoro: enquanto o governo Vargas teve um caráter modernizador, o governo Salazar teve um aspecto mais tradicional-agrarista.

Ao mesmo tempo, Vargas é aquele que inaugura o período populista, que é ambiguamente analisado por Faoro. Se o populismo é visto como "força domesticada, nutrida de concessões, em momentos desenjaulada para atemorizar senhores tirânicos da chefia suprema", também é visto como um "mito", um "endeusamento do chefe", que pode tanto atemorizar os donos do poder como defendê-los. As percepções acima vão em sentidos opostos: de um lado, o populismo "pode se transformar em movimento socialista, desenvolvendo virtualidades não estranhas ao seu impulso íntimo"; de outro, ele foi criado para "substituir a participação política, controlá-la e canalizá-la, anulando lhe a densidade reivindicatória [...]" (*idem, ibidem*, p. 792-3). Qual seria a natureza desse socialismo? Como o populismo teria se desenvolvido? Em qual das direções ele caminhava até ser interrompido pela força? Em *Os donos do poder*, não há respostas claras para tais perguntas, embora se indique que o populismo não deu conta das exigências por ele mesmo criadas. Não há, contudo, uma análise do desenvolvimento do populismo que, ao contrário do livro, não se encerrou com a morte de Vargas.

O capítulo final d'*Os donos do poder* destoa um pouco da forma do livro, ao menos na sua segunda edição. Isso não se deve pela sua brevidade, como o caso do prefácio à segunda edição (LESSA,

Os dilemas do patrimonialismo brasileiro 127

2009), mas sim pelo poder de sintetizar, de modo mais analítico, um percurso histórico absurdamente longo numa análise que não é narrativa, como o livro todo. Trocando em miúdos, é como se no último capítulo o autor optasse por uma exposição oposta, mas não alheia, àquela feita no livro.

Podemos lembrar a advertência de Francisco Iglesias (2009), que afirmou que a segunda edição de *Os donos do poder* ganhou em "erudição", mas teria perdido em "impacto". Do nosso ponto de vista, a observação do historiador mineiro faz sentido porque realmente nos parece que "os livros eminentemente interpretativos ganham com a concisão, não com a prova exaustiva [...]" (IGLESIAS, 2009, p. 60). Não obstante, pensamos que esse "impacto" foi reservado ao último capítulo da obra, que em dezenove páginas não apenas sintetiza as mais de oitocentas anteriores, mas resume e interpreta todo o período histórico que abrange a formação do Estado português até o suicídio de Vargas. Por isso vale a pena voltarmos a tal capítulo.

Exemplo dessa síntese está nas frases iniciais desse capítulo, quando Faoro diz:

> De Dom João I a Getúlio Vargas, numa viagem de seis séculos, uma estrutura político-social resistiu a todas as transformações fundamentais, aos desafios mais profundos, à travessia do oceano largo. *O capitalismo politicamente orientado – o capitalismo político, ou pré-capitalismo -,* centro da *aventura,* da conquista e da colonização moldou a realidade estatal, sobrevivendo, e *incorporando na sobrevivência o capitalismo moderno,* de índole industrial, racional na técnica e fundado na liberdade do indivíduo – liberdade de negociar, de contrastar, de gerir a propriedade sob a garantia das instituições. (FAORO, 2008, p. 819, grifos nossos)

No nosso entendimento, o trecho é bastante esclarecedor, principalmente sobre a preocupação de Faoro no momento no qual escreveu a segunda edição. Se compararmos com o início do capítulo final da primeira edição, veremos uma diferença notável. Vamos a ela:

> Em todas as sociedades organizadas e em todas as épocas, houve, sempre, o domínio das minorias. O fato exprime-se na sociologia de Michels, por uma lei - "a lei de bronze da oligarquia". É fora de dúvida que os cidadãos, mesmo em uma democracia altamente evolvida, não poderiam governar diretamente. (FAORO, 1958, p. 261)

Fora o fato de explicitar a posição teoricamente elitista que Faoro esposa com relação às capacidades dos regimes políticos,[44] o trecho também indica ênfases distintas em relação ao primeiro trecho citado. Na segunda edição, parece *prevalecer a preocupação com a forma do nosso capitalismo,* que é alçado à posição de "centro da aventura"; já na primeira, a ênfase do autor se dirige para a discussão entre a teoria das elites e a natureza particular do estamento burocrático. Esperando não forçar muito o argumento, nos parece que, em termos esquemáticos, para Faoro, o que essencialmente não mudou nestes seis séculos foi o capitalismo politicamente orientado. O estamento burocrático, que o leva adiante, realizando-o, também é presença contínua no período, mas ele se adaptou, justamente realizando o capitalismo politicamente orientado, que é *pré-capitalista* e que não se alterou. É como se houvesse a imbricação necessária entre "estamento" e "capitalismo politicamente orientado", mas seria o segundo termo dessa relação que não teria mudado, apesar de ter incorporado a técnica do capitalismo moderno.

---

44 Nota-se que a primeira frase, como a ideia do parágrafo que abre o capítulo conclusivo da primeira edição de *Os donos do poder,* aparece no meio do capítulo conclusivo de sua segunda edição. Na edição aqui utilizada, aparece na página 828.

Os dilemas do patrimonialismo brasileiro   129

Também não há como deixar de observar que o nosso pré-capitalismo é calcado na "aventura", o que nos remete diretamente à formulação de Sérgio Buarque de Holanda em *Raízes do Brasil*. Em seu ensaio, Holanda observa o caráter aventureiro dos lusitanos, o que segundo Faoro, nos explicaria muito sobre o caráter especulativo de nossa economia. Desse modo, podemos perceber que esta mentalidade vai em sentido contrário à moderna mentalidade capitalista, incorporado pelo protestante analisado por Weber. Este ponto se traduz, na prática, na ênfase do comércio sobre a produção. Posto dessa forma, é um passo para repormos a oposição entre mercantilismo e capitalismo moderno. Ora, é precisamente o mercantilismo que se sustenta pelas aventuras ultramarinas, trazendo as riquezas do Oriente ou da América, convertida então numa espécie de "segundo Oriente", fonte de riquezas primárias e fáceis. É com referência a isso, e outros pontos, que aparece ao longo da obra faoriana a influência da teoria política moderna. Como exemplo, escolhamos o caso de Montesquieu, também aquele que iniciou a sistematização sobre o caráter das sociedades asiáticas.

A teoria do despotismo oriental de Montesquieu aparece, ao menos, em quatro aspectos ao longo da obra de Faoro. Num primeiro momento, Portugal e Brasil aparecem como casos de ausência dos poderes intermediários, que teriam justamente a função de filtrar e limitar o poder do soberano. Na ausência destes, o poder seria exercido de modo direto e instável, pois não há filtros ou barreiras, o que lhe confere o caráter despótico.

Do ponto de vista econômico, Portugal e Brasil aparecem como casos no quais o monarca interfere na economia, tendo em mente que ela lhe pertence como patrimônio individual (este é um dos elementos que possibilita caracterizar a sociedade como patrimonialista), o que arruinaria o desenvolvimento destes países, dado o aumento dos riscos de investimento. Num trecho muito claro de *O Espírito das leis*, diz Montesquieu: "A pobreza e a incerteza das fortunas, nos Estados despóticos, tornam natural a usura; todos aumentam o preço de seu dinheiro na proporção do risco que existe em emprestá-lo. Logo, a miséria vem de todos os lugares nestes países infelizes [...]" (MONTESQUIEU, 2005, p. 75). Relacionado diretamente a isso, há o fato, apontado pelo teórico francês, de sociedades regidas sob o signo do despotismo oriental serem corruptas, porque o poder é corrompido e instável.

Por fim, cabe lembrar também da ideia montesquiana de que cada Estado, além de sua autopreservação, possui outro objetivo: conquista de territórios, riquezas, estabilidade interna e etc. No caso luso-brasileiro, não teria havido ênfase, como na Inglaterra, sobre a questão da "liberdade *política*",[45] de resto contraditória com a própria dominação patrimonial. O que se teve aqui foi o "capitalismo político". Em seus termos:

> Ao capitalismo político sucedeu, em algumas faixas da Terra, o capitalismo dito moderno, racional e industrial. *Na transição de uma estrutura a outra, a nota tônica se desviou – o indivíduo, de súdito, passa a cidadão, com a correspondente mudança de converter-se o Estado de senhor a servidor, guarda da autonomia do homem livre. A liberdade pessoal,* que compreende o poder de dispor da propriedade, de comerciar e produzir, de contratar e *contestar, assume o primeiro papel,* dogma de direito natural ou da soberania popular, *reduzindo o aparelhamento estatal a um mecanismo de garantia do indivíduo. Somente a lei, como expressão da vontade geral institucionalizada,* limitado o Estado as interferências estritamente previstas e mensuráveis na esfera individual, legitima as relações entre

---

45 A ênfase de Faoro no termo "liberdade política", além de reforçar a influência de Montesquieu sobre suas teorizações, também confere um caráter particular à sua noção de liberdade. Voltaremos ao ponto no próximo capítulo.

Os dilemas do patrimonialismo brasileiro 131

os dois setores, *agora rigidamente separados, controláveis pelas leis e pelos juízes*. (FAORO, 2008, p. 820, grifo nosso).

O trecho vai na direção proposta por Rubens Campante (2009), que sustenta que o liberalismo de Faoro é "liberal-clássico, jusnaturalista e iluminista". De fato, a análise da formação social capitalista aparece calcada na ideia de cidadania e autonomia, garantidas por um Estado servidor, não mais senhor, que sustenta a manutenção dos contratos e das leis. Tudo isso comporia aquilo que Faoro chamará de "soberania popular", intrinsecamente ligado ao ideal de "liberdade política". Exploraremos mais esses pontos adiante; por enquanto, notemos que eles, que no todo formam uma articulação moderna de sociedade, estiveram ausentes, um a um, na relação entre Estado e sociedade em Portugal e no Brasil.

Na verdade, há o que se poderia chamar de "tensões cruzadas", se compararmos as relações de Estado e sociedade "modernas" e as prevalecentes em Portugal e no Brasil. De um lado, na sociedade moderna vigora o contrato social, no qual aparece a distinção entre o poder público e o privado, diferença esta ausente na dominação patrimonial; de outro, do ponto de vista da soberania política, nas relações "modernas", a sociedade influi decisivamente na atuação do Estado, que lhe é subordinado, o que é invertido na dominação patrimonial no sentido faoriano, que sustenta que o Estado é autônomo em relação a sociedade. Em poucas palavras, as relações entre Estado e sociedade são cindidas e aproximadas em cada um dos casos, dependendo do ângulo que se olhe (contrato social ou soberania política).

O agente principal que opera essas indistinções entre o público e o privado, bem como conduz, de cima, a sociedade luso-brasileira, é o estamento burocrático. Mas, para administrar a sociedade, o estamento precisa se mover, modernizando-se e modernizando-a, ao mesmo tempo em que não pode levar estes processos até o ponto em que o seu domínio fique comprometido. Nos termos do autor:

> A permanência da estrutura exige o movimento [...] favorece a mudança, aliás, a separação de uma camada minoritária da sociedade, sensível às influências externas e internas, mais rápida em adquirir novas atitudes do que se a alteração atingisse o conjunto, em impacto indiferenciado [...]. O estamento forma o elo vinculador com o mundo externo, que pressiona pelo domínio de seus padrões, incorporando as novas forças sociais. Esse papel, reservado nos momentos de eclipse do sistema às elites, será desempenhado, em outras estruturas, pela burguesia, próxima ao mundo capitalista – burguesia externa com ramificações nacionais ou burguesia nacionalmente emergente. (*idem, ibidem,* p. 833-4)

Ou seja, o estamento cumpre o papel que seria desempenhado pela burguesia nas formações sociais modernas. Ao mesmo tempo, ele evita perder o seu poder favorecendo as modernizações, para que não seja afetado pela modernidade. Como exemplo, lembremos que a Revolução de 30 foi feita "em nome do povo" e não "pelo povo". Aí reside a diferença fundamental entre a modernização, feita de cima, e a modernidade, fundamentada na sociedade civil, detentora e agente da soberania política.

> Moderniza-se o país – prolongando-se em outra nação – ajustando, acomodando, seja na convulsão pombalina que prefigura a obra do Pedro russo, seja no trabalho obscuro e diário, com a mercadoria e a técnica inglesas. *Nessa incorporação de retalhos, no qual se juntam peças anacrônicas e ideias de vanguarda, a conduta vai desde o macaquear imitativo até o cuidado de dotar o país dos benefícios técnicos das nações adiantadas, com meios próprios de sustentação interna. O processo, todavia, em todos os níveis, gera mal-estar íntimo, com os*

Os dilemas do patrimonialismo brasileiro   133

> *modernizadores atuando sob o pressuposto da incultura*, senão
> da incapacidade do povo, e o povo sem convívio íntimo com
> aqueles, quebrados os vínculos da solidariedade espiritual."
> (*idem, ibidem*, p. 835, grifo nosso)

Tem-se uma mistura de arcaico com o moderno, por meio da modernização. O caráter disjuntivo da mistura causa mal-estar, embaralhando as ideias. Não é à toa o paralelo que Faoro faz entre o Brasil e a Rússia de Pedro,[46] que foi o regime modernizador por excelência.[47] Noutros termos, a realidade não se adapta às ideias; a relação contrária acontece – lembremos que este é um traço da mentalidade estamental burocrática, a criação da realidade por meio das leis - mas por meios voluntaristas e não-naturais, que acabam por subverter os intentos originais das ideias. Voltaremos ao ponto quando estudarmos a ideia de "modernização" para Faoro.

Neste mesmo sentido, Faoro retoma, de modo crítico, as observações de Marx com relação à questão do progresso e a noção de "desenvolvimento desigual e combinado" de Leon Trotsky. No que se refere ao filósofo alemão, Faoro observa as afirmações contidas no prefácio à primeira edição d'*O Capital,* que afirma que, se é verdade que o país mais adiantado mostra ao atrasado o seu futuro, não é menos verda-

---

46 Pedro, o Grande, será citado novamente, juntamente com o Marquês de Pombal, noutro texto de Faoro como exemplo de modernização (Cf. FAORO, 1992).

47 Indo mais longe, Schwarz sugere mesmo o paralelismo entre a literatura brasileira e a russa. Diz o crítico literário: "O sistema de ambiguidades assim ligadas ao uso local do ideário burguês – uma das chaves do romance russo – pode ser comparado àquele que descrevemos para o Brasil. São evidentes as razões sociais da semelhança. Também na Rússia a modernização se perdia na imensidão do território e da inércia social, entrava em choque com a instituição servil e com seus restos [...]. Na exacerbação deste confronto, em que o progresso é uma desgraça e o atraso uma vergonha, está uma das raízes profundas da literatura russa. Sem forçar em demasia uma comparação desigual, há em Machado [...] um veio semelhante, algo de Gógol, Dostoiévski, Gontcharov, Tchekhov, e de outros talvez, que não conheço." (SCHWARZ, 2012b, p. 28)

de que tais países sofrem com resíduos de modos de produção arcaicos, numa combinação sinistra entre opressões antigas e modernas.[48] Quem desenvolveu tal ideia de modo mais preciso foi revolucionário ucraniano, tal como expresso na "lei do desenvolvimento desigual e combinado", que sustenta que as economias periféricas teriam seu impulso vindo de fora, por isso "combinado", ao passo que tais desenvolvimentos recompõem a relação econômica assimétrica entre os países centrais e periféricos, daí o "desigual". Esse desenvolvimento, que não é "natural" ao país, mas sim externo, resulta na combinação do arcaico com o moderno.

O nosso autor aceita o argumento de Marx e Trotsky, mas com uma ressalva que não é sem importância: ambos partiriam, como a crítica liberal modernizadora, do pressuposto de que este é um estado transitório, o que seria um equívoco.[49] A história luso-brasileira estaria aí para desmentir, com seus ciclos modernizadores, este pressuposto. É tendo isto em mente que Faoro remodela o argumento de Trotsky, como observa Leopoldo Waizbort (2002). Assim, Faoro aceita a formulação da ideia de "desenvolvimento desigual e combinado", mas

---

48 "O país industrialmente mais desenvolvido mostra ao menos desenvolvido tão somente a imagem do próprio futuro. Deixemos, porém, isso de lado. Onde a produção capitalista de implantou plenamente entre nós, por exemplo, nas fábricas propriamente ditas, as condições são muito piores do que na Inglaterra, pois falta o contrapeso das leis fabris. Em todas as outras esferas, tortura-nos – assim como em todo o resto do continente da Europa ocidental – não só o desenvolvimento da produção capitalista, mas também a carência do seu desenvolvimento. Além das misérias modernas, oprime-nos toda uma séria de misérias herdadas, decorrentes do fato de continuarem vegetando modos de produção arcaicos e ultrapassados, com o seu séquito de relações sociais e políticas anacrônicas." (MARX, 1983, p. 12)

49 "A sociedade capitalista aparece aos olhos deslumbrados do homem moderno como a realização acabada da história – degradadas as sociedades pré-capitalistas e fases imperfeitas, num processo dialético e não mecânico, de qualquer sorte, substituindo o fato bruto pelo fato racional, que bem pode ser o fato idealizado artificialmente. No fundo, a tese da unidade da história, acelerada, senão criada, pelo império do capitalismo. A lei do desenvolvimento desigual do ritmo não é, na verdade, senão a aplicação dessa premissa maior articulada ou pressuposta." (FAORO, 2008, p. 822)

Os dilemas do patrimonialismo brasileiro 135

com um adendo: o capitalismo brasileiro, periférico, não teria sua alma transformada por tal desenvolvimento, como daria a entender a formulação do autor d'*A História da Revolução Russa*.[50] Em seu âmago persiste a mentalidade pré-capitalista, arcaica e irracional.

É certo também que Faoro distingue dois tipos de modernização: um seria o modelo português e outro seria o do nacionalismo, que culminaria no movimento de 1937. O que diferencia substancialmente os dois tipos, do ponto de vista da condução política, é o papel do Exército, que é ausente no primeiro e presente no segundo. Isto empresta à modernização do início do século XX um colorido nacionalista, ausente nas modernizações de origem lusitana. Mesmo assim, a sentença de Faoro é grave: o país não se formou, como indica a severa tese do jurista gaúcho sobre a ausência de uma cultura brasileira. O que se formou, já em Portugal na sua fase pré-colonizadora e avaliado em chave negativa, foi o estamento burocrático que, sobranceiro às classes sociais, impediu que se estabelecesse uma sociedade autônoma.

Desenvolvimentos e atualizações do diagnóstico de Faoro

Se é verdadeira a afirmação de Faoro sobre a continuidade da tese publicada em 1958 e a republicada em 1974, não é menos verdade a afirmação que essa tese continuou sendo defendida pelo autor pelo

---

50 Sobre o "espírito" do capitalismo na Rússia, vale observar o diagnóstico de Walter Benjamin, que vai em direção semelhante ao que Faoro realiza sobre o Brasil, isto é: apesar de capitalistas, brasileiros e russos não disporiam do seu "espírito". Nos termos do pensador alemão: "Sensibilidade para o valor do tempo, a despeito de toda "racionalização", não se encontra nem mesmo na capital da Rússia. O TRUD, Instituto Sindical da Ciência e do Trabalho, realizou sob a supervisão de seu diretor Gastieff, campanha e cartazes pela pontualidade. A partir de então, estão domiciliados em Moscou muitos relojoeiros [...]. Pergunta-se: quem de fato tem precisão deles? "Tempo é dinheiro" - em cartazes reclama-se para essa frase admirável a autoria de Lenin, a tal ponto é estranha a aos russos essa noção. Perdem tempo com tudo. [...]. Assim, quanto ao uso do tempo, o russo continuará sendo por muito tempo "asiático."" (BENJAMIN, 1997, p.168)

resto de sua obra. Dito isso, um questionamento poderia ser feito: o que os demais escritos teriam a dizer? A resposta não é de todo fácil e óbvia, visto que os textos apresentam a ruminação do mesmo argumento. Não obstante, além de clarificarem alguns pontos e atualizarem outros, esses textos têm a qualidade de estabelecerem conexões no pensamento faoriano que não estavam presentes, ou explícitos, em *Os donos do poder*.

Por isso, nesta seção, vamos nos debruçar sobre os seguintes textos de Faoro: *Assembleia constituinte: a legitimidade recuperada*, de 1980; *Existe um pensamento político brasileiro*, de 1987; *A questão nacional: a modernização*, de 1992; e *A aventura liberal numa ordem patrimonialista*, de 1993.[51] Aliás, tais atualizações e especificações ganham colorido especial quando confrontadas aos contextos nos quais os textos são escritos. Num sentido mais amplo, os textos que analisaremos nesta seção dizem respeito às dificuldades da transição política de um país que vivia sob a égide de um regime militar e passava ao regime democrático. Noutros termos, pode-se dizer que a busca de Faoro nestes textos foi conectar a sua macro-narrativa histórica da formação luso-brasileira com a atualidade. Naturalmente, essa busca requereu adaptações ou ênfases diferentes daquelas feitas em *Os donos do poder*. De um ponto de vista da obra faoriana, que é pequena em número de textos, esses são os principais livros e artigos no que se refere à atualização da perspectiva do autor em diálogo com outras situações históricas, como no caso do Golpe de

---

51 Como se vê, não analisaremos *Machado de Assis: a pirâmide e o trapézio*. Como diz Fernando Novais sobre o livro: "O que faz Faoro? Ele toma Machado e o contrapõe a *Os donos do poder*. [...]. Ele comprova a sua análise, já realizada, por meio de Machado de Assis. Ele diz: olha, eu analisei assim, a minha reconstituição do Segundo Reinado é esta, está lá n'*Os donos do poder*. [...]. Ele diz: olha como isso aparece em Machado." (NOVAIS, 2002, p. 178). Concordamos com o historiador, o que, é claro, não dispensa o livro de análise. No entanto, para não corrermos o risco de repetirmos o mesmo argumento com colorido literário, optamos pela economia textual.

Os dilemas do patrimonialismo brasileiro   137

1964[52] ou da ascensão do neoliberalismo, tanto no nível das reformas, como no nível ideológico.[53] Nesses textos se encontra, em comum, além de um acerto de contas com o passado, a sensação de um presente incerto, bem como um alerta para que não se repetissem os mesmos erros.

Seguiremos a análise das obras na ordem indicada, pois esse roteiro tem duas vantagens: permite seguir a publicação cronológica dos textos, publicados entre 1980 e 1993, e, ao mesmo tempo, observar a mudança de ênfase nas análises faorianas. Assim, nos dois primeiros textos prevaleceriam análises mais ligadas ao que se poderia chamar genericamente "teoria constitucional e política", enquanto nos outros dois se enfatizaria a questão da relação entre patrimonialismo e liberalismo.

Em *Assembleia constituinte*, Faoro discute e aprofunda a sua visão sobre a relação, mediada pela legitimidade, entre o constitucionalismo e a democracia, bem como o desenvolvimento histórico político nacional, tomando como referência principal o golpe militar de 1964. Para os nossos propósitos, vamos focar dois aspectos do texto: a ideia de liberalismo e a interpretação faoriana sobre o golpe de 1964.

Sobre o liberalismo, há aqui um desenvolvimento importante. Para Faoro, o liberalismo e o constitucionalismo nascem como ideias opostas ao despotismo, pregando os limites do poder. Neste desdobramento:

> Acentue-se que, nos primeiros golpes contra ele desferidos, havia o cuidado liberal, também entendido em seu sentido econômico, de proteger a propriedade, o que resultou, em certos momentos históricos, na degenerescência do princípio. Para resguardar a propriedade sacrificou-se o liberalismo político. Ocorre que, historicamente, o liberalismo não foi, na sua

---

52 A referência aqui é *Assembleia constituinte: a legitimidade recuperada*.

53 Neste ponto, as referências são os três textos mencionados *Existe um pensamento político brasileiro?*, *A questão nacional: a modernização* e *A aventura liberal numa ordem patrimonialista*.

origem, democrático, senão burguês e, em muitos resíduos, aristocrático. A democratização crescente, todavia, mostrou que a democracia, para que se conserve e desenvolva, não poderia se dissociar do liberalismo que, por sua vez, se divorciou do seu reverso econômico. A democracia, pode-se afirmar, democratizou o liberalismo. (FAORO, 2007, p. 174-5)

O trecho citado é sinuoso, para não dizer dialético. Nele uma possibilidade se abre à outra, superando os posicionamentos iniciais. Para o nosso autor, inicialmente o liberalismo teve um papel importante na oposição ao despotismo. Contudo, apesar de contar com um núcleo emancipatório, ele foi sacrificado pelo ideal da manutenção da propriedade. Por isso, para realizar a sua potencialidade emancipatória, precisou se conectar com a democracia, abandonando, ao mesmo tempo, o seu lado econômico.

Voltando ao desenvolvimento histórico concreto, Faoro sublinha que o constitucionalismo defendeu o "governo das leis" e não "dos homens", que seria o governo das vontades. Nesta acepção, "lei" teria a ver com a fundamentação em relação aos seus destinatários de maneira livre, passando pelo Legislativo. Ou seja, lei, neste sentido, está conectada com a ideia de *legitimidade*. As ordens de um tirano são leis tão somente em seu caráter legal, pois são ilegítimas. "O arbítrio, ainda quando cercado de 'leis', embora se proteja da força, não consegue estabelecer as bases de nenhum governo efetivo e estável. O poder legítimo, desta forma, só se mostra compatível com a paz social [...]" (*idem, ibidem*, p. 175).

Nota-se que o constitucionalismo, contudo, tinha origens não democráticas, como o liberalismo. Por exemplo, a Declaração da Independência (EUA) e dos Direitos dos Homens (França) foram "formais" e precisaram de longo tempo para se realizarem na prática, se é que se realizaram.

Os dilemas do patrimonialismo brasileiro 139

A "pedra angular" do constitucionalismo moderno foi o "controle do poder". Sem ele, não há governo constitucional. E para que ele exista, segundo Faoro, seria preciso a participação popular, pois seriam os cidadãos que deveriam produzir um consenso sobre ele: "Na verdade, sem a plenitude da participação do povo, o governo não será nunca um governo constitucional, mas governo de fato dissimulado em aparências constitucionais e/ou sem essas aparências" (*idem, ibidem*, p. 177-8). Registremos aqui a ideia de "aparências constitucionais", pois ela ganha vida e importância analítica para o caso histórico brasileiro. Isso porque, como indicamos, Faoro sugere um permanente desencontro entre forma jurídica e natureza do poder político no país, de modo que a conjugação entre essas duas dimensões, quando efetivamente distintas (por exemplo, o Segundo Reinado), só pode ocorrer pelas "aparências".

No que se refere ao golpe militar de 1964, o Presidente da República foi afastado de seu cargo, que foi entregue ao seu imediato sucessor legal, o presidente da Câmara dos Deputados. A impressão inicial era semelhante a causada pela tentativa de golpe de 1954 e 1961, de modo que ela se "resumiria na mera substituição do corpo dirigente, sem mudança estrutural" (*idem, ibidem*, p. 179).

No entanto, o desenrolar foi outro. A Constituição de 1946 parecia não contemplar as mudanças que estavam surgindo no país, precisamente nos aspectos sociais e políticos. Assim, a crise era sinônimo de um "esgotamento institucional": "Realidades novas e emergentes não encontravam expressão no texto constitucional, liberal na essência, mas restrito na perspectiva democrática, inibidor da equação dos conflitos operários e restritivo nas possiblidades de viabilizar reformas de ordem social e econômica" (*idem, ibidem*, p. 180). A carta de 1946 ainda tinha outro problema: desejando ser o negativo da anterior, ela foi redigida de tal modo que o Presidente da República tinha poucos poderes. Assim, o Congresso "tornou-se foro real do jogo político, fragmentado, entretanto, em correntes partidárias incapazes de constituir uma maioria homogênea" (*idem, ibidem*).

Nesta tensão institucional houve o Golpe de 1964, que só teve seus objetivos clarificados com o Ato Institucional n.1. Aliás, este documento comporta um "traço característico": o Poder Constituinte era deslocado do povo (Art. 1ª da Constituição de 1946) para a revolução,[54] nome adotado pelo movimento. Um trecho do referido documento afirma:

> A revolução vitoriosa se investe no exercício do Poder Constituinte. Este se manifesta pela eleição popular ou pela revolução. Esta é a forma mais expressiva e mais radical do Poder Constituinte. Assim, a revolução vitoriosa, como Poder Constituinte, se legitima por si mesma. Ela destitui o governo anterior e tem a capacidade de constituir o novo governo. Nela se contém a força normativa, inerente ao Poder Constituinte. Ela edita normas jurídicas sem que nisto seja limitada pela normatividade anterior à sua vitória. Os Chefes da revolução vitoriosa, graças à ação das Forças Armadas e ao apoio inequívoco da Nação, representam o Povo e em seu nome exercem o Poder Constituinte, de que o Povo é o único titular. (AI-1, 1964)[55]

Ou seja, em nome do povo, o Poder Constituinte foi exercido pelos militares que, por terem feito a revolução, que se legitimaria por si mesma, auto-proclamavam-se expressão da vontade nacional. Assim, poderiam editar novas regras sem recorrer à normatividade anterior. Ganha força, dessa maneira, a tese faoriana sobre a constante usurpação da soberania pela camada dirigente, com uma diferença: "Não pro-

---

54 Lê-se no AI-1: "A revolução se distingue de outros movimentos armados pelo fato de que nela se traduz, não o interesse e a vontade de um grupo, mas o interesse e a vontade da Nação."

55 Fonte: http://www.acervoditadura.rs.gov.br/legislacao_2.htm

Os dilemas do patrimonialismo brasileiro 141

metia a revolução, ao contrário dos precedentes históricos brasileiros, outro ato legitimatório subsequente, fundado na convocação popular, senão que se considerava completa e definitiva pelo fato de sua vitória" (FAORO, 2007, p. 181).

Outra tese invocada era a ideia de que apenas as revoluções vitoriosas poderiam convocar assembleias constituintes: "Na verdade, sempre que há crise ou o colapso de uma ordem constitucional, ela só se recompõe pela deliberação constituinte – a deliberação constituinte do povo, se democrático o sistema a instituir" (*idem, ibidem*). Por exemplo, a constituinte de 1823, que foi convocada *antes da Independência*, com o objetivo de enfrentar a crise e estabelecer a transição. Assim, na formulação de Faoro, as revoluções que se pretendem legitimamente democráticas não poderiam abrir mão da Assembleia Constituinte, que seria precisamente o meio democrático que, simultaneamente, ofereceria os meios para limitar e controlar o poder. Neste sentido, acabaria por dar forma jurídica ao poder, com o intuito, aliás, de se evitar outra ruptura revolucionária (*idem, ibidem*, p. 181-2). Para Faoro, a chave do regime de 1964 foi a ideia de que a revolução pudesse assumir para si o Poder Constituinte, o que vai em sentido contrário ao da legitimidade democrática.

Em resumo interpretativo sobre o conjunto de fatos ensejados pelo golpe, afirma Faoro:

> Houve, *na realidade*, a substituição dos dirigentes políticos, com a mudança das regras do esquema de comando, sem transformação social ou econômica. Sua nota de atuação se traduziu pela autonomia de um segmento político dominante – um estamento e uma elite – que, de cima para baixo, procurou, em nome da segurança nacional, modernizar a estrutura do país, moldando-a dentro de padrões conservadores. De qualquer sorte, inegável e declarado foi o deslocamento do titular do Poder Constituinte, *apropriado em favor de uma*

camada dirigente, ou pretensamente tal, justificada em si mesma, sem prestar contas ao povo, alheio a qualquer responsabilidade perante a nação. (*idem, ibidem*, p. 182-3, grifo nosso)

Neste sentido, observa-se que o Golpe Militar de 1964 seria mais um capítulo da mistificação do poder político brasileiro, alegando sua constitucionalidade, apenas aparente, pela usurpação da soberania. De outro lado, o autor assinala que não é de toda revolução que surge a partir do que ele chama de "grupo constituinte"; também seria um equívoco entender a suspensão da constituição com o Poder Constituinte. Numa definição de revolução:

> A revolução é um ato antijurídico contra o direito positivo e instituído no país, ferindo o ordenamento estatal vigente. De outro lado, leva, dentro de si, um direito próprio, em germe, originário, em busca de definição e consolidação. [...]. Entre a infração à ordem vigorante e o estabelecimento da ordem nova existe um período provisório e, frequentemente, instável, que muda de leito, até que se defina em nova constituição, assim entendida aquela fixada e ordenada pelo Poder Constituinte do povo. (*idem, ibidem*, p. 183)

Faoro assinala ainda que não basta uma "aquiescência passiva ou induzida" do poder revolucionário pelo povo; tampouco os plebiscitos, "expediente grosseiramente utilizado pelas ditaduras para se perpetuarem no poder". Essa medida, aliás, não legitima o grupo revolucionário, que só pode sê-lo com a constituição; na falta dela, tão somente estenderia sua provisoriedade. "Ao *ato constituinte* – a quebra da ordem constitucional com a pretensão de se legitimar em uma constituição – falta o traço essencial do constitucionalismo, o controle do poder por meio de mecanismos aceitos, pactuados ou consentidos pela soberania popular, base de toda democracia" (*idem, ibidem*, p. 184).

Os dilemas do patrimonialismo brasileiro   143

A discussão sobre o caráter do constitucionalismo e do liberalismo brasileiro continua em *Existe um pensamento político brasileiro?*, que talvez seja o texto que mais explicitamente se conecte a *Os donos do poder*. Isso por duas razões principais: a primeira é a discussão sobre a própria existência de uma cultura brasileira, que já havia sido negada no livro; a segunda é devido à discussão detida que é feita sobre a evolução política e ideológica de Portugal. Segundo nosso entendimento, o maior interesse reside na primeira tese e nos seus desdobramentos, embora a segunda dimensão também tenha sido fundamental, aos olhos de nosso autor, para a formação do caráter do nosso liberalismo.

Cumpre destacar o sentido do texto. Se uma das perspectivas que estamos defendendo é sustentável, a de que Faoro, pela própria maneira que usa o conceito de patrimonialismo, fornece uma explicação *política* sobre o país, fica mais claro o porquê da discussão levantada logo no título do texto. Também é interessante observar que a discussão remete para outro lado, aparentemente alheio, que é o da cópia de ideias e instituições estrangeiras. No entanto, veremos que há uma conexão entre os pontos.

O pensamento político, segundo Faoro, se distingue da filosofia política, que procura "apenas" a "verdade", sendo constituída de puro *logos* - e, portanto não tem como referência a ação política -; ao mesmo tempo, também não se reduz à ideologia, que se preocuparia mais com a eficácia das ideias. O pensamento político não sistematiza, formula ou estrutura a política. Com efeito, o espaço do pensamento político é o da *praxis* política, que não é o mesmo da ciência, da filosofia, nem da ideologia. (Cf. FAORO, 1987, p. 12).

A primeira característica do pensamento político, enquanto ocupado com a *praxis*, é a sua própria natureza de *informulação*.[56] Isso

---

56 "O *logos* – a filosofia política, a ciência política, as ideologias – transita, pode ser exportado e catalogado, comunica-se, frequenta os livros e os discursos. Expressa-se

ocorre principalmente pela forma como se realiza, que é a *práxis*, por sua vez realizada mediante a reflexão, o *logos*. Ou seja, a preocupação do pensamento político é a *ação política*, tomando partido e se propondo a direcionar as condutas em determinado sentido. Neste ponto, há uma contraposição que pode nos auxiliar na compreensão do pensamento político. Para Faoro, "o *logos* político é, desta forma, não o prefácio, mas o pós-escrito da atividade política, como experiência" (*idem, ibidem*, p. 13). Faoro também afirma que a existência de um pensamento político só pode ocorrer dentro de um quadro cultural autônomo, que lhe daria ensejo. Como vimos n'*Os donos do poder*, Faoro nega a existência de uma cultura brasileira. Compreende-se o argumento: moldado pelo estamento burocrático lusitano, que logrou se transferir material e ideologicamente para o país, o Brasil teria sido formado por uma cultura estrangeira, da qual se serviu para se pensar politicamente. Note-se o caráter duplamente estrangeiro do estamento burocrático: de um lado, sua origem é lusitana; de outro, ele também não se conecta organicamente com a sociedade, e por isso pode ser apontado como "estrangeiro" em relação a ela. É como se usássemos o pensamento político de outrem para nos pensarmos. Ora, se o pensamento político só se realiza na *práxis*, o desencontro entre o pensamento externo e a realidade brasileira é decisivo, podendo, no limite, impedir a reflexão do país sobre si.

Concretamente, o liberalismo tem aí papel decisivo, porque foi a ideologia das emancipações nacionais, tendo como linha de frente as ideias de limitação do poder, soberania popular, garantia de direitos e etc. Mas seria esse o núcleo animador do liberalismo português? A

---

em proposições enunciativas, escritos nos livros e nos discursos: é um saber formulado. O pensamento político, entretanto, como ação, como atividade concentrada, não se confunde com o exercício de fornadas intelectuais, como exercício retórico" (FAORO, 1987, p. 13).

Os dilemas do patrimonialismo brasileiro   145

questão é decisiva porque é este liberalismo que prevalecerá no Brasil no período do pós-Independência. Portanto, é o conjunto de ideias que nos fundou.[57] No momento da Independência, duas correntes políticas se encontraram: a emancipacionista, de ideologia liberal, e a reacionária, que se *travestia* de liberal. Compreendamos cada uma delas. O primeiro liberalismo, o emancipacionista, era esposado pelos brasileiros donos de terras e pelos intelectuais (padres e letrados), principalmente os do Norte do país, então prósperos e vítimas dos arranjos coloniais. Sua emergência no cenário político formou um ciclo, que passou pela Inconfidência Mineira (1789), pela repressão do Rio de Janeiro (1794) e pela Revolução dos Alfaites na Bahia (1798), chegando até as insurreições regenciais. Faoro é muito claro quando afirma que "é hora de insistir na quebra da falácia do reacionarismo dos produtores, da propriedade agrícola [...]" (*idem, ibidem*, p. 36). Para nosso autor, esses são os agentes sociais que poderiam, naquele período, emancipar o país. Ao mesmo tempo, eram os portadores da possibilidade de um pensamento político nacional. Como diz Faoro:

> [...] o elemento nacional está no sentido certo: não se trata de um pensamento nacional, de um país como Nação, mas como núcleos não-homogêneos, com um projeto – apenas como projeto nacional. As circunstâncias – a dissolução do sistema colonial – teriam configurado as bases de uma consciência histórica, estamental e virtualmente de classe, sem que se possa configurar uma situação revolucionária, pelo menos no seu momento inicial, pela ausência de projeto. Mas o quadro é um conjunto de *possibilidades* num processo difuso. Trata-se de uma *consciência possível* [...]. A *consciência possível* não atinge a realização na *consciência real*. Explica-se, com isso, que a filo-

---

57 O que nos remete à problemática clássica da teoria política moderna sobre as fundações virtuosas de um Estado ou de uma sociedade. Um exemplo é a análise de Tocqueville em *A democracia na América*.

sofia política, livrescamente adotada, e a ideologia, perfilhada dogmaticamente, não se convertem na *práxis*, no efetivo fazer, realizar e transformar, mas em verbalismo desligado da realidade. (*idem, ibidem*, p. 35, grifo do autor)

Já o segundo liberalismo, chamado por Faoro também de "liberalismo oficial", era defendido pelos burocratas e comerciantes. Sua raiz era o liberalismo da Revolução do Porto de 1820, que pouco tinha a ver com os ideais emancipacionistas da Revolução Francesa e tinha claras intenções recolonizadoras.[58] Ele descenderia da mesma linha do mercantilismo ilustrado de Pombal, passando por José Bonifácio e Azeredo Coutinho. Numa palavra: era a ideologia do estamento burocrático.[59]

É importante notar que, para Faoro, a vinda da Família Real em 1808 acabou por obstruir o liberalismo brasileiro. As medidas liberalizantes da Coroa desligaram a causa nacional da causa liberal, fazendo a bandeira da "esquerda" liberal ser esposada pela "direita". Dataria daí a irrealização do pensamento liberal, posto que as reformas lograram manter o núcleo "neopombalino" do Estado.

Qual o resultado deste choque? Uma transação, ditada pelo posicionamento dos reacionários, baseada no liberalismo da Revolução do Porto de 1820. O exemplo mais forte da vitória do "liberalismo oficial" foi a permanência da dinastia bragantina na direção do país. Contudo, o liberalismo nacional permaneceu vivo, embora não dominante, emergindo sempre que um momento de crise afetou a dominação política vigente.

---

58 "Neste ponto, a Revolução Portuguesa que se propagou no Brasil e aqui foi sustentada pelo exército português, mostrava sua face não-exportável. Os interesses dos produtores brasileiros eram adversos aos negociantes portugueses [...]. O Liberalismo daqui era oposto ao Liberalismo de além-mar" (FAORO, 1987, p. 50).

59 Curiosamente, Faoro não usa o termo "estamento burocrático" em *Existe um pensamento político brasileiro?*, mas o sentido de sua formulação é este.

Os dilemas do patrimonialismo brasileiro   147

A ênfase do liberalismo vencedor era menos nos direitos dos cidadãos do que no sistema constitucional garantidor do Estado. Logra, também, cindir Liberalismo e Democracia. Daí a influência do liberalismo francês da Restauração, especialmente de Constant, Stael e Guizot, que proclamam o liberalismo despindo-o do seu caráter democrático. A combinação de todos estes elementos resultou no fechamento de um ciclo: "o absolutismo reformista assume, com o rótulo, o Liberalismo vigente, oficial, o qual em nome do Liberalismo, desqualificou os liberais" (*idem, ibidem*, p. 54). O custo desta derrota histórica teria sido alto.

> A ausência de Liberalismo [...] estagnou o movimento político, impedindo que, ao se desenvolver, abrigasse a emancipação como classe da indústria nacional. Seu impacto revelaria uma *classe*, retirando-a da névoa estamental na qual se enredou [...]. O Liberalismo, ao se desenvolver autenticamente, poderia, ao sair da crisálida da *consciência possível*, ampliar o campo democrático, que lhe é conexo, mas pode ser-lhe antagônico. Por meio da representação nacional – que é necessária ao Liberalismo – amplia-se o território democrático e participativo, conservando ao superar, o núcleo liberal [...]. O socialismo, numa fase mais recente, partiria de um patamar democrático, de base liberal, como valor permanente e não meramente instrumental. (*idem, ibidem*, p. 55, grifos do autor)

Em poucas palavras: o bloqueio ao liberalismo emancipacionista não permitiu que se atingisse a consciência real, preso que ficou à consciência possível. Essa derrota implicou não só na não formação de uma classe, potencialmente emancipadora, mas também impediu a formação de um pensamento político. Além disso, e talvez este seja o ponto principal, não se fortaleceu o "território democrático e participativo", que Faoro vê como condição necessária para a possibilidade do socialismo, fruto possível de uma mistura positiva entre liberalismo e democracia. Neste sentido, convém retomar as observações feitas em

A *assembleia constituinte* sobre o caráter emancipador do liberalismo político em sua relação com a democracia que, combinados, poderiam levar ao estágio socialista (Cf. FAORO, 1987).

Na mesma linha do liberalismo vencedor, o da transação, as modernizações também são ferramentas que possibilitam a manutenção do poder da camada dirigente. Aliás, como se viu, o neopombalismo, de caráter modernizador e não moderno, foi chave para a obstrução do liberalismo emancipacionista. Este é o objeto de estudo de Faoro no texto *A questão nacional: a modernização*. Neste texto, Faoro contrapõe modernização e modernidade, retomando a crítica feita n' *Os donos do poder* no que se refere ao desenvolvimento capitalista brasileiro. A despeito da semelhança entre as palavras modernidade e modernização, que leva frequentemente o senso comum a confundi-las, elas têm, para Faoro, sentidos muito diferentes, e mesmo opostos. Segundo nosso autor, a modernidade é um processo que compromete "toda a sociedade, ampliando o raio de expansão de todas as classes, revitalizando e removendo seus papéis sociais", enquanto a modernização, "pelo seu toque voluntário, se não voluntarista, chega à sociedade por meio de um grupo condutor, que, privilegiando-se, privilegia os setores dominantes." (FAORO, 1992, p. 8). De um ângulo, observemos que a modernidade surge das classes sociais, comprometendo toda a sociedade; a modernização, ao contrário, vem de cima, das camadas dominantes. De outro ângulo, a modernidade aparece como um processo natural, apenas coordenado e organizado pelas camadas dirigentes, enquanto a modernização é conduzida e promovida de modo voluntarista. É neste sentido que Faoro formula a ideia de "lei natural do desenvolvimento", que é seguida pela modernidade e não pela modernização. "Sem a impureza positivista, que está na ideia de lei, existe aqui um eco hegeliano – o desenvolvimento como devenir, como atualização – que nega a

Os dilemas do patrimonialismo brasileiro   149

hipótese do encadeamento regressivo de modernizações e da própria modernização como via de desenvolvimento" (*idem, ibidem*).[60] A modernização tem muitos nomes e é prevista em várias teorias: ocidentalização, europeização, revolução passiva, via prussiana, revolução pelo alto, todos elas ocorridas em determinadas situações históricas, com o objetivo de, voluntariamente, suplantar o atraso. Os exemplos explorados pelo autor são o de Pedro, o Grande, e do Marquês de Pombal. Vamos nos ater apenas ao último, não só por se referir ao caso português, que é de nosso interesse direto, mas também pela economia textual.

Pombal tentou acabar com a Escolástica e implantar o Iluminismo em Portugal. A mesma ideia de atualização sócio-histórica, o mesmo "espírito pombalino", esteve presente, segundo Faoro, em todas as modernizações brasileiras, com destaques para a vinda da Corte portuguesa, para a Independência, para as modernizações imperiais, para as republicanas, como a médica e urbanística ocorridas no Rio de Janeiro. O processo culmina em 1937 e 1964, ambos frutos do "positivismo pombalista". Como sustenta Faoro, "em ambos os momentos, o estamento militar, em rearticulação, no primeiro tempo, a ponto de aceitar um líder civil, dispondo de sua presença e de sua queda, proclamou-se modernizador, reformador, com o progresso dentro da ordem" (*idem, ibidem*, p. 16).[61] Daí se vê, aliás, que a própria constituição do estamento burocrático se altera ao longo do tempo (com a entrada

---

60 Na entrevista concedida à Jair Santos Júnior (FAORO; SANTOS JÚNIOR, 2009), Faoro comenta sobre a influência de Hegel no período no qual escreveu a segunda edição d'*Os donos do poder*, além das discussões sobre o filósofo alemão com Sérgio Buarque de Holanda (inclusive sobre a noção de patrimonialismo, que estaria também presente na obra do autor da *Fenomenologia do Espírito*). Não temos condições de explorar a possível conexão, mas não deixa de estar aí um objeto de pesquisa promissor.

61 A nota curiosa é que o período de Juscelino Kubitschek é visto como um tempo com "febre de modernidade" e não de modernização.

dos militares no círculo do poder), o que, por sua vez, impacta na própria forma dos processos modernizadores, tal como argumentado por Faoro em *Os donos do poder*.

Neste texto de 1992, Faoro volta a tematizar aquela industrialização que seria moderna, ocorrida em São Paulo. Ela teria ocorrido devido à aliança entre três figuras: o burguês, o fazendeiro e o banqueiro. Novamente, a tese de Warren Dean é invocada como aquela que sustenta esse argumento.

Enfim, modernização e modernidade constituem "pautas duplas" que, apesar da oposição, não se ligam diretamente numa contradição e isso faz com que não haja necessária superação dialética. O resultado, assim, é a conciliação e a acomodação, num quadro "sem afirmações e sem negações". Outro traço fundamental, subjacente ao argumento, mas ainda não explicitado, é que nas modernizações ocorre a cisão entre ideologia e sociedade. Enquanto a modernização se vale da primeira, a modernidade se baseia na segunda, que constrói a sua ideologia.

Daí se compreende a interpretação de Faoro sobre o neoliberalismo (FAORO, 1992; 1993), que é visto como uma modernização, não mais pombalista-positivista, mas sim uma "modernização neoliberal". Contudo, essa modernização continuaria seguindo a linha dominante no liberalismo brasileiro, pois "o Liberalismo, em toda a parte uma ideologia da sociedade civil, seria aqui uma ideologia do Estado para a sociedade civil, que recebe as diretrizes do tipo de Estado que pode criar" (FAORO, 1992, p. 20). No mesmo sentido, num texto do ano seguinte, dirá o autor que o neoliberalismo foi importado por "decreto" e que é um "liberalismo que não se nutre da sociedade, mas da ideologia" (FAORO, 1993, p. 26).

Vê-se uma repetição, o liberalismo de Estado, entre o período que Faoro escreveu o texto, 1992, e o liberalismo vigente em 1822, no chamado "liberalismo de transação". Esta é a nossa "viagem redonda", na

Os dilemas do patrimonialismo brasileiro   151

qual as circunstâncias se repetem; e como se repetem mais que duas vezes, o número de farsas é muito maior e a luta contra os espectros, que parecem ser o que não são, é dificultada. Isso sem falar nas dificuldades analíticas que tais desacertos impõem aquele que se debruça sobre nossa vida política e ideológica.

Não custa sintetizar o argumento faoriano sobre a natureza do liberalismo brasileiro, não só pela centralidade que Faoro lhe confere do ponto de vista histórico, mas também porque importa para a discussão normativa que faremos adiante, no capítulo dedicado às utopias políticas dos autores.

Segundo o nosso ponto de vista, o ponto de virada do argumento faoriano sobre a má formação nacional é a vinda da Família Real para o Brasil em 1808. Por quê? Porque, até então, havia a conexão entre o liberalismo político, de raiz democrática, e o liberalismo econômico. A causa nacional foi desligada da causa liberal, de raiz econômica. O problema é que, naquele momento, o liberalismo, para ser realizado, dependia das duas bandeiras, a política e a econômica, que se contradizeriam no futuro, mas não naquele momento. É como se a contradição entre o liberalismo político e o econômico fosse o próximo passo, que viria à tona depois de realizada a emancipação nacional. Contudo, o passo foi abortado pela modernização da Coroa, implementando a abertura dos portos.

A mudança teria sido total e teria marcado todo o resto do desenvolvimento político brasileiro. De um lado, o liberalismo econômico teria passado a se conectar com o liberalismo de Estado que, no limite, seria um absolutismo travestido de liberalismo; de outro, o liberalismo político se desbaratina, perdendo parte de sua bandeira e de sua base social. Assim, a primeira parte do resultado é a conjugação da burguesia comercial com a burocracia estatal e o capital estrangeiro, numa repetição, aliás, daquela aliança que sustentava o regime português desde sua fundação. A outra parte é a frustração do liberalismo que teve seu movimento interrompido, constituindo-se numa corrente subterrânea que, apesar de existente, parece ter perdido o "bonde da história". O seu fracasso corresponde ao déficit democrático do país, bem como a fraqueza da sociedade civil perante a aliança sobranceira poderosa.

Nos termos filosóficos de 1986, a frustração da corrente liberal--democrática impede a transformação da consciência possível na consciência real, transformação só possível a partir do momento de realização do pensamento político liberal, que continua em potência. Esse bloqueio, causado pelo sucesso da ordem patrimonial modernizadora, impede, inclusive, o surgimento da possibilidade, por assim dizer, "concreta" de novas utopias, como o socialismo.

Considerações sobre o capítulo: as críticas a Faoro

As críticas à interpretação do Brasil formulada por Faoro, especialmente com referência à sua identificação do predomínio de um patrimonialismo estatista em nossa sociedade, podem ajudar a esclarecer as forças e as fraquezas de sua análise. Vamos, então, sumarizar algumas delas.

A primeira delas, e que se desdobra em várias linhas, é a essencialização do estamento burocrático e do domínio patrimonial ao longo da história luso-brasileira. Além do custo historiográfico de "torcer a história" para que ela caiba num esquema explicativo imutável, a tese também teria o defeito de não explicitar quem, exatamente, seriam aqueles que compõem o famigerado estamento burocrático (IGLESIAS, 2009). Faoro até chegaria a definir conceitualmente o que é o estamento burocrático, mas não esclareceria quem são seus componentes. Vale observar que numa perspectiva diferente, há quem afirme que, na verdade, Faoro argumentaria que as relações estamentais burocráticas são mais típicas ideais, *formais*, do que propriamente reais.

Os dilemas do patrimonialismo brasileiro   153

Noutros termos: Faoro descreveria um modo de relação entre o poder político e a sociedade (BARRETO, 1995).

No mesmo sentido, Werneck Vianna (1999) afirma que essa essencialização do estamento burocrático e do domínio patrimonial não permitiria Faoro atentar para o "mundo agrário" e tudo que ele envolve. Por isso, aliás, o autor de *Os donos do poder* não tocaria num assunto clássico sobre a formação social do país, o exclusivo agrário.

Além disso, existem aqueles que sustentam que Faoro seria um epígono da nossa "sociologia da inautenticidade" (SOUZA, 2000). Segundo essa perspectiva, Faoro acabaria explicando o desenvolvimento histórico-político luso-brasileiro mais pautado pela frustração de não sermos tipicamente ocidentais e modernos do que pelo que realmente somos. Assim, *Os donos do poder* nos ofereceria uma "explicação negativa" sobre o país, impedindo a reflexão do país sobre si mesmo, numa espécie de bloqueio mental, dada a nossa prisão aos valores e ideias estrangeiros.

Por outro lado, existem aqueles que reprovam o uso que Faoro faz da sociologia da dominação weberiana, principalmente no que se refere aos conceitos de patrimonialismo e estamento. Nesta perspectiva, Campante (2003) observa que o uso do conceito de "patrimonialismo" tal como manejado por Faoro tem duas consequências: a diminuição do papel do senhoriato rural na política nacional e o equívoco em relação ao conceito propriamente dito, pois assumir algum grau de descentralização ou fraqueza do poder central "não desqualifica, em absoluto, uma caracterização patrimonialista do poder no Brasil." (CAMPANTE, 2003, p. 160).

No que se refere ao uso do conceito de estamento, Faoro novamente desviaria da norma weberiana, pois o sociólogo alemão usa o conceito no plural, enquanto Faoro o faz no singular. Seria outro equívoco de Faoro, que teria compreendido que estamento é "um grupo social" e não um "tipo de grupo social". Numa comparação, Campante afirma que é como se Marx falasse de "a classe burguesa ou a classe operária" (*idem, ibidem*, p. 163). Segundo a análise de Campante, os dois equívocos teriam consequências para a análise faoriana.

No geral, pensamos que existem razões para as críticas expostas. Com efeito, a questão agrária, como a escravatura, não tem um grande espaço na explicação faoriana e, como ambos são traços fundamentais de nossa má formação social, elas acusam lacunas em tal explicação.

Com relação à definição de quem pertenceria ao estamento burocrático, também nos parece que existem lacunas, embora tenhamos nos esforçado, em nossa exposição anterior, em indicar os momentos no quais Faoro se debruça sobre esse tópico. A alternativa de Kátia Barreto (1995) parece interessante, mas, segundo a nossa leitura, encontra pouca plausibilidade nas análises faorianas, porque estas, ao contrário das feitas por Weber, não são formais. Em outros termos, o argumento de Barreto implicaria num Faoro mais weberiano do que pensamos que ele seja. Aliás, apesar de reconhecer a inspiração weberiana, Faoro não deixa de assinalar as diferenças entre a sua perspectiva e os postulados do sociólogo alemão.

Por outro lado, as críticas sobre a "inautenticidade" e os equívocos teóricos nos parecem menos relevantes. A primeira porque, se lida com atenção, pode-se encontrar na obra de Faoro um diagnóstico sobre o nosso acesso patológico ao moderno. Neste ponto, pouco importa, do ponto de vista do argumento, se o autor se atenta para nossa originalidade ou não. O que importa saber é: a "explicação" do Brasil de Faoro ajuda, ou não, a pensar sobre alguns de nossos dilemas? Além disso, a crítica parece se ater mais às consequências da análise, o que não é tão óbvio e claro como ela sugere, do que ao próprio argumento mobilizado por Faoro.

Os dilemas do patrimonialismo brasileiro 155

No que se refere aos "erros" do autor, pode até mesmo ser que exista alguma incompreensão de Faoro sobre a obra de Weber. Contudo, não nos parece interessante ressaltar o ponto, que se atém mais à fidelidade teórica do que à veracidade da análise. Faoro poderia ser mais weberiano, e poderia, ao mesmo tempo, estar (mais) equivocado. A métrica da análise do pensamento que nos parece mais interessante é justamente a oposta, ressaltar a originalidade do uso de autores clássicos, inclusive os combinando, para produzir teorias e diagnósticos sofisticados. Aliás, como esperamos ter indicado, esse pode ter sido o caso de Faoro, que parece ter mobilizado parte do que há de melhor na teoria política moderna para construir uma narrativa histórica do país a partir do conceito de "liberdade política".

De qualquer modo, a questão da "inautenticidade", que também se relaciona ao "pessimismo" do autor, uma vez que indica a nossa inferioridade perante a norma ocidental, será melhor analisada no capítulo III.

SIMON SCHWARTZMAN E O NEOPATRIMONIALISMO BRASILEIRO[1]

Este capítulo pretende analisar o papel que o conceito de patrimonialismo tem na reflexão de Simon Schwartzman sobre o desenvolvimento histórico-político brasileiro. É a partir dele que tentaremos compreender a articulação teórica que Schwartzman opera, principalmente, em *Bases do autoritarismo brasileiro*. Tomaremos esse livro como foco de nossa análise porque é nele que o autor desenvolve, com mais detalhes, a sua interpretação da história política nacional.

Tal justificativa se baseia numa resposta à seguinte questão: *São Paulo e o Estado nacional* e *Bases do autoritarismo brasileiro* são o mesmo trabalho ou não? A questão se coloca devido à proximidade dos dois livros. Schwartzman afirma que *Bases* é um reexame aprofundado

---

1 Trechos deste capítulo foram apresentados como artigo no IV Seminário Discente da Pós-Graduação em Ciência Política da Universidade de São Paulo. O artigo é intitulado "O conceito de patrimonialismo na obra de Simon Schwartzman"

das teses de *São Paulo* (SCHWARTZMAN, 1988, p. 9), cuja origem é a tese de doutorado do autor. Embora esclarecedora, a afirmação não resolve a pergunta. Nota-se, na comparação entre as obras, que tanto os problemas, como os objetivos dos livros, além das teses centrais, *são os mesmos*. Ou seja, não seria exagero afirmar que *São Paulo* e *Bases* são, basicamente, o mesmo trabalho.[2]

Não deixa de ser curioso que problema semelhante pode ter-se colocado para Raymundo Faoro quando do lançamento da segunda edição de *Os donos do poder*. O jurista gaúcho fez uma opção diferente da feita pelo sociólogo mineiro ao decidir manter o mesmo título de seu principal livro depois de reeditá-lo consideravelmente modificado.[3]

De qualquer modo, convém compreender o contexto no qual sua obra foi produzida, pois pode clarificar o porquê do livro e os instrumentos teóricos nela utilizados. É o que faremos na primeira seção deste texto. Na seguinte, analisaremos o arcabouço teórico do livro, o que nos remete tanto ao "ambiente intelectual" no qual o livro foi escrito, originalmente a tese defendida por Schwarztman na Universidade da Califórnia/Berkeley, como também abrirá caminho para o próximo tópico, no qual exploraremos como o autor analisou a formação das regiões brasileiras e o desenvolvimento histórico-político nacional a partir do conceito de patrimonialismo, que é também o problema que sustente as "bases do autoritarismo brasileiro". Na quarta seção,

---

2 Gabriel Cohn (1982) faz duras críticas ao fato: " O presente livro muito pouco mais é do que uma reedição revista e ampliada de *São Paulo e o Estado Nacional*. Ou seja, um trabalho com propósitos limitados ainda que significativos vê-se transformado em obra sobre problema incomensuravelmente mais amplo e complexo, com pouco mais que alguns remanejamentos do texto original e algumas referências à bibliografia posterior à 1974. *De substantivo mesmo, só duas alterações são detectáveis: a ampliação da seção sobre o conceito de "patrimonialismo" [...] e a substituição da parte final do livro de 1975 por texto extraído de artigo publicado, em 1977 na revista Dados sobre "As eleições e o problema institucional"* (COHN, 1982, p. 1, grifo nosso)

3 A comparação entre as escolhas de Schwartzman e Faoro foi sugerida pela resenha de Gabriel Cohn (1982).

Os dilemas do patrimonialismo brasileiro   159

estudaremos como Schwartzman interpreta o processo de desenvolvimento econômico do país, tentando compreender como foi que este processo se conectou ao ponto anterior, mas também como esclarece a ideia da permanência e do reforço de uma estrutura política (neo)patrimonialista. Depois, analisaremos o período imediatamente anterior ao golpe militar de 1964, observando como esses anos se conectam à explicação que Schwartzman oferece para a história política nacional, o que nos remete às possibilidades de superação da ordem neopatrimonial, segundo a ótica do autor.

O contexto teórico de elaboração de *São Paulo e o Estado Nacional* e *Bases do autoritarismo brasileiro*: a institucionalização da ciência política brasileira

Houve no Brasil uma conjunção histórica entre o período autoritário (1964-1985) e a institucionalização (tardia) das Ciências Sociais. Se é certo que havia neste campo intelectual, já antes do golpe de Estado, alguma vida intelectual institucionalizada no país, representada, por exemplo, pela Universidade de São Paulo (USP) e pelo Instituto Superior de Estudos Brasileiros (ISEB), também é certo que os anos 1960 e 1970 são chaves para o fortalecimento desse processo. Observa-se que o fato não deixa de ser um aparente paradoxo com o contexto autoritário do período, pois regimes desse tipo têm, normalmente, aversão à reflexão crítica que pode surgir das universidades.

Uma chave para a compreensão deste (aparente) paradoxo pode ser o impulso modernizador da ditadura militar brasileira e a inserção subordinada que ela ditava ao país na ordem internacional. Um exemplo disso foi a participação-chave da Fundação Ford no estabelecimento do campo das Ciências Sociais no Brasil. Contudo, dizer isso talvez seja dizer pouco, pois é preciso compreender como esta interação impactou na forma de reflexões das Ciências Sociais no país. Deste ponto de vista, vale observar que:

> A doutrina oficiosa da Fundação Ford sobre o desenvolvimento na década de 1960 baseava-se numa equação convencional, que envolvia crescimento econômico, avanço tecnológico e competência gerencial, consequentemente vendo as Ciências Sociais quase exclusivamente segundo uma ótica instrumental, buscando uma ligação automática entre os seus resultados e a imediata formulação de políticas governamentais [...]. (MICELI, 1993, p. 43)

Do ângulo da constituição material das instituições, Sérgio Miceli mostra a importância do financiamento da Fundação Ford para o estabelecimento de importantes instituições acadêmicas no país, destacando-se, com base no volume de recursos doados, o Centro Brasileiro de Análise e Planejamento (CEBRAP), o Instituto Universitário de Pesquisas do Rio de Janeiro (IUPERJ) e o Museu Nacional (Universidade Federal do Rio de Janeiro-UFRJ) (Cf. MICELI, 1990, p. 72). No mesmo sentido, vale ressaltar o financiamento fornecido pela Fundação Ford a alguns jovens cientistas sociais brasileiros para realização de cursos de pós-graduações no exterior. No campo da ciência política, o destaque vai para o grupo "mineiro-carioca", que teve papel importante na defesa da autonomização do político em relação a outros fenômenos sociais, de modo que não é difícil constatar sua oposição ao que se costuma chamar de "escola sociológica paulista" (Cf. FORJAZ, 1997; BASTOS, 2002).[4] Mais preci-

---

4 É importante observar a existência prévia de um tipo de ciências sociais, mais "aplicáveis", no estado de Minas Gerais (Cf. ARRUDA, 1989). Neste sentido, não deixa de ser possível assinalar uma "afinidade eletiva" entre os tipos de reflexões no contexto universitário mineiro e o estadunidense e a posterior prática dos autores mencionados.

Os dilemas do patrimonialismo brasileiro 161

samente: houve intensa relação acadêmica entre o Departamento de Ciência Política da Universidade Federal de Minas Gerais (DCP – UFMG) e o Instituto Universitário de Pesquisas do Rio de Janeiro (IUPERJ), liderados, respectivamente, por Fábio Wanderley Reis e Wanderley Guilherme dos Santos. Circularam nesse circuito vários autores como Bolívar Lamounier, Simon Schwartzman, Amaury de Souza, Edmundo Campos Coelho, Olavo Brasil de Lima Júnior, Renato Boschi e José Murilo de Carvalho.

Apesar de se dedicarem a temas diferentes, o processo de formação acadêmica confere a tais autores uma característica de grupo, cujos principais aspectos são assim sintetizados por Maria Cecília Forjaz:

> Vários traços caracterizam a trajetória intelectual desse grupo de pesquisadores: a graduação no Curso de Sociologia e Política da Universidade Federal de Minas Gerais, a pós-graduação na FLACSO e nas grandes universidades americanas, o pertencimento a instituições patrocinadas pela Fundação Ford, a rejeição do marxismo como paradigma teórico, a militância política nos anos 60, a incorporação de modelos teóricos norte-americanos, mas acima de tudo o que unifica o grupo é a construção teórica da autonomia disciplinar da Ciência Política (FORJAZ, 1997, p. 6)

Observa-se que o impulso modernizador vindo do exterior colaborou para colocar, em algum sentido, as reflexões das ciências sociais brasileiras num estado de atualização e subordinação em relação aos ditames da agenda internacional, ao mesmo tempo em que alterou os recursos intelectuais disponíveis.

De outro lado, a modernização levada a cabo pela ditadura militar também colaborou para a produção de uma série de reflexões que enfatizam a importância do Estado na vida sociopolítica nacional. Neste contexto, Luiz Werneck Vianna e Maria Alice Rezende de

Carvalho (2004) observam que, na luta contra a ditadura militar nos anos 1970, a bibliografia das ciências sociais brasileiras, em caminho da institucionalização, retornou à tradição ensaísta das gerações anteriores. Esse retorno, a despeito de suas variações específicas, "continha, porém, em comum, além da angulação macro-histórica, uma indisfarçável expectativa de que, libertada a sociedade dos constrangimentos políticos que inibiam sua livre manifestação, ela seria capaz de se auto-organizar e traduzir seus interesses na linguagem da esfera pública" (WERNECK VIANNA; CARVALHO, 2004, p. 197). Nesta perspectiva, Forjaz observa que:

> aos poucos a "primazia do Estado", a "preeminência" do Estado, passaram a ser a tônica da produção sociológica e política no Brasil. E é por volta dos anos setenta que esse "estatismo" tornou-se plenamente dominante. Exatamente por essa época, tornou-se moda no Brasil estudar Gramsci, que justamente critica o determinismo econômico e busca a autonomia da esfera do político. Ou então Poulantzas, que também se tornou "estrela" do cenário nas ciências sociais "no lado de baixo do Equador" (FORJAZ, 1997, p. 5)

Neste sentido, Werneck Vianna e Carvalho (2004) citam Raymundo Faoro, Elisa Reis e Simon Schwartzman como autores que publicaram obras que refletiram o clima intelectual daquele período. Assim, é neste contexto que Simon Schwartzman produziu os argumentos que serão analisados aqui, presentes na sua tese de doutorado, *São Paulo e o Estado Nacional*, publicado em 1975, e a versão posterior do mesmo livro, que será o centro de nossa análise, *Bases do Autoritarismo Brasileiro*, que veio à luz em 1982. Assim, é possível dizer que Schwartzman "internalizou" as condições de seu contexto na sua reflexão: nela se encontram articulados, por meio do conceito de (neo) patrimonialismo, a incorporação do debate norte-americanos sobre o

Os dilemas do patrimonialismo brasileiro 163

desenvolvimento e a ênfase no papel do Estado na má formação social do país, bem como a inspiração macro-histórica a qual se referiram Werneck Vianna e Carvalho (2004). Talvez por isso o livro seja representativo do período, o que ajuda a fornecer interesse e torna o seu estudo uma questão.

O arcabouço teórico de bases: os diversos níveis do (neo)patriomonialismo brasileiro

O problema teórico central de *Bases*, e de *São Paulo*, pode ser formulado do seguinte modo: por que a evolução política brasileira não pode ser compreendida segundo o "modelo de polarização e conflito de interesses" (SCHWARTZMAN, 1988, p. 17)? Em outros termos, o conflito entre proletários e burgueses, chave histórica explicativa do Ocidente moderno, não teria o mesmo potencial esclarecedor em nossa história política. No Brasil, não haveria correspondência entre o poder político e o poder econômico, suposta nas explicações dos desenvolvimentos dos países capitalistas centrais. Assim, a questão seria entender *o porquê de não haver correlação entre o desenvolvimento econômico e poder político na história nacional*. Daí a importância dada ao caso de São Paulo, que é o estado economicamente mais poderoso e, simultaneamente, politicamente marginal.[5]

Por outro lado, e a despeito disso, o autor é claro ao dizer que não pretende oferecer uma explicação da nossa singularidade histórica. Aliás, a intenção do autor é oposta: "o objetivo é mostrar como a complexidade e a aparente singularidade política brasileira pode ser

---

5 Logo na "Apresentação" do livro, encontra-se uma afirmação que esclarece a problemática da obra: "A experiência política vivida nestes últimos anos confirma a tese de que o entendimento da vida política brasileira passa necessariamente pelas análises das contradições entre o centro econômico e mais organizado da 'sociedade civil' no país, localizado em São Paulo, e o núcleo do poder central, muito mais fixado no eixo Rio de Janeiro-Brasília" (SCHWARTZMAN, 1988, p. 9).

abordada por meio de uma perspectiva analítica genérica e razoavelmente bem articulada" (*idem, ibidem*, p. 51).

Noutros termos, de um lado, o Brasil aparece como um caso fora do padrão regular (ocidental) de explicação, o da "polarização de interesses", que parece conectado à falta do que os pensadores marxistas chamariam de "luta de classes", embora elas existam no país; de outro, a ideia do estudo era se valer das mais recentes produções da ciência política internacional para explicar o desenvolvimento histórico-político nacional. É com base nesta última ideia, relacionada com a referência à "política comparada", que Schwartzman busca confrontar, por exemplo, o desenvolvimento político brasileiro aos da Austrália e Argentina. Em outras palavras: *somos diferentes do Ocidente moderno, mas não singulares*. Observe-se, aliás, que este pensamento era comum aos autores vinculados à institucionalização universitária brasleira. A tentativa de tratar, por exemplo, a formação de nossa sociedade a partir das relações entre os nexos particulares e globais aparece, por exemplo, nos trabalhos do Seminário Marx (SCHWARZ, 1999). É claro que as semelhanças não vão mais longe, porque, como indica o próprio Schwartzman, sua teorização sobre o país, e sua avaliação positiva da obra de Faoro, pretende ser uma alternativa ao modelo do marxismo, incluso aí o uspiano.

Também interessa frisar que a hipótese de Schwartzman, como a de Faoro, é a de que a história política brasileira não pode ser explicada pelo ponto de vista que privilegia o conflito entre as classes, cujo fundamento seria econômico. Para ambos, a autonomia do fenômeno político não seria exceção, como o bonapartismo estudado por Marx (2008), mas a regra – interpretação que, como vimos com a citação de Forjaz acima, empresta sentido à institucionalização da ciência política no país. A chave explicativa que daria conta de analisar o desenvolvimento histórico político do país é o *patrimonialismo*, em contra-

Os dilemas do patrimonialismo brasileiro 165

posição ao desenvolvimento ocidental-europeu, que teve origem em sociedades *feudais*. Ou seja: o "atraso" brasileiro seria devido à vigência de um tipo *específico* de dominação tradicional, o patrimonialismo. Esta argumentação ganha importância porque Schwartzman se propõe a analisar o desenvolvimento histórico patrimonialista do país a partir de dois níveis: o *estrutural* e o *político*. O primeiro está relacionado à "maneira pela qual a sociedade se organiza para a produção, distribuição e realocação política de bens escassos" (SCHWARTZ-MAN, 1988, p. 34). O segundo corresponde ao modo pelo qual "os diferentes grupos na sociedade são ou não convocados e têm ou não têm reconhecidos seus direitos de participação no processo de decisões relativas à distribuição social da riqueza" (*idem, ibidem*).

Focalizando o nível estrutural, Schwartzman argumenta que haveria uma linha de desenvolvimento sócio-histórico, a partir da ordem social feudal, que levaria ao capitalismo moderno ocidental. O outro caminho, seguido pela colonização portuguesa e pelo Brasil independente, é o do patrimonialismo, que teria levado seus seguidores ao subdesenvolvimento, ao socialismo, ao autoritarismo e ao fascismo. Como se pode perceber, este argumento de Schwartzman é bastante próximo ao de Faoro, que também atrela ao feudalismo o surgimento do capitalismo. (Cf. WERNECK VIANNA, 1999; LESSA, 2009)

É a partir da ideia de que o patrimonialismo é uma dominação tradicional que tem como característica a centralização do poder político nas mãos do soberano, no sentido conferido ao termo por Schwartzman e Faoro, que podemos compreender a tese do autor sobre a atuação do Estado, que, tomado nessa acepção, nem sempre é representativo de algum interesse de classe. Noutros termos, aqueles que ocupam o poder do Estado podem representar a si mesmos, e daí a importância do papel social da burocracia estatal e da classe política no esquema analítico proposto em *Bases*. Assim, o autoritarismo estatal estaria ligado não ao excesso da disputa de interesses, que é a explicação clássica para esse tipo de fenômeno, denominada "polarização de interesses", *mas sim a pouca capacidade de articulação dos interesses dos grupos sociais*, que *dependem* do grupo que ocupa o poder político para acessar as suas demandas. A tese de Schwartzman indica, portanto, que o único interesse organizado no país é o dos "donos do poder", para usar os termos de Faoro.

Nesta altura, o autor insere o segundo nível de seu modelo explicativo, o político, que está relacionado ao modo como os atores e os grupos sociais participam no processo social de distribuição de riqueza. O autor contrapõe, a partir daí, a *cooptação política à representação política*. Schwartzman argumenta que o patrimonialismo brasileiro está ligado ao processo de cooptação política dos atores sociais, que dependem, por sua vez, do Estado para distribuir os recursos politicamente disponíveis. A articulação de patrimonialismo, no nível estrutural, com cooptação, no nível político, leva Schwartzman a caracterizar o sistema político brasileiro como *patrimonialismo político* (*idem, ibidem*, p. 37).

Interesssa assinalar que é preciso distinguir os diversos níveis em que este conceito aparece no livro de Simon Schwartzman, caracterizando tanto o modo de desenvolvimento histórico político do país, o chamado nível estrutural, como também o sistema resultante deste nível articulado ao nível político.

Todavia, a análise do autor não deixa de comportar tensões. Se, por um lado, afirma que nosso desenvolvimento político foi realizado a partir da dominação patrimonial, que é tradicional, por outro, *sustenta que o país não é uma sociedade tradicional*:

> O país foi, afinal de contas, colonizado por um dos principais centros de poder colonial de seu tempo e, desde a sua independência, em 1822, manteve contatos intensos com os centros econômicos e culturais mais ativos do Ocidente [...].

Os dilemas do patrimonialismo brasileiro   167

> Houve, certamente, a importação do escravo africano, mas a escravidão se concentrava justamente nos setores mais capitalizados, que eram os mais modernos do país. Desde o início do século XIX, o país transformou-se em um polo de atração de correntes migratórias internacionais, principalmente da Itália, Portugal, Espanha, Alemanha e, posteriormente, Japão. *O que temos, em síntese, é um país que se tem transformado de acordo com linhas próprias, em função do tipo de colonização que sofreu e das relações que manteve com os centros mais dinâmicos da economia internacional.* (*idem, ibidem*, grifo nosso)

Ou seja, apesar de patrimonial, o Brasil não seria um país tradicional, mas um país ligado ao Ocidente moderno, tanto por meio das influências culturais deste no país, como também por meio da sua relação de *dependência* em relação aos países de capitalismo central – tema ao qual vamos nos dedicar adiante. Daí, aliás, o conceito de "neopatrimonialismo". Neste ponto, Simon Schwartzman difere da teorização de Raymundo Faoro, para quem o Brasil é um país essencialmente tradicional, que se modernizaria para manter o domínio político das camadas arcaicas. Neste sentido, o autor concorda com a crítica – ao nosso ver, duvidosa - de Antonio Paim a Raymundo Faoro, que teria cometido o equívoco em ver o patrimonialismo político brasileiro como imutável ao longo do tempo. Por outro lado, Schwartzman também não explicita a natureza das mudanças políticas ocorridas na história do Brasil e como elas se relacionam com o conceito que privilegia. Em outras palavras, o nosso autor parece considerar que o Brasil foi administrado de maneira neopatrimonial *desde sempre*. Ou seja, a crítica que Schwartzman faz a Faoro pode ser aplicada à sua própria interpretação.

Outro ponto que o trecho citado acima deixa sugerido é que o país teria se desenvolvido "de acordo com linhas próprias", o que não deixa de entrar em tensão com o argumento de que não seria buscada a singularidade do desenvolvimento político nacional. Como veremos, o autor focará suas observações nesta problemática. A questão é que o outro lado de sua tese, a de que o país não é singular, ficará desguarnecido. Além disso, há o problema da pouca articulação do desenvolvimento brasileiro com os seus pares europeus. Neste sentido, o autor enfatiza com mais clareza, mas não com maior cuidado, a questão da dependência do que Raymundo Faoro.

De qualquer modo, é no sentido de resolver a contradição entre a ideia de patrimonialismo e uma sociedade não tradicional que surge em *Bases* o conceito de *neopatrimonialismo*, ausente em *São Paulo*. Qual a diferença entre o patrimonialismo e o neopatrimonialismo? O neopatrimonialismo, que caracterizaria o sistema político nacional:

> *não é simplesmente uma forma de sobrevivência de estruturas tradicionais em sociedades contemporâneas, mas uma forma bastante atual de dominação política por um "estrato social sem propriedades e que não tem honra social por mérito próprio", ou seja, pela burocracia e a chamada classe política.* (SCHWARTZMAN, 1988, p. 59-60, grifo nosso)

Aqui se materializa uma diferença essencial entre Schwartzman e Faoro, como já aludimos. Enquanto o primeiro argumenta que o Brasil *nunca foi* uma sociedade tradicional, e por isso usa o conceito de *neopatrimonialismo*, o segundo sustenta que o Brasil *foi* e *continua sendo* uma sociedade tradicional, que se atualiza por meio das modernizações, e disso decorre a aplicação da categoria *patrimonialismo*.

O conceito "neopatrimonialismo" foi forjado num longo debate dos anos 1970 na ciência política internacional. Como lembra Hinnerk Bruhns (2013), neste período, Shmuel N. Eisenstadt, autor de quem Schwartzman retira a ideia de "neopatrimonialismo", questionou o uso da categoria "patrimonial", pois ela seria própria para análise de regimes políticos tradicionais e não modernos. No entan-

Os dilemas do patrimonialismo brasileiro 169

to, Eisenstadt teria argumentado que seu uso poderia ser produtivo, desde que não se caísse na ideia de avaliar o desenvolvimento de um regime político ou a diferenciação entre eles. Tendo em vista esse argumento, também propõe a distinção entre formas tradicionais de patrimonialismo e formas modernas, ou neopatrimoniais. A distinção visa fazer jus aos regimes antigos e medievais, de um lado, e, do outro, aos regimes modernos. Mesmo porque, como é claro, os desafios impostos a cada regime variam de acordo com o tempo histórico e a constelação política existente. Analisando a ideia de Eisenstadt, Bruhns afirma que para ele

> nos regimes neopatrimoniais, as ligações entre centro e periferia eram mais intensas e atuantes. Daí originou-se o estabelecimento de um quadro político mais amplo e unificado, da integração de novos grupos e da emergência de novas dimensões de identidades coletivas. Concomitantemente, a tendência expansiva desses regimes os tornava mais frágeis e sujeitos a crises. (BRUHNS, 2012, p. 62)

A proposta de Eisenstadt responde à proposta de emprego do conceito feito por Gunther Roth. Segundo Roth, em alguns Estados novos a tradição teria perdido sua força legitimadora, mas não teria sido substituída pela dominação racional-legal. Assim, o tipo de dominação nestes Estados fugiria dos três tipos puros de dominação política propostos por Weber (carismática, tradicional e racional-legal), prevalecendo regimes que fornecem "incentivos e recompensas materiais" aos sujeitos, como o clientelismo e a corrupção. Este patrimonialismo personalizado e não tradicional seria o que ele chama de neopatrimonialismo. Neste debate o que parece estar em jogo é o significado do prefixo "neo": ou ele significa a interpenetração das dominações racional-legal e patrimonial, como quer Roth, ou seria ele um prefixo de significado histórico, referindo-se a uma dominação patrimonial moderna, de acordo com Eisenstadt.

Coerentemente com seus supostos, Schwarztman argumenta que os diferentes processos históricos afetam as distintas formações dos Estados nacionais. Para interpretá-los, retorna à perspectiva de Reinhard Bendix, segundo a qual existiriam dois grandes enfoques na teoria política, o de Maquiavel e o de Rousseau. Schwartzman assinala que a distinção feita pelo teórico alemão tem relação com as diferentes formações históricas dos Estados nacionais. Trocando em miúdos: a formação do Estado poderia seguir o contratualismo rousseauniano, que desembocaria nas sociedades modernas capitalistas, ou o caminho do príncipe maquiaveliano, que estaria acima da sociedade e por isso seria mais semelhante à dominação patrimonial. Sem delongas, observe o leitor que esta é a mesma tese, com outro colorido, do desenvolvimento do "nível estrutural" do sistema político, ao qual indicamos anteriormente.

Como assinalamos, o teórico florentino também aparece na argumentação de Faoro (2008), mas de modo diferente. Se em Schwartzman as teorizações maquiavielianas aparecem como ligadas aos contextos patrimoniais, opostas às teorizações modernas do contratualismo de Rousseau, em Faoro as análises do autor d'*O Príncipe* são lidas como ligadas aos contextos patrimoniais *e modernos*, daí a ideia faoriana de que Maquiavel teria distinguido dois tipos de principados por este critério. Em suma: se Schwartzman contrapõe Maquiavel a Rousseau para analisar o patrimonialismo e o desenvolvimento moderno, Faoro indica que tal contraposição já está presente n'*O Príncipe*.

Segundo Schwartzman, estes distintos caminhos teriam levado a diferentes modos de conceber os fenômenos políticos. No caso do Ocidente moderno, o contratualismo teve papel importante no desenvolvimento das ideologias liberais, oriundas das revoluções burguesas,

Os dilemas do patrimonialismo brasileiro   171

que passaram a ser dominantes nos países mais desenvolvidos economicamente. Assim, o *"processo político é entendido como um jogo de interesses no qual o sistema de poder político não passa de um instrumento dócil nas mãos dos interesses dominantes* que se articulam, essencialmente, na esfera da atividade econômica, ou seja, no *mercado"* (SCHWARTZMAN, 1988, p. 54, grifo nosso). Deixemos indicado que esta é a concepção de política que o próprio autor adotará como a ideal para o Brasil, o que é coerente com a sua tese de que devemos nos adaptar aos padrões ocidentais modernos.

Para o autor que estamos estudando, a linha de evolução político-econômica dos países capitalistas centrais foi a da evolução da escravidão para servidão, e desta para capitalismo com trabalho assalariado. Ao menos esta seria a linha implícita no modelo de política de grupos de interesses. Mas não deixa de ser curioso que, no passado, os impérios centralizados e burocráticos, bem como as "sociedades hidráulicas" estariam, no quesito desenvolvimento, muito à frente das regiões feudais. Todavia, elas não teriam conseguido se adaptar ao industrialismo moderno.

Feito este percurso analítico, o autor buscará caracterizar o tipo de dominação patrimonial ao qual a história brasileira teria sido submetida. Ao buscar reconstruir o argumento de Weber sobre o patrimonialismo, Schwartzman parte da sua distinção entre "dominação burocrática", identificada com as normas estabelecidas racionalmente, e "dominação patriarcal", pensada em temos das normas que derivam da tradição. Citando Weber: "Falaremos de Estado patrimonial quando o príncipe organiza seu poder político [...] exatamente como exerce seu poder patriarcal." (WEBER *apud* SCHWARTZMAN, 1988, p. 59). Explorando ainda mais as distinções entre patrimonialismo e feudalismo, o autor observa que o poder político no patrimonialismo tende a ser mais centralizado, discricionário e instável que no feudalismo.

Isto porque, neste último caso, o soberano governa com a aristocracia, que não depende dele. Já no patrimonialismo, o soberano governa com sua família ou com a ajuda de plebeus dependentes dele. Estes "formam um estrato social sem propriedades e que não tem honra social por mérito próprio; materialmente, são totalmente dependentes do senhor, e não tem nenhuma forma própria de poder competitivo" (*idem, ibidem*). Daí a crítica de Schwartzman ao argumento faoriano, presente também na discussão de José Murilo de Carvalho (2011), sobre a existência de um de estamento burocrático no país, pois os funcionários estatais brasileiros não teriam honra social por mérito próprio. Ainda segundo nosso autor, Weber estabeleceria uma continuidade entre a "dominação patrimonial tradicional" e a "dominação burocrática", pois elas teriam em comum um poder central como "absoluto e incontestável". De outro modo, a "dominação feudal" é seguida pela "dominação racional-legal", pois "são ambos exemplos de relações contratuais estabelecidas entre unidades relativamente autônomas" (SCHWARTZMAN, 1988, p. 60).

Conforme o nosso autor, o patrimonialismo e o feudalismo teriam em comum o fato de serem "tradicionais", enquanto a dominação "burocrática" e a "racional-legal" são dominações "modernas". Já as dominações modernas se caracterizariam por terem "validade de um estatuto legal e na competência funcional baseada em regras criadas racionalmente" (WEBER *apud* SCHWARTZMAN, 1988, p. 60).

Schwartzman conclui que:

> Afinal, para Weber, a burocracia era uma característica essencial das formas modernas de dominação política. *Mas é a questão da ausência ou presença de um contrato que parece fundamental*, contrato este que tem a ver com o processo histórico de formação dos sistemas políticos ocidentais modernos. (SCHWARTZMAN, 1988, p. 61, grifo nosso)

Os dilemas do patrimonialismo brasileiro 173

Tipologia de dominação política em Weber[6]
Relação de poder

Sistema normativo	Absoluta	Contratual
Tradicional	Patrimonialismo	Feudalismo
Moderno	Patrimonialismo burocrático (Neopatrimonialismo)	Dominação racional-legal

Entretanto, vale a pena mencionar que a dominação burocrática é *tipicamente* moderna, mas existiam, como mostra Weber no caso da dominação "estatal-patrimonial", burocracias não modernas.[7]

Schwartzman reconhece que não há, em Weber, a distinção entre neopatrimonialismo e dominação racional legal, "mas [ela, a distinção] parece resultar de uma análise aprofundada de seus conceitos" (*idem, ibidem*, p. 60).[8] É tendo isso em mente que observa, ao retomar a análise de Bendix sobre a formação dos Estados nacionais, que a dominação racional legal foi um "feliz casamento" entre o patrimonialismo dos regimes absolutistas com a burguesia ascendente. Isso porque esta classe conseguiu estabelecer, dentro das disputas políticas, relações sociais e jurídicas contratuais, o que é "bastante eficiente e adequada às necessidades do capitalismo moderno" (*idem, ibidem*, p. 61). Então, se o ponto fundamental é a existência de uma ideia de "contrato" entre o senhor e os dominados, ele ganhou corpo na sociedade moderna, a partir dos embates entre a nobreza absolutista e a burguesia ascendente. Sublinha-se que a ideia de contrato social, para

---

6 Reprodução da tabela de Schwartzman, 1988, p. 60.

7 Mas, como ainda observa Weber (2009), havia "burocracia patrimonial", como a chinesa. O que parece típico da dominação moderna é a confluência entre burocracia e racionalização.

8 Como observamos, Schwartzman também não se prende aos esquemas weberianos de maneira rígida. Trata-se de outra semelhança com a teorização de Faoro.

Schwartzman, é fundamentada numa *racionalidade formal*, no sentido weberiano. Contudo, qual a situação naqueles países nos quais as burguesias não tiveram esse papel? Como se desenvolveram os processos políticos? Continuariam tradicionais? Aqui haveria uma problemática interessante a ser desenvolvida pelo autor, que é justamente o processo histórico de formação da burguesia brasileira. Isto porque compreender tal desenvolvimento ajudaria a entender o papel histórico desta classe no desenvolvimento do país. Este problema, como mostrava o próprio *Os donos do poder*, para não lembrar de *Empresário industrial e desenvolvimento econômico no Brasil* de Fernando Henrique Cardoso (1972) e as teses do PCB, foi chave nos meados do século XX brasileiro. Adiante, indicaremos que, de maneira oblíqua, Schwartzman aborda a questão, ainda que, ao nosso ver, de modo insuficiente.

O autor vai por outra seara, sustentando que só podemos dar as respostas a esses questionamentos caso observemos as distinções weberianas de racionalidade formal e substantiva. A racionalidade formal corresponde à obediência às regras formais estabelecidas previamente; a racionalidade substantiva é aquela que enfatiza a consecução dos objetivos, não importando a legalidade da ação. Neste sentido, há um enfrentamento entre elas, pois a primeira valoriza a forma (meios), enquanto a segunda o objetivo (fins). Além disso, Weber apontaria a existência de outro componente da racionalidade substantiva, que é a "razão de Estado", comumente definida pelos ocupantes do poder: "A combinação entre governos centrais comandados por suas "Razões de Estado" e massas passivas, destituídas e mobilizáveis é a receita mais acabada para os regimes patrimoniais burocráticos modernos" (*idem, ibidem*, p. 62).

Em suma: o autor sugere que a racionalidade substantiva e as Razões de Estado permitem o surgimento de uma racionalidade técnica (não formal) que não leva em conta o contrato social ou a legalidade

Os dilemas do patrimonialismo brasileiro   175

jurídica da ação. *Ou seja, enfatiza-se a racionalidade e se obscurece o componente legal das ações.*[9] Assim, o resultado da falta de uma burguesia defensora de uma racionalidade formal, de matriz contratualista, seria um regime de dominação absoluto (portanto, não contratual), ainda que com feições modernas.

> Este é, em uma palavra, o elo teórico que faltava para a compreensão adequada dos sistemas políticos neopatrimoniais: *a existência de uma racionalidade de tipo exclusivamente "técnico", onde o papel do contrato social e da legalidade jurídica seja mínimo ou inexistente.* (*idem, ibidem*, p. 63, grifo nosso)

Contudo, no livro de Schwartzman, não fica inteiramente clara a relação entre essas feições modernas e os conteúdos tradicionais, por assim dizer. Por exemplo, na relação entre "patrimonialismo político" e "neopatrimonialismo": poderia haver uma estrutura patrimonial sem a lógica cooptativa? Ou, há cooptação numa ordem feudal? Pois, se não houver, a lógica cooptativa é inerente apenas à ordem patrimonial e, assim, perde seu poder explicativo como lógica distinta dela.

Por outro lado, também não fica claro se o sistema global de relações de dominação, que seria o resultado da articulação do nível estrutural e político, é "neopatrimonial" ou "patrimonialismo político". Um modo de dar coerência ao argumento de Schwartzman é observarmos as duas expressões como sinônimas. Levando-se isso em conta, no nosso entender, o "patrimonialismo político" é basicamente o mesmo que o neopatrimonialismo, termo que é utilizado para argumentar que o sistema político não se ancora na tradição, mas sim em

---

9   Jair dos Santos Júnior (2001) foi na mesma direção na interpretação deste argumento de Schwartzman ao afirmar que "o neopatrimonialismo seria o fruto de um poder centralizado de Estado onde 'Razão de Estado' e massa manipulada se articulam de tal modo que a racionalidade técnica é implantada sem a existência do que ele chama de contrato social e legalidade jurídica." (SANTOS JÚNIOR, 2001, p. 95)

176 Leonardo Octavio Belinelli de Brito

fundamentos modernos e é comandado pela burocracia e pela classe política. Mas aí surge outro problema da análise: o autor não analisa qual é o papel desempenhado pela "tradição" ou mesmo as consequências de sua ausência. Noutras palavras: ao analisar a relação do nível estrutural, o patrimonialismo, que é uma dominação *tradicional*, e do nível político, que funcionaria sob a lógica da cooptação, a questão da ausência da tradição, fundamental para argumentar em prol da ideia de "neopatrimonialismo", não é analisada de forma aprofundada. A mesma tensão aparece, como veremos, na sua análise da burocracia. Não fica inteiramente claro se a burocracia neopatrimonial é moderna ou tradicional, ou como estas ideias se articulam. Neste sentido, são inteiramente compreensíveis as críticas de Gabriel Cohn (1982) ao uso que Schwartzman fez da teoria weberiana.[10]

Schwartzman também analisa quais são os propósitos imediatos e as tensões essenciais dos processos políticos que ocorrem sob a égide da dominação patrimonial. O autor sugere que a questão primordial da dominação patrimonial parece ser a do sucesso ou fracasso do líder e seu séquito em manter o poder. Isso abre caminho para assinalar as tensões inerentes a esse tipo de dominação. Segundo Schwartzman, os Estados patrimonialistas têm a tendência de serem urbanos. Estes centros podem ser capitais de impérios ou cidades com interesses co-

---

10 Gabriel Cohn critica três tópicos no uso que Schwartzman faz da teoria weberiana, "todas derivadas de uma leitura acrítica de *Economia e Sociedade* e de comentaristas como Bendix" (COHN, 1982, p. 3): 1) Schwartzman usa a tipologia de dominação mais para "caracterizar" a dominação do que para "explica-la"; 2) A despeito de criticar o contínuo "tradicional-moderno", Schwartzman, segundo Cohn, opera "com a noção de 'moderno" no mesmo nível analítico que a de "tradicional", esquecendo--se que em Weber as referências ao moderno [...] são empíricas, não típico-ideais". (*idem, ibidem*) e 3) Schwartzman não esclarece a relação entre o desenvolvimento histórico feito por ele, a partir da teoria weberiana, e a perspectiva de análise que usa ao final do último capítulo, de matriz parsoniana.

Os dilemas do patrimonialismo brasileiro 177

merciais e militares e são compostos por uma população flutuante e uma aristocracia desejosa de ocupar cargos públicos.[11]

Outro foco de tensão da dominação patrimonial são as relações entre governantes e seus subordinados, pois a medida que o domínio patrimonial cresce, torna-se cada vez mais necessário delegar poderes e funções. Os recebedores destas "dádivas" as utilizam como propriedade particular, como prebendas, o que poderia então lhes conferir força política e econômica. No caso de um país agrícola, essa situação resultaria naquilo que Schwartzman chamou de "sátrapas semiautônomos".

Do ponto de vista econômico, a tendência seria a de que a dominação patrimonial gerasse uma economia focada na agricultura de exportação e altamente tributada. Nas palavras do autor: "o Estado estimula sua atividade, ao mesmo tempo em que funciona como um parasita, limitando e, eventualmente, aniquilando a atividade autônoma. *Toda iniciativa provém do setor privado, com o Estado assumindo um papel quase que puramente fiscal*" (SCHWARTZMAN, 1988, p. 64, grifo nosso). Tal arranjo causaria insatisfação naqueles que tem sua renda diminuída. Indica-se que a ênfase de Schwartzman vai em sentido oposto a de Faoro, que sublinha como os empresários buscam a proteção do Estado, como indica o caso do Barão de Mauá. O ponto central para a discordância parece ser que o autor de *Os donos do poder* defende a tese de que a burguesia luso-brasileira tem outra mentalidade, derivada de sua ligação ao próprio Estado e nas suas relações patrimonialistas, o que não ocorre na análise feita em *Bases do autoritarismo brasileiro*. Note-se que a diferença tem consequências importantes. Para Schwartzman, existe uma burguesia brasileira que poderia se tornar "conquistadora" à europeia – lembremos que o autor não especifica o uso do termo – que é derrotada insistentemente pela

---

11 Para Schwartzman este será, como veremos, o caso do Rio de Janeiro.

articulação política dos agentes patrimonialistas brasileiros; já para Faoro, ao menos parte da burguesia se atrela ao Estado para manter o *status quo*. Veremos no próximo capítulo como tais divergências têm impacto nas utopias políticas dos autores.

O Estado patrimonial também regularia as formas de participação política. Um dos meios de controle é o corporativismo autoritário. Noutras palavras: nas sociedades modernas capitalistas, nas quais ocorreram as revoluções burguesas, houve um processo de ruptura entre a ideia de participação política e *status* social. Por outro lado, ocorreu a ascensão do corporativismo como meio de impedir que os membros da corporação sofressem com os imprevisíveis desígnios do mercado. Esse corporativismo "societal" vai em sentido contrário ao autoritário, prevalecente no caso brasileiro.[12] Para Schwartzman, o corporativismo autoritário vigente no Brasil acabou criando uma estrutura legal e uma representação de classes que perdurou até o período no qual o autor escreveu o livro. Simultaneamente a esse processo, o mercado e a sociedade se complexificavam e passavam a existir grupos autônomos desejosos de participação política. "O termo 'cooptação política' [...] busca captar o tipo de relacionamento entre estes dois sistemas de participação, ou seja, o processo pelo qual o Estado tratava, e ainda trata, de submeter a sua tutela formas autônomas de participação." (*idem, ibidem*, p. 67). Exemplos disso seriam o Ministério do Trabalho e a Previdência Social. Neste sentido, o sistema cooptativo funciona como um intermediário entre o sistema corporativo e os grupos de interesse. Por um lado, se bem implementados, reduzem os conflitos políticos justamente porque os minimizam; por outro, criam frágeis

---

12 No primeiro caso, estamos diante de um Estado forte, com componentes neopatrimoniais bastante claros, e que é capaz de impor sua vontade e seu ordenamento à sociedade civil. No segundo, estamos diante de uma sociedade que se organiza a partir das situações de mercado, e estabelece limites e parâmetros claros à ação do Estado. (*idem, ibidem*, p. 66-7, grifo nosso)

Os dilemas do patrimonialismo brasileiro   179

estruturas de participação política, desestimulando a organização autônoma de grupos de interesses.

No prefácio à terceira edição da obra, de 1988, Schwartzman enumera algumas características do Estado neopatrimonial, mas em termos que *não aparecem no restante do livro*. O acréscimo ajuda a esclarecer algumas teses e, simultaneamente, traz problemas de monta à análise. São assinaladas, no referido prefácio, quatro características do Estado neopatrimonial.

A primeira é a existência de um "estamento burocrático" que é "permissivo", ou seja, "incorpora com facilidade intelectuais, empresários, líderes religiosos e dirigentes sindicais" (*idem, ibidem*, p. 15). Ou seja, esse processo de cooptação, quando bem sucedido, atinge características corporativistas (o autor também usa o termo *neocorporativismo*). Este argumento tem dois pilares, que interessa destacar: o primeiro é que o autor usa a noção de "estamento burocrático", criticada por ele quando analisou o uso que Faoro fazia do conceito, e o outro - que traz problemas sérios à análise - é a ideia de uma camada dirigente "permissiva" aos diversos grupos. *Sublinha-se que tal caracterização se choca com Faoro, que vê o estamento burocrático como uma camada dirigente que se fecha sobre si mesma.* Vale observar que um estamento permissivo é uma contradição em termos, pois a definição do conceito vai no sentido de grupo "fechado", em contraposição à classe, que seria "aberta". Seria preciso, pois, indicar o que significa precisamente esta "permissividade". Ainda sobre o mesmo conceito, Schwartzman indica a evolução do "estamento burocrático" brasileiro

> Quando este tipo de administração se moderniza, e segmentos do antigo estamento burocrático vão-se profissionalizando e burocratizando, surge uma segunda característica do Estado brasileiro, que é o *despotismo burocrático*. Do imperador sábio D. Pedro II aos militares da Escola Superior de Guerra,

passando pelos positivistas do Sul e tecnocratas do Estado Novo, nossos governantes tendem a achar que tudo sabem, tudo podem, e não tem na realidade que dar muita atenção às formalidades da lei. (*idem, ibidem*, p. 14, grifo nosso)

De um lado, o autor parece querer destacar que o uso que faz do termo "estamento burocrático" tem um sentido mais "moderno", pois ele vai se "profissionalizando" e "burocratizando". No entanto, se formos a *Os donos do poder*, veremos que o estamento burocrático muda sim de *forma*, embora o seu *conteúdo, a natureza do seu poder*, continue sendo o mesmo. Neste sentido, se bem pesados, a qualificação que Schwartzman faz ao termo não avança em relação aos termos faorianos. É preciso frisar aqui o aparente pouco cuidado conceitual que o autor acaba tendo, pois a mudança do argumento não é problematizada.

De outro, não deixa de ser interessante o desenvolvimento da ideia de "despotismo burocrático". Isso porque existe uma aproximação, como sustentamos no início da dissertação, entre a ideia de "patrimonialismo estatista" e o "despotismo oriental", com o importante fato do primeiro ser utilizado por Faoro e Schwartzman para analisar um desenvolvimento histórico-político moderno (e daí o termo "burocrático", que teria essa conotação modernizadora, embora não seja, essencialmente, moderna).

Ao mesmo tempo em que há cooptação, há a *exclusão* daqueles setores não cooptados. Esta é a segunda característica deste tipo de Estado. Um exemplo dado por Schwartzman é o do Estado Novo que, ao passo que cooptava os operários urbanos, excluía o campesinato de qualquer forma de acesso a seus benefícios. A exclusão do campesinato é somente o exemplo mais flagrante do processo de *modernização conservadora* que tem caracterizado o desenvolvimento brasileiro" (*idem, ibidem*, p. 15, grifo nosso). Outra ideia nova é a de "modernização conservadora", inspirada diretamente na obra de

Os dilemas do patrimonialismo brasileiro 181

Barrington Moore Jr. Este argumento vai em sentido análogo ao da formulação de Faoro, que também vê o estamento como o grupo que leva adiante o processo de modernização, que para o autor, não deixa de ser conservadora.

Outro traço do Estado neopatrimonial, segundo a visão exposta no novo prefácio, é um comportamento econômico *neomercantilista*. Essa característica apareceria em duas esferas:

> Como no mercantilismo dos velhos tempos, o Estado se intromete em empreendimentos econômicos de todo tipo, tem seus bancos, indústrias próprias protegidas, firmas de exportação e comercialização de produtos primários. Em parte, isto é feito através de suas próprias empresas; mais tradicionalmente, no entanto, a atividade neomercantilista se exerce pela distribuição de privilégios econômicos e grupos privados, nacionais ou internacionais, que estabelecem assim alianças de interesse com o estamento burocrático. (*idem, ibidem*, p. 15)

Não há como deixar de notar o uso constante que o autor faz do prefixo "neo" (neopatrimonialismo, neocorporativismo, neomercantilismo). O uso é interessante porque tenta chamar a atenção, como observa Campante (2005, p. 115), para as feições modernas do Estado patrimonial brasileiro, no que parece avançar em relação a Faoro. Por outro lado, essa tensão entre o "moderno", que aparece corrompido pelo "antigo", não fica clara na exposição do autor. Como exemplo, veja-se aí a análise do neomercantilismo que faz o autor: no que ele difere do mercantilismo "antigo"? Pelo que sugere o trecho, como de resto a análise toda, o neomercantilsimo só é novo porque ocorre no tempo contemporâneo, porque parece conservar todas as características principais, os defeitos, do antigo. Se for isso, de que serve tal prefixo?

A última característica do Estado neocorporativista (neopatrimonialista) é a sua "feição plebiscitária ou populista", que seria a "outra cara do autoritarismo". Seria, pois, o corolário das lógicas cooptadora e da neocorporativista, o que nos remete ao fato da camada dirigente ser "permissiva". De fato, há coerência entre os pontos. O problema é que não fica claro o que significa o "populismo" nesta análise e nem, do ponto de vista histórico, a sua novidade. Não aparece na análise de Schwartzman o lado "populista" do Estado neopatrimonial português, mesmo porque esse é um fenômeno, como observa o mesmo autor, que é fruto da modernização brasileira ocorrida ao longo do século XX. Neste sentido, pode-se até mesmo argumentar que o Estado neopatrimonial se combina bem com o populismo, mas este não parece ser, se levada a sério a análise do autor, constitutivo dele.

Do ângulo da sociedade, também há novidades no referido prefácio. Segundo o autor, a tentativa frustrada do Estado em controlar todas as atividades sociais resultaria na visão de que aquelas atividades não controladas seriam ilegítimas, mesmo que tacitamente aceitas. Assim, a vida cotidiana "tende a ser desprovida de conteúdos éticos e normativos, uma situação endêmica de *anomia* [...]" (SCHWARTZMAN, 1988, p. 16). O uso do conceito consagrado por Émile Durkheim é curioso, porque o sociólogo francês diagnostica os estados anômicos justamente nas sociedades modernas capitalistas, que não é propriamente o caso da sociedade brasileira, segundo Schwartzman. Por outro lado, é verdade que o conceito parece se ajustar bem ao seu argumento.[13]

Feita essa análise do arcabouço conceitual utilizado por Schwartzman, passemos à sua "aplicação". Noutras palavras, vamos analisar na próxima seção como o autor compreende o desenvolvimento histórico-político nacional a partir da perspectiva teórica que acabamos de expor.

---

13 Para mais detalhes sobre o conceito, ver Adorno (2009).

Os dilemas do patrimonialismo brasileiro 183

As formações das regiões brasileiras, o desenvolvimento histórico-político nacional e o problema do "lugar político" de São Paulo

Schwartzman analisa a história do país para identificar os principais traços que caracterizam o desenvolvimento da dominação neopatrimonial. Segundo o autor de *Bases*, o debate em torno desta questão poderia ser resumido, em parte, na contraposição das visões "feudalistas" e "patrimonialistas" da história nacional. De um lado, teríamos a tese "privatista", representada por Nestor Duarte, que enfatiza a ausência de influência do Estado na vida sociopolítica nacional e a dispersão territorial do país, de modo que sua estrutura política resultaria fragmentária e localista, com o poder concentrado nas mãos dos senhores de terra. Do outro, estaria a tese "estatista", defendida por Raymundo Faoro, que argumenta a existência e o predomínio do poder do Estado centralizador, de origem portuguesa, sobre o Brasil.

Do ponto de vista de uma política representativa, Schwartzman endossa o argumento de Faoro, que alega que "nunca houve um pacto político através do qual os altos escalões do sistema político representassem e governassem em nome de alguns setores da sociedade, o que é típico do modelo feudal" (SCHWARTZMAN, 1988, p. 70). Por outro lado, lembremos que o autor concorda com a crítica de Antonio Paim a Raymundo Faoro, segundo a qual o jurista gaúcho teria cometido o equívoco em ver o patrimonialismo político brasileiro como imutável ao longo do tempo.

Neste sentido, o autor busca reforçar, por um lado, o argumento sobre a importância de entender as especificidades de cada umas das regiões brasileiras e, por outro, a abordagem a partir da concepção de patrimonialismo, já expressa por Faoro. O trecho abaixo indica e esclarece esta posição:

184   Leonardo Octavio Belinelli de Brito

> Efetivamente, o processo de centralização e crescimento do governo central se dava em um contexto de conflitos e pressões de todo tipo, e grande parte da história política do Brasil gira exatamente em torno do tema centralização vs descentralização. É fundamental, para entender este problema, ter uma intepretação adequada da natureza *da colonização portuguesa, que combinava uma tendência constante a centralização com a grande dispersão territorial dos postos de colonização, muitas vezes mais próximas da Europa que um dos outros. Não admira, assim, que estes núcleos de colonização se desenvolvessem por conta própria e, frequentemente, de forma contraditória.* (*idem, ibidem*, p. 71, grifo nosso)

Assim, haveria uma estranha combinação entre a vastidão territorial e a centralização política promovida pela Coroa portuguesa, de modo que, em cada região, a conjunção com a centralização colonial resultou num tipo de estrutura histórico-política. Ou seja: os *dois processos, o de centralização e descentralização, aconteceriam ao mesmo tempo e impactariam de modos diferentes a formação das regiões brasileiras.* Por isso seria necessário compreender a formação particular de cada uma delas. Tendo em vista aspectos históricos específicos, Schwartzman divide o país em quatro regiões. São elas: a burocrática (Salvador e Rio de Janeiro), as regiões tradicionais[14] (o Nordeste e, secundariamente, Minas Gerais), São Paulo e Rio Grande do Sul.

A região que sediava o governo seria a mais moderna do país, pois tinha contato tanto com o modo de vida europeu, como também possuía parte expressiva de sua população em condição marginal. Citando o Censo do Rio de 1890, Schwartzman observa que 50% dos habi-

---

14 No Brasil, o significado de "regiões tradicionais" difere do significado europeu. Lá, costuma-se considerar como "tradicional" aquela região que não passou pelo impacto do desenvolvimento capitalista. Aqui, ao contrário, elas são regiões que já passaram pelo crescimento econômico, de modo que e entraram em crise e em declínio de poder político.

Os dilemas do patrimonialismo brasileiro 185

tantes trabalhavam em "profissões domésticas" ou "profissões não-
-declaradas". A questão racial era importante, embora a porcentagem
de brancos desempregados fosse também elevada. De maneira geral,
os recursos da cidade "provinham do comércio e do funcionalismo
público, e sua vida política caracterizava-se por certo grau de tensão
entre a pequena nobreza regional dependente, de um lado, e os burocratas e comerciantes, de outro, com ocasionais mobilizações de
massas" (*idem, ibidem*, p. 41). Nesta perspectiva, Schwartzman se vale
da distinção weberiana entre cidades "ocidentais" e "orientais" para
assinalar o caráter "oriental" do Rio de Janeiro,[15] em contraposição,
por exemplo, à orientação "ocidental" de São Paulo.[16] Neste sentido,
se São Paulo é o "negativo" da experiência política nacional, o Rio de
Janeiro pode ser identificado como seu caso típico. Se o raciocínio faz
sentido, seria de esperar um desenvolvimento mais amplo das características "orientais" do Rio de Janeiro, que ocupa espaço pequeno na
obra, comparada com São Paulo.

Analisando a região Nordeste, Schwartzman destaca o papel histórico da Guerra dos Mascates, na qual teriam se enfrentado forças
nacionais e forças lusitanas, com a vitória destas últimas. Este conflito
seria um dos "eventos importantes no estabelecimento do controle da

---

15 Nas cidades da "Ásia oriental, havia pretendentes a determinados cargos, aprovados
nos exames, e mandarins ao lado dos iletrados desprezados como ignorantes e das
(poucas) profissões impuras; na Índia, castas de todos os tipos; no Oriente Próximo
e na Antiguidade, os membros de linhagens organizados à maneira de clãs ao lado de
artesãos sem terras; e na cidade dos inícios da Idade Média, libertos, servos e escravos ao lado de senhores territoriais nobres e seus funcionários de corte e criados, de
ministeriais e mercenários, sacerdotes e monges." (WEBER, 2009, p. 426)

16 "Desta maneira, a cidade ocidental, tanto na Antiguidade quanto na Rússia, era um
lugar de ascensão da servidão à liberdade, por meio da atividade aquisitiva no regime
da economia monetária. [...]. Por isso, os cidadãos urbanos usurpavam – e esta foi a
grande inovação, objetivamente *revolucionária*, da cidade medieval do Ocidente, em
oposição a todas as outras -o rompimento do direito senhorial." (WEBER, 2009, p.
427, grifos do autor)

administração patrimonial sobre o território brasileiro" (*idem, ibidem*, p. 77). Os combatentes se articularam em torno das duas principais cidades pernambucanas: a aristocrática Olinda, prestigiada pelos *decadentes* senhores produtores de açúcar, e a comercial Recife, que tinha como razão principal de seu crescimento econômico o estabelecimento de holandeses e comerciantes, que se tornavam financiadores da produção de açúcar dos senhores. No conflito, prevaleceram os senhores decadentes produtores de açúcar. Com isso, Schwartzman especula que é possível que as relações entre aristocratas e comerciantes pernambucanos durante o período de decadência econômica passaram a ter como ponto central "as fontes do poder burocrático".

Neste sentido, os nordestinos, como os mineiros, teriam sofrido o processo de retorno à "economia natural", com estruturas socioeconômicas de tipo "semifeudal". Assim, com a crise das possibilidades econômicas, a política teria passado a ser a fonte de negócios possíveis (*idem, ibidem*, p. 79). Em poucos termos: o atraso venceu o moderno, e logrou ocupar o espaço político que lhe permitiu sufocar as aspirações revitalizadoras.

Na região de São Paulo, quando denominada São Vicente, deu-se a primeira tentativa de colonizar algo além da costa em direção ao centro do país. Enfatizando as comparações, que dão a tônica do trabalho, Schwartzman contrasta as situações de Rio de Janeiro e São Paulo com as de Barcelona e Madri, respectivamente.

Na análise do desenvolvimento histórico-político da região de São Paulo, o autor recorre ao quadro que Vianna Moog pinta dos bandeirantes paulistas. Nele, os primeiros paulistas são retratados como selvagens, solitários, ávidos por riqueza e descuidados com relação a sua capitania. A imagem serve tanto de contraste ao colono puritano nos Estados Unidos, como de constraste ao Nordeste próspero de en-

Os dilemas do patrimonialismo brasileiro

tão.[17] De qualquer modo, os fatores determinantes para este colono escolher São Vicente como seu lugar de estabelecimento teriam sido a própria distância da administração lusitana, que poderia atrapalhar sua busca por riquezas, a existência de uma boa baía e a presença de uma população autóctone.

Economicamente, os paulistas teriam se valido do período de predomínio dos holandeses no Nordeste açucareiro e na África, o que restringiu o comércio de escravos. Isso teria elevado o preço dos índios, que passaram a ser capturados, escravizados e utilizados como mão de obra alternativa no mercado nordestino. O que resultaria deste cenário, valendo-se das narrativas coletadas por Afonso Taunay, seria o que o autor chama de "república de bandidos".[18]

Isto tornaria compreensíveis as tensões entre os paulistas e o governo metropolitano. O primeiro conflito entre os rebeldes paulistas e a centralização lusa, conhecido como a "Guerra dos Emboabas", aconteceu em 1695, no contexto da descoberta dos minérios na região central do país. Schwartzman explica a ascensão e a queda de São Paulo naquele período se referindo às descobertas de rotas alternativas para as minas gerais. Inicialmente, São Paulo e Parati eram as únicas. Posteriormente, descobriram-se rotas através do Rio

---

17 Pode-se ver neste argumento uma estrutura lógica semelhante àquela da oposição entre "feudalismo e patrimonialismo". Isto é, a região atrasada, São Paulo, viria a se tornar uma região de economia moderna, tal como o resultado político do feudalismo. No caso oposto, a região próspera de então, o Nordeste, viria a se tornar atrasada, como o resultado do patrimonialismo.

18 "A cidade de São Paulo é tributária, não súdita do Rei de Portugal. [...] ali formou uma grande cidade e uma espécie de República cuja lei é, sobretudo, não reconhecer governador nenhum." (FROGER *apud* SCHWARTZMAN, 1988, p. 74). Pode-se dizer que, nesta passagem citada, o autor sugere que São Paulo, ao não se submeter às condições da dominação lusitana, colocava-se num plano de maior igualdade e liberdade perante Portugal que os demais estados, o que lhe custaria, para sua fortuna, o abandono das atenções portuguesas.

188 Leonardo Octavio Belinelli de Brito

de Janeiro e do rio São Francisco, que possibilitaram a chegada de novos personagens à região mineira.

Estes novos colonizadores, apelidados de "emboabas" (palavra indígena que designava as botas que utilizavam), entraram em conflito com os descalços paulistas. Tinham mais recursos e mais acesso à administração colonial, embora tivessem divergências com ela: "Os paulistas eram brasileiros de várias gerações, muitas vezes mestiços, enquanto os recém-chegados eram, em geral, portugueses" (*idem, ibidem*, p. 75). Os emboabas se revoltaram contra os paulistas e o líder dos primeiros, Manuel Nunes Viana, eleito governador da província, declarava-se apoiador da Coroa. Schwartzman sustenta que a Guerra dos Emboabas marcou o fortalecimento do domínio luso sobre as regiões das Minas, o que deslocou a influência paulista sobre a região. Num trecho que ilumina as relações dos eventos com o desenvolvimento histórico-político posterior:

> A derrota frente aos portugueses recém-chegados teve, para os paulistas, uma consequência que os diferenciou dos pernambucanos: *isolados do resto do país, não desenvolveram em seu próprio estado uma estrutura política de dependência em relação à administração central, tal como criada pela elite do açúcar.* (*idem, ibidem*, p. 79, grifo nosso)

Ou seja: *a característica política positiva de São Paulo se deve, sobretudo, à sua marginalização política, decorrente de sua derrota histórica.* Note-se que houve uma derrota também dos setores modernos de Pernambuco. Por outro lado, a vitória dos portugueses consolidou a dominação patrimonial na região de Minas Gerais, que viria a se tornar um dos principais focos irradiadores de um certo "estilo", por assim dizer, de fazer política.

Por sua vez, o Rio Grande do Sul representa, em algum sentido, o caso inverso de São Paulo. Isto é, seu papel político superaria a impor-

Os dilemas do patrimonialismo brasileiro   189

tância de suas atividades econômicas, que eram calcadas num sistema predatório: roubo e captura de gados nos pampas, ataques às missões jesuítas e contrabando de domínios espanhóis. Aliás, parte de sua importância política se deve justamente ao fato de estar na fronteira do país (*idem, ibidem,* p. 47). O autor observa que a fronteira ao Sul foi a única "viva" do país, pois as do Oeste e Norte foram formadas, por um lado, pela capacidade de exploração dos bandeirantes e, por outro, pela dificuldade dos espanhóis em avançarem no território, bloqueado pelos Andes e pela floresta tropical.

Assim, na região Sul, a colonização ganhava outros contornos. Para melhor compreendermos o argumento, é preciso entender a formação dos entrepostos militares fronteiriços. O mais notável deles foi a Colônia de Sacramento, localizada no Rio da Prata e fundada em 1680. Ali ocorreram vários conflitos com espanhóis de Buenos Aires, o que gerou na população local a experiência única em relação ao restante do Brasil: a da mobilização beligerante contínua.

Neste sentido, Schwartzman retoma a análise de Fernando Henrique Cardoso para caracterizar o estado da sociedade gaúcha. Na leitura que Schwartzman faz de *Capitalismo e escravidão no Brasil meridional,* o livro sustentaria dois pontos chaves: o impacto da experiência militar na sociedade gaúcha, tanto em sua psicologia, como em sua organização social e econômica; o que teria levado ao segundo ponto, que é uma ordem militar, mas não necessariamente rígida, que encontrava sustentáculo nos caudilhos gaúchos, com fortes traços personalistas. Isso levava à militarização generalizada da sociedade e, simultaneamente, à privatização das formas de autoridade, tanto civil como militar: "Caudilhos militares tinham suas próprias tropas, usadas em ataques privados [...] mas que podiam ser mobilizadas pela coroa portuguesa em tempos de guerra formal. A terra era distribuída

190   Leonardo Octavio Belinelli de Brito

de acordo com a influência e o poder militar, tanto quanto os privilégios de taxação e de administração da justiça (*idem, ibidem*, p. 80).[19]

Na tônica comparativa:

> O Rio Grande parece ter desempenhado no Brasil um papel semelhante ao que Portugal e Espanha desempenharam na Europa cristã: como um posto militar de fronteira, desenvolveu sua própria ortodoxia, o positivismo – em uma combinação peculiar soma tradição militar local e a cultura boaiadeira – e uma forte oligarquia estadual, que reunia forças tanto para a luta contra o inimigo espanhol e *porteño* quanto para a luta pela autonomia em relação ao Império brasileiro. A região era base da ala mais importante do Exército brasileiro, fornecendo também uma parte considerável de seus quadros. (*idem, ibidem*, p. 48)

O fato de ser uma fronteira "viva" não permitiu que o governo central deixasse a província entregue aos seus chefes políticos. Baseando-se em estudos de Joseph Love, Schwartzman aponta que, em 1852, três quartos dos recrutados para combater Juan Manuel Rosas, o presidente argentino, eram de origem gaúcha. Décadas depois, originários do Rio Grande do Sul viriam a dominar o Exército brasileiro, gerando um número de membros de alta patente desproporcional ao esperado para um estado de sua magnitude: "O resultado desta situação foi que a política patrimonial e "privada" no Rio Grande esteve

---

19 Não deixa de ser significativo que Schwartzman não dedique uma palavra sequer ao tema do livro de Cardoso (2003), que é a relação entre capitalismo e escravidão no sul do país Também não menciona a questão das charqueadas, que era outra atividade econômica relevante do estado gaúcho. É curioso que o autor também não se debruce sobre o conceito de patrimonialismo, que é chave também na análise de Cardoso e é usado de modo distinto, societário, em relação a teorização de Schwartzman. Além disso, a nosso ver, numa comparação entre o conteúdo do livro de Cardoso e a leitura de Schwartzman, parece haver um descompasso sobre as ênfases que cada autor dá aos aspectos relevantes para a formação histórico-política do Rio Grande do Sul.

Os dilemas do patrimonialismo brasileiro 191

sempre orientada para os centros de poder regional e, principalmente, nacional" (*idem, ibidem*, p. 81). O autor lembra que nem sempre tal relação garantia bom relacionamento com a Coroa, como indicaria a Guerra dos Farrapos.

O resumo da visão do autor sobre a formação e os estados das regiões brasileiras quando do período da Independência nacional é o seguinte:

> O Nordeste decadente, a economia mineira em declínio, o centro administrativo do país concentrado no Rio de Janeiro, São Paulo isolado, o Rio Grande do Sul militarizado e em pé de guerra – são estes os núcleos principais deste país imenso que se manteria unido a duras penas no processo de Independência. (*idem, ibidem*, p. 82)

Vale esclarecer que as análises do nosso autor sobre as formações históricas das regiões brasileiras são bastante desiguais, o que não deixa de ser um defeito do livro, como apontou Gabriel Cohn. O exemplo mais claro disso é o pequeno peso dada à formação da região mineira, que desempenha papel central na sua argumentação, sem falar no caso do Rio de Janeiro.

Seja como for, o *que é fundamental assinalar das análises de Schwartzman é que em todas as regiões, com exceção de São Paulo, houve forte atuação do Estado patrimonial português*. São Paulo, estado à margem, pois improdutivo, teve a "sorte" de ser derrotado na Guerra dos Emboabas, o que o livrou do peso da dominação patrimonial portuguesa, que estará presente no Nordeste, no Rio Grande do Sul e em Minas Gerais. Estas seriam as situações sociopolíticas que a Coroa teria deixado ao país independente.

A Independência pouco alterou a herança lusitana. A cena política no pós-Independência foi constituída pela oposição entre os "brasileiros" e os "portugueses", grupos que mais tarde formariam, respectivamente, o Partido Liberal e o Partido Conservador. O pós-independência começa com a abdicação de Pedro I, representando a vitória dos "brasileiros", início do conturbado período regencial, que teve como característica principal o surgimento de várias revoltas ao longo do país. Para contê-las, o Estado criou uma força militar *independente das regiões*: o Exército brasileiro.

Com um decreto de 1831, o Exército é reformulado: seu efetivo passa a ser de 10 mil homens, além de contar com outra dezena de milhares de alistados. Em 1865, houve 35 mil homens armados, 83 mil em 1869, mas apenas 15 mil em 1873. Apesar desta diminuição dos efetivos, Schwartzman aponta para o desenvolvimento e profissionalização do Exército no período.

Mesmo após as derrotas impostas aos movimentos do período regencial, na Bahia, em Pernambuco, no Pará e no Rio Grande do Sul, *os gastos com o Exército não diminuíram*. Em 1830, os gastos ficaram entre 30% e 40% do orçamento geral; em 1839-40, 56%, com redução posterior para a faixa de 40%, taxa mantida até 1870. Mesmo assim, Schwartzman aponta que tal redução não foi em números absolutos, mas relativos, pois os gastos do governo aumentavam, acompanhando o aumento da receita, oriunda da exportação de café.

Ainda do ponto de vista orçamentário, o autor observa o pequeno montante de recursos disponíveis para Câmara dos Deputados, que seria o local no qual haveria mais oposição ao Executivo centralizador. Para efeitos comparativos, observa-se que os gastos da Família Real eram maiores que o da Câmara. Em seu pico orçamentário, a Câmara teve 1,6% da renda total: "É claro que estes números em si mesmos não expressam a força política do Legislativo, mas registram a imagem de um Executivo forte e centralizador, que foi capaz, pouco a pouco, de ir cooptando a oposição liberal ao *establishment* político da época" (*idem, ibidem*, p. 105).

Os dilemas do patrimonialismo brasileiro 193

Assim, Schwartzman assinala o descompasso entre o crescente poder econômico de São Paulo e do Rio Grande do Sul, que continuavam sub-representados na política imperial, que privilegiaria os estados do Norte, incluso Minas Gerais. Este era o cenário herdado pelo Brasil e pouco alterado depois de sua Independência. O que é novo neste período é a criação das Forças Armadas, que se tornam desejosas de terem um papel mais relevante no jogo político nacional. Segundo o autor, é só com este pano de fundo, o da formação das regiões brasileiras, com foco na relação descompassada entre poder econômico e poder político, e a criação e fortalecimento do Exército nacional que podemos compreender a formação dos diversos republicanismos no país na segunda metade do século XIX.

O início do movimento pode ser datado de 1870, com a publicação do Manifesto Republicano. Schwartzman defende que, além da substituição do imperador por um presidente, o manifesto propunha muito pouco, embora culpasse a monarquia por todos os males e visse a república como uma espécie de solução para todos os problemas. A única proposta expressa pelo documento foi o aumento da autonomia dos estados. Sua vagueza era intencional, tendo em vista que o intuito do Manifesto era conseguir o máximo de apoio, evitando tratar de questões polêmicas.

Os principais veículos de transmissão dos ideais republicanos foram os jornais *A República* e *O País* no Rio de Janeiro e *A Província*, em São Paulo. Esses veículos denotariam as diferenças ideológicas internas ao movimento republicano: enquanto o jornal fluminense defendia uma solução militar para a questão, o jornal paulista era contrário a tal medida. *A Província* era ligada aos interesses dos cafeicultores do estado. São Paulo, principal polo econômico do país, tinha grande capacidade de agregação de interesses, mas era sub-representado na política nacional. E a solução para este problema era o federalismo, que aumentaria as margens de atuação da política estadual. No entanto, tal proposta seria comprometida por um regime militar, dada a sua natureza centralizadora. É nesta chave que poderíamos compreender o conflito entre o Partido Republicano Paulista (PRP) e os militares, quando estes assumem o poder em 1890. Ainda nesta referência, podemos compreender o caráter particular do republicanismo paulista. De modo sumário, suas principais características seriam: o federalismo, defendido com mais ardor do que a própria república; a liberdade dos estados para resolver o problema da mão-de-obra, de modo que não tocavam no tema da escravidão pois este assunto, no estado, já estava a caminho de ser resolvido; e, por fim, a disposição de participar do jogo político imperial. Confirma isto o fato de seus membros concorrerem a cadeiras nas Assembleias provinciais e nacionais, bem como se coligarem com os dois partidos imperiais. Prudente de Morais foi eleito para a Assembleia Nacional com apoio liberal, em 1877; em 1881, os republicanos apoiaram candidatos conservadores; em 1884, Campos Sales e Prudente de Morais foram eleitos para o Congresso com apoio dos conservadores.

Como já indicado, foi outro o republicanismo existente no Rio de Janeiro. Sua inspiração era a doutrina de Auguste Comte, da qual retiravam os argumentos para sustentar a necessidade de um regime centralizado, ditatorial, modernizador e legitimado por plebiscitos. Essa proposta não encontrou eco nem em São Paulo, nem em Minas Gerais, que estavam pouco interessados neste tipo de arranjo político institucional. Contudo, esse republicanismo descobriu um parceiro poderoso: o Exército nacional.

Houve ainda um terceiro tipo de republicanismo, o gaúcho. No Rio Grande do Sul, seu maior representante, Júlio de Castilhos comandou um republicanismo positivista, aliás, parecido com o flumi-

Os dilemas do patrimonialismo brasileiro 195

nense. Isto só foi possível devido à proximidade entre setores civis e militares no estado.

> *A República começa de fato no Rio Grande*, estabelecendo um padrão de divisões regionais intimamente relacionado com os temas da centralização *versus* autonomia regional e governo civil *versus* governo militar, que iria permear a vida política do país nas décadas seguintes. (SCHWARTZMAN, 1988, p. 112, grifo nosso).

A tradição militar do estado, que remonta à Colônia de Sacramento, teve papel forte na Guerra dos Farrapos, a qual foi o maior movimento separatista do Brasil. Ademais, tiveram como base no estado a Campanha do Cisplatina de 1817-28, as campanhas contra Rosas em 1849-52 e a Guerra do Paraguai em 1864-70. Segundo Schwartzman, no período anterior e posterior à Guerra do Paraguai, um quarto do Exército brasileiro era alocado no estado.

Dois políticos importantes da província, Manuel Luís Osório e Silveira Martins são exemplos da proximidade entre os poderes civil e militar no estado. É essa tradição que se vincula ao positivismo dos jovens letrados na Faculdade de Direito de São Paulo (Assis Brasil, Júlio de Castilhos, Borges de Medeiros, Pinheiro Machado) e os levaria a defender um republicanismo radical: pró-abolição, comtiano, revolucionário e com participação militar.

Os republicanos gaúchos lembravam da tradição de luta pela independência regional, como a própria Guerra dos Farrapos. Contudo, apesar de sua inclinação separatista, Schwartzman observa que não é possível argumentar que ela se confundiria como uma ideologia federalista, pois, quando no governo, os gaúchos logo se tornavam partidários não só da centralização governamental, como da intervenção deste nos estados rebeldes.

Estes eram os republicanismos pensados no país no final do século XIX. Cabe frisar dois pontos: que todos eles tiveram alguma importância política, ainda que de maneiras distintas e desiguais e que a principal relação se deu entre os republicanismos paulista e o mineiro, pois estes seriam estados importantes para a estabilidade institucional da Primeira República. Nesta relação entre São Paulo e Minas Gerais, é importante destacar que *a única identificação entre os republicanismos paulista e mineiro era referente à descentralização*. Veremos adiante o porquê isso importa.

Como assinala Schwartzman, o fim do período imperial e o início do período republicano "*abre o caminho à descentralização política e a uma maior correspondência entre poder político e o desenvolvimento social e econômico*" (SCHWARTZMAN, 1988, p. 105, grifo nosso).

Contudo, para o autor, nem mesmo na Primeira República, período que normalmente se atribui enorme peso político ao estado de São Paulo, a região dos bandeirantes teve o predomínio político que lhe seria correspondente, levando-se em conta o seu poderio econômico. Seria indicador disso o fato de que, embora o Partido Republicano Paulista (PRP) tenha apoiado todos os candidatos vitoriosos à presidência desde 1898, com exceção de Hermes da Fonseca, apenas três deles eram "paulistas": Campos Sales, Rodrigues Alves e Washington Luís, conhecido como "paulista de Macaé". Ou seja, mais precisamente: dois eram paulistas. E, como observado por Joseph Love, São Paulo tem poucos políticos lotados nas pastas ministeriais do período entre 1910 e 1926.

Segundo Schwartzman, existiriam dois modos de explicar a marginalização política de São Paulo. O primeiro seria sustentar que o número de cargos políticos ocupados pelos paulistas não é importante, pois se deveria focar nas questões econômicas e no poder que este estado tinha para geri-las. Outro argumento possível é afirmar que,

Os dilemas do patrimonialismo brasileiro — 197

dado o regime federativo e a enorme autonomia dos estados, ocupar o poder central não é imprescindível para os paulistas atingirem seus objetivos econômicos.

O autor concorda com a afirmação de que os paulistas tinham o controle sobre os mecanismos político-administrativos em relação ao café, como exemplifica o Convênio de Taubaté, proposto pelos paulistas. A partir do período Vargas, passam a surgir organizações governamentais nacionais sobre o assunto: o Conselho Nacional do Café (1931-3), o Departamento Nacional do Café (1933-46) e o Departamento Econômico do Café (1946-52), além do Instituto Brasileiro do Café. Contra-intuitivamente, Schwartzman defende, apoiando-se em Elisa Reis, que "*a nacionalização do controle da política do café foi uma reivindicação da própria lavoura cafeeira, que ao mesmo tempo em que conquistava o apoio federal para seus interesses econômicos ia alienando sua capacidade de ação e decisão próprias.*" (*idem, ibidem*, p. 117, grifo nosso). Isto ocorria, como exploraremos adiante, porque São Paulo era o estado economicamente mais instável, dada a sua relação de dependência direta do mercado externo. Assim, essa alienação representava proteção para os produtores paulistas.

Por outro lado, o autor aponta o "fardo' de São Paulo com relação aos demais estados brasileiros. Isso seria sinalizado pelo arranjo dos impostos do período republicano. Segundo a Constituição então vigente, os impostos oriundos da exportação eram de responsabilidade do estado, e os de importação da União. Segundo o nosso autor, como a capacidade de importar decorre da exportação, essa distinção de arrecadação dos impostos era um modo de transferência de renda dos estados exportadores para os estados economicamente mais frágeis.

Em 1924, surge uma revolta mal sucedida em São Paulo. Segundo o presidente da Câmara do Comércio de então, José Carlos Macedo Soares:

198 Leonardo Octavio Belinelli de Brito

[...] perdemos totalmente a influência legislativa, tanto na Câmara Federal quanto no Senado. Fomos completamente excluídos de um dos poderes da República, pois no Supremo Tribunal Federal, a esta hora, não há um único juiz de São Paulo. [...]. Não temos um só representante no Conselho Superior do Comércio. Na Diplomacia, como na Magistratura, na Marinha, como no Exército, nos poderes do Estado, por toda parte, em todos os postos de influência e de autoridade, São Paulo está sistematicamente excluído. (SOARES *apud* SCHWARTZMAN, 1988, p. 117)

Schwartzman defende que o texto de Soares distingue dois tipos de política: aquela na qual os cargos são pensados como posse pessoal do político e aquela na qual se está interessado em controlar os mecanismos de decisão, o que pode influenciar ações governamentais e etc. *"Para os paulistas, a política era uma forma de melhorar seus negócios; para quase todos os outros, a política era o seu negócio. E é nisto que reside a diferença e, em última análise, a marginalidade política daquele estado"* (SCHWARTZMAN, 1988, p. 118, grifo nosso).

A contraposição entre os dois modos de fazer política fica mais evidente numa comparação com a relação que Minas Gerais estabelecia com o governo central e que era fator de descontentamento paulista. Citando Manoel Olympio Romeiro, funcionário da Secretaria de Finanças do Estado de São Paulo daquela época e autor de um livro sobre a economia paulista, Schwartzman indica que este estado era o maior contribuinte da federação e Minas Gerais o maior recebedor; 88% do sistema ferroviário paulista foi financiado pelo estado, enquanto 70% do mineiro era financiado pela federação. Sua conclusão é a mesma em todos os tópicos analisados: *"a participação mineira nos gastos federais não tem relação com sua reduzida contribuição para a receita"* (*idem, ibidem*, p. 118, grifo nosso).

Os dilemas do patrimonialismo brasileiro 199

Este cenário é importante para compreender a Revolução de 1930, que surgiu da crise gerada pelo impasse sobre a sucessão presidencial do período. O presidente Washington Luís queria Júlio Prestes, um paulista, como seu sucessor. Contudo, a ideia foi rechaçada por Minas Gerais e pelos demais estados. Para Schwartzman, esse conflito propiciou o momento de São Paulo firmar sua hegemonia nacional. Houve a disputa decisiva entre Prestes e Vargas, que representava a tradição patrimonialista; o primeiro venceu, e o segundo assumiu o poder, de modo que houve o retorno da tradição patrimonial ao Estado.[20] Segundo o nosso autor, a vitória de Vargas foi decidida quando o Exército resolveu apoiar sua candidatura e retirou Washington Luís do poder. Pode-se interpretar essa vitória dos setores políticos vinculados à dominação patrimonial como uma repetição do que já havia ocorrido anteriormente, tanto na Guerra dos Emboabas, como na Guerra dos Mascates.

Os tenentes tiveram papel importante para o desenlace da Revolução de 30. Eles que tinham um ímpeto revolucionário operararam mais como líderes civis do que como líderes militares. É importante sublinhar que teria havido uma eleição competitiva, embora fraudada, durante a qual surgiu a Aliança Liberal, que tinha um programa de críticas às oligarquias estaduais e a ineficiência governamental. Segundo Schwartzman, no entanto, este posicionamento parece contraditório com a própria posição política de muitos dos membros da Aliança Liberal, pois não seria exagero afirmar que ela era composta, justamente,

---

20 Vale a pena observar a tese de Renato Lessa (2000) sobre o período. Segundo ele, de fato o governo mineiro teria logrado extrair muito mais recursos do Governo Federal do que o paulista. Noutro sentido, como Schwartzman, também indica que a política paulista teria um caráter nacional e modernizador. Porém, um detalhe fundamental, que o diferencia do sociólogo mineiro, é que este conflito teria se estruturado no próprio sistema montado por Campos Sales: "Os mineiros defendiam os procedimentos de Campos Sales, o localismo, enquanto os paulistas, os valores. Em 1930, uma parte do modelo Campos Sales entrou em conflito com a outra." (LESSA, 2000, 36).

pelos políticos provenientes das regiões de forte viés patrimonialista.

A questão não é, decerto, inerentemente contraditória, pois se poderia sustentar que os políticos "tradicionais", por assim dizer, poderiam se valer de discursos "modernos" para reafirmarem sua liderança tradicional. Contudo, Schwartzman não explora este problema a fundo.

O ano de 1930 marcaria uma "mudança radical" no que se refere à centralização e concentração do poder político. Os líderes do movimento eram jovens, em relação ao regime deposto, mas não eram "burgueses", nem de "setores médios em ascensão":

> Eles se identificavam claramente com a tradição política e militar do Rio Grande e respondiam de forma difusa, incerta e indecisa às demandas dos setores mais urbanizados do país por medidas de bem-estar social e um aumento da eficiência e força administrativa, militar e econômica do Estado nacional. Ao mesmo tempo, tratavam de manter uma situação de equilíbrio e composição com as elites políticas remanescentes do período anterior e que tinham aderido a Vargas. (*idem, ibidem*, p. 123).

Com relação ao regime varguista, o autor sustenta que houve uma centralização ainda maior no âmbito do governo federal, além de ter ocorrido a realocação dos militares na política e ter aumentado a dependência dos setores oligárquicos estaduais em relação ao governo central. Para ilustrar este último ponto, Schwartzman recorre à história do político mineiro Benedito Valadares, que foi por muito tempo tido como o representante mais típico do político mineiro oligárquico e tradicional. Valadares desenvolveu sua carreira sob o domínio varguista, e sua estratégia política tinha como "elemento principal [....] a absoluta lealdade pessoal a Getúlio" (*idem, ibidem*, p. 125).

Todo o desenvolvimento político brasileiro teria estado, portanto, ligado ao embate entre forças patrimonialistas e antipatrimonialistas. O conteúdo desse conflito foi, muitas vezes, por benefícios

Os dilemas do patrimonialismo brasileiro 201

econômicos, quando não simplesmente pelo poder político. Nesta referência, na próxima seção investigaremos como teria se dado o desenvolvimento econômico do país, sempre segundo Schwartzman. O objetivo central será compreender como a situação econômica do país, em sua relação com as demais nações, impactou nesta luta entre as forças patrimonialistas e suas opositoras.

O desenvolvimento econômico dependente do Brasil

Schwartzman defende a importância de levar em conta a questão da dependência do Brasil em relação aos países centrais. Isto porque sustenta *que é preciso pensar como tal relação impacta os processos políticos internos aos países.* Por outro lado, existiriam diversas opções de ações dos Estados periféricos, mesmo nas situações de rígida dependência. Por isso, é preciso compreender os motivos de adoção de determinadas políticas em detrimento de outras. De passagem, vale destacar o parentesco dessa proposição com o postulado metodológico encontrado em *Dependência e desenvolvimento na América Latina,* ensaio que marcou o surgimento da "teoria da dependência" de Fernando Henrique Cardoso e Enzo Faletto (Cf. CARDOSO e FALETTO, 1973).

Durante o século XVIII, a principal fonte de renda do país era o ouro. Contudo, o ciclo da mineração foi breve. Assim, no início do século XIX, as guerras napoleônicas e o livre comércio com a Inglaterra impulsionaram a agricultura de açúcar e algodão. Todavia, depois de 1815, a economia brasileira entrou em recessão. Como observa o autor, o período independentista do país coincidiu com um período de crise do mercado mundial e de nossa economia. A estagnação econômica foi mais intensa na primeira metade do século do que na segunda, período no qual o café se tornou o produto chave da economia brasileira.

Indicador desta recuperação foi, no período entre 1860 e a Primeira Guerra Mundial, o aumento do volume das exportações brasileiras em seis vezes. O responsável pelo sucesso foi o café, que representou, no período, 48% das exportações nacionais. Todavia, segundo Schwartzman, esse crescimento não foi específico do Brasil, pois algo análogo teria ocorrido em todo o sistema econômico mundial. Por exemplo, entre 1850 e 1880, o comércio internacional teria crescido 270%, 170% de 1870 à 1913, e entre 1928 e 1958, 57%. Segundo Ragnar Nurske, que elaborou tais dados, o país responsável por isso foi a Grã Bretanha, que triplicou sua população, aumentou em 12 vezes sua renda nacional e em 20 vezes as importações (*idem, ibidem*, p. 86). Em suma: o Brasil desfrutou de crescimento econômico porque o mundo passava por uma fase de expansão comercial.

Os países mais beneficiados por esse processo econômico britânico foram os de colonização recente, como Canadá, Argentina, Uruguai, África do Sul, Austrália, Nova Zelândia e EUA. Aliás, esses países tanto exportavam para a Inglaterra, como recebiam investimentos britânicos. Comparativamente, o Brasil ocupou uma posição subalterna no que se refere aos volumes das trocas comerciais. Os privilégios britânicos, durante a colonização portuguesa, continuaram no período pós-Independência. Schwartzman defende que, em fins do século XIX, a Inglaterra não era o principal mercado dos produtos brasileiros, "mas era, certamente, o principal provedor de empréstimos e de investimentos de capital" (*idem, ibidem*, p. 84). No período pós-Guerra Civil, os Estados Unidos se tornaram o principal mercado para os produtos nacionais e, durante a Primeira Guerra, passaram a ser o país que mais investia no Brasil, ultrapassando a Inglaterra. Diante desse brevíssimo panorama, a questão desta seção pode ser formulada do seguinte modo: *qual foi a articulação entre a agricultura, a indústria, o operariado e o Estado nestas condições?*

Os dilemas do patrimonialismo brasileiro 203

Ao analisar nosso desenvolvimento econômico, Schwartzman critica as teses de Celso Furtado. Basicamente, a tese de Furtado, segundo nosso autor, é sustentada pela suposição de que haveria uma oposição entre os interesses urbano-industriais e rurais-agrícolas. Os primeiros seriam favoráveis ao protecionismo e às políticas econômicas e de racionalização administrativa, e os segundos seriam contra, sustentando o *laissez-faire* e a tradição. Os operários, neste esquema, teriam como seu principal inimigo não a burguesia industrial, mas os latifundiários tradicionais, e a industrialização seria resultado de uma aliança entre burgueses, operários e outros setores urbanos.

O problema principal deste argumento é que "o Estado não é, neste esquema interpretativo, mais do que o executor da política da coalizão dominante" (*idem, ibidem,* p. 87). Além deste erro, a tese estaria equivocada porque: 1) não existiriam evidências empíricas que sustentariam a oposição de interesses agrícolas e industriais nos países novos. Esse modelo teria como base a "teoria dos custos comparados", que afirmaria que os latifundiários prefeririam racionalmente importar produtos. Embora a teoria seja parcialmente correta, segundo Schwartzman, ela não poderia ser generalizada. O argumento de Warren Dean, como veremos mais a frente, vai na mesma direção; 2) citando o exemplo de São Paulo, Schwartzman argumenta que uma economia exportadora dinâmica não exclui a industrialização. Aliás, para que haja exportação é necessário que haja transportes e comércio: "A economia monetária, estimulada por salários pagos no cultivo do café, também cria uma demanda por produtos que não poderiam ser facilmente importados do exterior" (*idem, ibidem,* p. 87). Para sustentar esse argumento, Schwartzman recorre às considerações de Dean e do economista argentino Ezequiel Gallo; 3) outro ponto que colaborou para o desenvolvimento industrial foram as decisões dos comerciantes e importadores, que decidiram investir na produção e não mais na importação (*idem, ibidem* p. 88).

Em suma, haveria uma combinação de exportações, importações e interesses manufatureiros que contrariariam as teses do modelo "clássico". Segundo Schwartzman, apoiando-se novamente em Dean, o objetivo do aumento da tributação não era proteger as indústrias. Embora ela tivesse efeitos protecionistas, seu objetivo era meramente fiscal, o que remonta a uma das características do Estado patrimonial. Em outras palavras: *arrecadação de fundos tinha como objetivo financiar a expansão da burocracia patrimonial do país num período de descentralização da máquina administrativa*.[21]

Do ponto de vista da aliança política de classes, o autor novamente contraria a tese "clássica", que argumentaria que a industrialização ocorreria por meio de uma aliança entre os setores modernos, operários e industriais, contra os interesses agrários e conservadores dos senhores de terras. O questionamento de Schwartzman é desdobrado em dois pontos: 1) neste argumento, haveria um desaparecimento das contradições de classe entre operários e industriais; 2) e mais importante, não existiu uma política industrial bem formulada pelos industriais. Ao contrário, eles dependiam de favores do governo, e tinham que demonstrar lealdade para manterem esta relação. Nesta altura aparece, novamente, o argumento de Dean, que sustenta que a industrialização não significou o surgimento de uma burguesia industrial oposta a classe proprietária territorial, embora existissem motivos para potenciais conflitos.

Os principais motivos para conflito eram a desconfiança por parte dos fazendeiros em relação ao suposto aumento de salários que a produção industrial gerava para a contratação da mão de obra e a im-

---

21 "Em resumo: se considerarmos o peso dos três setores – governo central, agricultores e industriais – torna-se evidente que o primeiro certamente detinha o controle político da situação; os industriais eram o grupo mais fraco" (SCHWARTZMAN, 1988, p. 89).

Os dilemas do patrimonialismo brasileiro 205

portação de matérias-primas por parte dos industriais em detrimento daquelas de origem nacional. Em resposta, demandavam, como medida reparadora de seus interesses, que as importações de fertilizantes e implementos agrícolas fossem isentas de taxas e a importação de algodão fosse dificultada por altíssimas taxas. Os industriais preferiam apaziguá-los, "porque viam sua prosperidade na dependência final das perspectivas do setor de exportação." (DEAN, 2006, p. 305). Segundo o nosso autor, o melhor exemplo disso foi o de Alexandre Siciliano, dono da maior fundição e da maior oficina mecânica de São Paulo, que propôs a política de valorização do café.

Enfim, os fazendeiros desconfiavam da grande capacidade de crescimento das fortunas dos novos ricos que, por sua vez, esbarravam no controle cerrado dos fazendeiros com relação ao sistema político. Ao invés de entrarem em conflito e apelarem para uma massa eleitoral mais ampla, que, segundo Dean, os industriais tinham condições de mobilizar, eles preferiram conciliar e adotar o papel de parceiros menores dentro do Partido Republicano, apresentando suas demandas como favores "clientelísticos".

Essa predisposição conciliadora dos industriais tinha por razão a boa disposição dos fazendeiros para com eles, pois as fábricas proporcionavam mercados para as matérias-primas que não teriam espaço no mercado internacional, como o algodão, o açúcar e os couros. Esta era "sua maneira de manipular os assuntos do Governo Central que lhes garantia uma tarifa tão elevada que era protecionista de fato, se não o fosse na intenção" (*idem, ibidem*).

Como diz Dean, "o industrialismo, com seu potencial de transformação social, foi de fato distorcido por uma aliança regressiva e oportunista com a classe menos propensa a favorecer a transformação" (DEAN *apud* SCHWARTZMAN, 1988, p. 89). Mais uma vez nos distanciamos da norma europeia, pois, no Brasil, a burguesia não teria sido revolucionária como a burguesia europeia.

Já no período das Guerras Mundiais, a economia brasileira, segundo Schwartzman, teria entrado em crise, como demonstrado por Dean, e não em fase de crescimento, como teria apregoado a teoria de Furtado. Segundo o autor norte-americano, as crises, de fato, aumentaram a procura dos produtos nacionais, tal como teria argumentado o autor de *Formação Econômica do Brasil*. Contudo, com o sistema econômico mundial em crise, não foi possível satisfazer tal demanda, dadas as dificuldades de financiamento e importação de equipamentos.[22]

Se a tese clássica imaginava que a guerra havia criado uma procura não satisfeita, a mercê da redução das importações, que passaram a serem satisfeitas pelas produções locais. Para Dean, o que houve foi a eliminação das demandas dada a elevação dos preços dos produtos importados: "Em sua quase totalidade, o vertiginoso declínio das importações não podia ser compensado pelas fábricas locais, porque estas não se achavam aparelhadas para produzir as espécies de artigos que tinham desaparecido" (DEAN, 2006, p. 310). De maneira geral, o valor da produção cresceu pouco e, quando cresceu intensamente, o crescimento foi ilusório tendo em vista a política inflacionária do Governo durante a guerra.

Para Dean, as notícias sobre os ganhos de produção estão ligadas aos esforços do Governo para arrecadação de impostos. Era a

---

22 As duas posições aqui apresentadas podem ser resumidas em duas visões distintas da industrialização brasileira: a "teoria dos choques adversos" e a "teoria da industrialização induzida por exportações". A primeira argumenta que as economias periféricas se industrializariam nos momentos de crise, devido a incapacidade dos países industrias em suprirem suas demandas por produtos industrializados. Noutras palavras, aproveitar-se-iam da demanda para se industrializarem. Esta seria a posição de Roberto Simonsen e Celso Furtado. A segunda, esposada por Warren Dean e Simon Schwartzman, sustenta que a industrialização requereria capital, que é originado dos setores de exportação. Portanto, num período de guerras, as exportações entram em crise, há menos capital disponível e, logo, seria difícil um país periférico se industrializar. Essas posições são melhores exploradas no artigo de Flávio Saes, *A controvérsia sobre a industrialização na Primeira República*, de 1989.

Os dilemas do patrimonialismo brasileiro 207

primeira vez que a produção nacional se demonstrava importante e estava sujeita a inspeções mais rigorosas do Governo. Os industriais, por sua vez, queriam convencer o Governo de que a guerra provava a vulnerabilidade do país, que era dependente de industriais estrangeiros. Para os observadores posteriores, "o suposto surto" industrial durante a Primeira Grande Guerra era a prova de que a economia nacional podia responder ao desafio das condições de comércio declinantes e do crescimento vacilante ou da crise dos países industrializados" (*idem, ibidem*, p. 311).

De resto, a economia nacional teria sofrido muito com a inflação e com as reduções críticas da disponibilidade de maquinaria e combustíveis. Cabe notar ainda que, segundo Schwartzman, a opinião de que a Guerra colaborou para a industrialização "não foi abraçada por outros países latino-americanos, e na Argentina a ideia foi especificamente desprezada por Ezequiel Gallo" (*idem, ibidem*).

A última década da Primeira República não passou sem ganhos econômicos. Houve aumento na capacidade hidrelétrica, um maior número de veículos a motor e o aparecimento de novos setores de cimento, aço e maquinaria. No entanto, o índice de crescimento caíra de 8,4% antes da guerra para 4%, no período posterior. O setor industrial não parece ter aumentado o seu estoque de capital ou o seu uso de energia elétrica por trabalhador, nem a sua produtividade. O número de trabalhadores por firma parece ter diminuído de 22 para 16 no período entre 1919 e 1939. Os salários cresciam mais lentamente que o custo de vida, e a relação entre salários agrícolas e não agrícolas permaneceu baixo. As inscrições nas escolas de adestramento industrial cresciam mais lentamente que a produção industrial, de modo que esta ainda dependia do fluxo de imigrantes.

A lentidão da industrialização, das exportações e das importações levou os industriais a entrarem em conflito com seus antigos aliados, os importadores, e com a classe média urbana. Os industriais não se libertavam dos cafeicultores e passaram a ser acusados pela classe média urbana, que dependia de salários para viver, inclusive os militares, pela política inflacionista. Já os importadores, comprando artigos baratos da Grã-Bretanha e com as melhores taxas e tarifas, disputavam mercado com os industriais. Os importadores ficaram ao lado da Aliança Liberal, de Vargas. Em São Paulo, a disputa colaborou para a fundação do Partido Democrático, reformista que se opôs às alianças entre fazendeiros e industriais: "É extremamente significativo o fato de que, à medida que se aproximava o colapso da República Velha, os industriais se alinhassem do lado mais conservador das forças em luta" (SAES, 1989, p. 312). A visão geral de Dean pode ser expressa na afirmação de que "a nova sociedade não se achava de todo preparada para aplicar cabalmente as novas técnicas mecânicas, e *continuava a depender do estímulo dos setores de exportação, de modo que o crescimento não poderia processar-se independentemente das condições do mercado mundial*" (DEAN, 2006, p. 312, grifo nosso)

Tendo em mente a teorização de Dean, a conclusão de Schwartzman sobre o assunto é que as crises econômicas podem gerar chances ou malefícios aos sistemas econômicos, mas isso depende do contexto político. "Em outras palavras, a industrialização produzida em um contexto de crise internacional e guerra dificilmente pode ser explicado em termos econômicos, mas sim em termos políticos e institucionais" (SCHWARTZMAN, 1988, p. 91).

Nesta referência, torna-se importante entender as escolhas políticas de São Paulo, pois estas teriam sido fundamentais para a modernização de sua economia. Retomando a peculiaridade do desenvolvimento econômico paulista, que ocorreu principalmente na segunda metade do século XIX, Schwartzman argumenta que o desenvolvimento paulista foi possível por duas especificidades do esta-

Os dilemas do patrimonialismo brasileiro 209

do: a solução dada para o problema da mão de obra e pela política de sustentação do preço do café. Defende que, no que concerne ao primeiro tópico, São Paulo adotou uma saída "adequada ao capitalismo", enquanto outras regiões, como o Rio de Janeiro, patinavam ainda em regimes escravocratas, semi-escravocratas ou de parcerias.

No que se refere ao segundo problema, o autor observa que a política de manutenção do preço do café começa justamente em 1906, ano no qual a União praticamente deixa de financiar a imigração europeia e São Paulo passa a assumir quase que totalmente tais gastos, com o Convênio de Taubaté. Em 1902, São Paulo tentou controlar o preço do café por meio do controle da oferta, tendo proibido a produção de novos cafeeiros por cinco anos. O problema que se coloca é: por que a iniciativa de proteger o preço do café vinha de São Paulo, que era o estado com economia mais moderna?

Segundo Schwartzman, apoiando-se em Delfim Netto, a resposta para esta questão tem a ver com o tipo de sistema de trabalho que prevalecia em São Paulo, que seria diferente do mineiro. Em São Paulo, o regime era contratual-monetário, o que Netto chama de "colonato"; em Minas e no resto do país, prevalecia o regime de parcerias. Pois bem, *a questão é que os paulistas eram mais vulneráveis às oscilações do preço do café que os demais brasileiros e daí surgia sua pressão pela manutenção dos preços do café.* Contudo, isso não quer dizer que São Paulo controlava as políticas monetárias da União. Segundo Schwartzman., apoiando-se em pesquisa documental de Elisa Reis, os cafeicultores paulistas "jogavam" a responsabilidade da condução da política cafeeira para o Governo Federal.

Em síntese, *não houve uma política calcada na representação de interesses de classes, mesmo que dominantes.* A aliança entre oligarquia rural e Estado é central, mas é apenas parte da história. Isso porque "é preciso considerar ainda que o fortalecimento de estruturas políticas não se deu a partir da expansão econômica de determinados setores, mas precisamente em função da decadência de outros" (*idem, ibidem*, p. 99, grifo nosso).

A história do Brasil pode ser lida nesta perspectiva. Por exemplo, a relação entre Portugal e Inglaterra, que era fundamentada em vantagens econômicas em prol dos ingleses, que em troca ofereciam a proteção político-militar para os lusitanos. Exemplo disso seria o Tratado de Methuen (1703), que deu a Portugal a possibilidade de brigar pelo Amazonas com a França e pela Colônia de Sacramento com a Espanha, além de garantir o mercado inglês para os vinhos portugueses. O resultado desse quadro, como apontou Celso Furtado, foi a transferência do impulso industrializante de Portugal para a Inglaterra. Por outro lado, o traço mais característico do domínio político português foi a centralização política e administrativa intensificada em regiões economicamente decadentes. Exemplos disso seriam os estados do Nordeste, Minas Gerais, Rio de Janeiro, e Rio Grande do Sul. A mesma dinâmica teria ocorrido no período pós-Independência. Assim, "*dependência política derivada do status colonial, subordinação econômica a Portugal e Inglaterra, e centralização burocrática para a exploração de uma economia em decadência, tal é o quadro com o qual o Brasil entra no século XIX*" (*idem, ibidem*, p. 100, grifo nosso). Neste sentido, o *Estado patrimonial sobreviveu por ter conseguido impedir a organização dos setores de interesses*. Isso porque:

> *Confrontados com um setor político dominante, que gozava de apoio de interesses econômicos estrangeiros poderosos, os grupos nacionais podiam implorar, pressionar ou reivindicar favores especiais e concessões dos detentores do poder político, mas nunca poderiam aspirar a conquistá-lo e submetê-lo a seus próprios fins.* É por isso que a coalização conservadora dos interesses dos cafeicultores com o governo federal não teve como resultado, a longo prazo, a subordinação da política federal aos interes-

Os dilemas do patrimonialismo brasileiro

ses do café, mas, ao contrário, a progressiva dependência dos interesses do café em relação ao governo do Rio de Janeiro (*idem, ibidem*, p. 101, grifo nosso).

Ou seja, o Estado era sustentado por uma aliança entre a classe política oligárquica, burocracia patrimonial e os setores estrangeiros, como mostram a influência holandesa e inglesa na história do país. O que Schwartzman chama de "grupo nacional", identificado com os cafeicultores paulistas e industriais, não conseguiu tomar o controle do aparelho estatal, que permaneceu nas mãos da aliança anterior. Isso teria gerado a falta do que o autor chama de "vontade e determinação política"[23] em prol da industrialização.

O período Vargas, por sua vez, teria reforçado essa relação de dependência com o Governo central, o que teria gerado alguma mudança na situação anterior. A situação de Benedito Valadares, a qual já aludimos, ajuda a explicar essa alteração. Ele não era:

> exatamente o representante das oligarquias rurais, não a expressão de interesses econômicos mal dissimulados, mas o agente do chefe do Estado, agindo de forma aberta, ou por trás da cortina, mas sempre num contexto onde o principal triunfo é o acesso ao centro dominante de poder econômico e político, o governo federal. Menos do que um representante da oligarquia mineira, *Benedito Valadares foi, na realidade, um dos instrumentos de seu debilitamento e redução de suas aspirações à liderança e autonomia.* (*idem, ibidem*, p. 126, grifo nosso)

---

23 Como dissemos anteriormente, Schwartzman estabelece uma série de comparações entre o Brasil e outros países. Neste aspecto, o da ausência de "vontade e determinação política", o autor observa que a Argentina teria o mesmo problema que o Brasil. Já a Austrália seria um caso bem sucedido de país colonial que se desenvolveu, devido a sua aliança de classes dominantes ter gerado essa "vontade e determinação política".

Se no caso de Minas Gerais a transição para o regime varguista não foi tão complicada, em São Paulo a situação foi outra. Isso porque São Paulo foi o estado perdedor na contenda que levou Vargas ao poder. Economicamente, o governo central adotou uma posição liberal, com eventuais apoios ao que Schwartzman chama de "demandas populistas", o que desagradava os industriais paulistas. Depois de 1937, Vargas adotou uma posição econômica antiliberal, de modo que o caminho escolhido para a industrialização não foi o apoio aos empresários paulistas, mas a centralização nas ações e empresas estatais. "O governo não poderia, certamente, ignorar os recursos técnicos e humanos existentes em São Paulo, o que proporcionou uma certa identidade de interesses e uma aproximação entre governo e setores industriais: mas a iniciativa empresarial e o comando da situação permaneceram sempre sob a direção do primeiro" (*idem, ibidem*, p. 127).

Neste sentido, o governo Vargas foi o período no qual houve a radicalização de uma contradição. Isto é, o fortalecimento do Executivo, com a participação cada vez maior do Estado na vida social e econômica do Brasil, o fortalecimento da cooptação dos líderes regionais em todos os níveis, e a subordinação da vida econômica do país aos processos políticos, que se deu no mesmo momento em que houve uma intensa mobilização de massas, almejando representatividade e independência em relação aos senhores de terras. Essa combinação, que veremos na próxima seção, viria a dar no que se chama de "populismo".

O choque entre cooptação e representação: o período pré-64 e o futuro da democracia liberal no Brasil

A crise do sistema político do período 1945-1964 foi iniciada no momento em que os níveis de educação, industrialização e urbanização aumentaram no país. Ou seja, o país progredia e foi, neste mo-

Os dilemas do patrimonialismo brasileiro 213

mento, que veio o golpe militar de 1964. *Parte da empreitada do autor é justamente buscar explicar o porquê dessa conjunção.*

Segundo Schwartzman, os sinais da crise seriam contraditórios: por um lado, teria ocorrido um aumento da participação social em vários ramos, mas, por outro, também haveria um desencanto com o sistema político. O sinal desta decepção seria o aumento do número de votos em branco. Isso teria sido particularmente forte em São Paulo.[24] Além disso, os eleitores paulistas estariam se desinteressando pelo sistema político *nacional* e se mobilizando politicamente. Para Schwartzman, haveria uma contradição entre estes aspectos, mas o autor *não explica o porquê.*

No caso paulista, o primeiro movimento, o do desinteresse pela política nacional, seria daqueles "grupos mais capazes de se organizarem em defesa de seus interesses". No nível local, Ademar de Barros procurou reproduzir o padrão de cooptação, à moda da aliança varguista entre PSD-PTB, o que fez com sucesso. Contudo, não conseguiu incorporar nesta política "os grupos sociais e econômicos mais autônomos e ativos", de modo que não logrou expressar a sociedade paulista de modo completamente legitimado na política nacional. Por sua vez, a vitória de Jânio Quadros e João Goulart no plano nacional uniu representação e cooptação, respectivamente. Além disso, colocou São Paulo no primeiro plano político. Para o nosso autor, este é um movimento de "nacionalização" política que acabou por colocar em plano inferior as clivagens regionais e as diferenças entre os siste-

---

24 Este ponto de vista deu origem a um clássico debate sobre os motivos do Golpe de 1964. A perspectiva de Schwartzman foi criticada por Maria do Carmo Campello de Souza (1983). Veja-se que, no substantivo, Campello de Souza e Schwartzman concordam: foi um golpe do Estado brasileiro contra a sociedade. O cerne da discordância ocorre porque enquanto Schwartzman defende que o sistema político brasileiro passava por uma crise e disso decorreria o golpe, Campello de Souza sustenta que o sistema político estava se realinhando no sentido da representatividade, e por isso o golpe ocorreu.

mas de cooptação e representação, que até então eram cindidos. Esse processo aconteceu por meio da mobilização social e com polarização ideológica, o que indicaria um movimento de transição. O resumo da situação é o de que:

> *O sistema eleitoral, baseado na cooptação de líderes políticos, no paternalismo e no isolamento político do centro econômico e dos líderes urbanos, não resistiu ao crescimento da mobilização e à nacionalização da política, que fizeram do peso eleitoral de São Paulo o fator decisivo da vitória. A cooptação política através da mobilização progressiva das massas urbanas foi tentada mas fracassou, por falta de apoio econômico, militar e internacional.* A alternativa adotada foi, finalmente, a da restrição forçada da participação política, concentrando o poder nas mãos do Executivo e retirando-o do processo eleitoral. A participação ficaria, assim, limitada ao Legislativo, onde formas mais tradicionais de controle do eleitorado pareciam ainda prevalecer. (SCHWARTZMAN, 1988, p. 147, grifo nosso)

Para Schwartzman, o golpe militar teria ocorrido devido a existência de um conflito entre uma sociedade cada vez mais propensa a um sistema político representativo, enquanto a estrutura política, comandada pela burocracia e pela classe política, permanecia dentro da lógica da cooptação. Numa palavra: houve um choque entre sociedade e Estado, com a vitória, pela coerção, do último. Observa-se que o argumento sugere que o desenvolvimento social leva ao fim do patrimonialismo ou, ao menos, ao choque com ele, o que não é tão claro na perspectiva de Faoro.

Nesse espírito, o autor assinala que o caminho histórico percorrido pelas democracias mais estáveis passou pelo domínio político da burguesia, que subordinou o Estado aos seus interesses, e as posteriores reações, como o dos setores rurais, proletários e etc. No Brasil, isto não ocorreu:

Os dilemas do patrimonialismo brasileiro 215

> *A democracia brasileira, para chegar a se constituir de forma realmente sólida, necessita que a sociedade possa se organizar de forma autônoma sobre novas bases, além de matrizes classistas tradicionais, a burguesia e o proletariado.* É possível encontrar muitos sinais encorajadores destas formas emergentes de participação, no novo associativismo que surge nas grandes cidades, na renovada consciência política e social das associações profissionais, no novo sindicalismo, e assim por diante. (*idem, ibidem,* p. 149, grifo nosso)

Schwartzman sustenta que é preciso o estabelecimento de uma representação política geral, que deixe de ser limitada a alguns interesses privados. Isso só poderá ocorrer quando a burocracia estatal deixar de ser patrimonial, preocupada apenas com sua sobrevivência, e se transformar, de fato, numa burocracia preocupada com os interesses gerais. Além disso, o autor sublinha as clivagens regionais destas práticas, pois seria preciso que as duas tendências, representação política e imparcialidade burocrática, estivessem presentes em *todas as regiões do país,* sobretudo naquelas que sofrem com as práticas da dominação patrimonial. Para a atualidade do pensamento, caberia fazer a pergunta decisiva: superamos o patrimonialismo? No prefácio à quarta edição de *Bases,* diz nosso autor:

> A partir de 1995, com os governos de Fernando Henrique Cardoso e Luiz Inácio da Silva e as candidaturas presidenciais de José Serra e Geraldo Alckmin, o centro de gravidade da política brasileira se transfere para São Paulo. Nas eleições de 1994 e 1998, a oposição entre PSDB e PT se aproximou bastante do que poderíamos descrever como a disputa entre dois partidos políticos modernos, um com mais apoio nas classes médias e no empresariado, outro com mais apoio nos sindicatos e movimentos sociais independentes. Desde então, no entanto, os partidos políticos perderam substância, o clientelismo se ampliou, o sindicalismo e os movimentos so-

ciais foram cooptados, e boa parte das antigas elites patrimonialistas mantiveram seu poder de sempre, agora como meras cleptocracias. O período "moderno" da política brasileira teve fôlego curto, e a política antiga está demonstrando ter uma enorme e inesperada sobrevivência e metamorfose. Fica para os leitores a pergunta de porquê isto é assim, e o que podemos fazer para o futuro. (SCHWARTZMAN, 2007, p. 8)

O trecho traz muito o que pensar. De um lado, Schwartzman sustenta que a sua tese se confirmou: o centro político se transferiu para São Paulo, como indicam as candidaturas principais à presidência da república. De outro, temos a tese de que houve um momento "moderno", que coincidiu, se pesadas as datas, com os governos do Partido da Social Democracia Brasileira (PSDB), que o trecho sugere ter feito uma política "moderna"; em seguida, esse partido foi derrotado pelo Partido dos Trabalhadores (PT), que no momento anterior teve um papel moderno; mas, no poder, o PT daria azo à "política antiga" e às "antigas elites patrimonialistas". Não é difícil ver o esquema explicativo da história do país elaborado pelo autor, só que agora noutro plano: o PSDB estaria ligado ao lado moderno, paulista, dos empresários e classes médias, que lutam contra a tradição patrimonialista-populista; de outro, o PT, abrigando os resquícios tradicionais. A análise diz muita coisa sobre a utopia política do autor, a qual retomaremos no próximo capítulo.

Voltando à análise histórica, não se poderia deixar de notar que há algo de parcial no argumento de Schwartzman. Para o nosso autor, a solução passaria, principalmente, pela supressão da burocracia patrimonial e pela ação das classes sociais, *principalmente a burguesia*. Contudo, como ele mesmo argumentou e como vimos nesta exposição, a burocracia patrimonial é aliada a outros dois grupos importantes, a classe política e o "capital internacional", por assim dizer. Assim, Schwartzman não só não explicou o porquê da ênfase na burocracia

Os dilemas do patrimonialismo brasileiro   217

como *locus* do patrimonialismo, pois os exemplos dados são da classe política, como também parece sinalizar com uma solução parcial, pois se eliminaria apenas um dos polos da aliança que causaria os problemas no desenvolvimento político-democrático do país. Então, caberia perguntar: como ficam, nessa proposta, a classe política e o capital internacional? A pergunta, em *Bases*, fica sem resposta.

Na verdade, segundo o nosso entendimento, há um problema de *forma* no livro. Para entendê-lo, é preciso que compreendamos duas dimensões, que andam separadas no livro e se contradizem: a dimensão normativa e a dimensão explicativa.

De um lado, o autor é muito claro ao dizer, logo na "Apresentação" do livro, que a "oposição liberal" (estamos nos anos 80, nesta altura) mistura duas demandas em uma só mão: combate o Estado neopatrimonial, focalizando a dimensão política dos fenômenos, e, ao mesmo tempo, qualquer tipo de Estado, via de regra, utilizando argumentos de cunho econômico. De passagem, observa-se que esta estratégia fecha o circuito teórico quando o argumento é fundamentado na tese de que todo Estado é ineficiente e corrupto, como pregam as teses neoliberais. Para o nosso autor, o primeiro combate é justo, mas o segundo não, pois existiriam "necessidades iniludíveis de planejamento governamental e intervenção do Estado na vida econômica e social do país" (SCHWARTZMAN, 1988, p. 10). Ao juntar as duas posições, a oposição liberal "se confunde, assim, com a defesa do *status quo*, com a manutenção dos privilégios econômicos, com o conservadorismo enfim" (*idem, ibidem,*). Ou seja, normativamente, Schwartzman se opõe a "oposição liberal", porque haveria de se ter um Estado que não fosse mínimo, mas representativo.

De outro lado, a dimensão explicativa do livro conduz, justamente, ao argumento da oposição liberal, desmentindo a ponderação do autor. Um exemplo chave no livro é o do período conhecido como

218   Leonardo Octavio Belinelli de Brito

Primeira República. Na "Apresentação" do livro, Schwartzman critica este período por juntar o pior dos "dois mundos", um "liberalismo esclerosado" e o patrimonialismo. No caso, este liberalismo identificaria, falaciosamente, "liberdade e privatismo". A sentença do autor é clara: o "Estado e o planejamento da vida social e econômica estão aqui para ficar, que não há mais lugar no mundo de hoje para a simples prevalência dos interesses privados sobre os coletivos..." (*idem, ibidem,* p. 11). O problema é que *esta não parece ser a análise que Schwartzman faz da Primeira República.* Ou, em outros termos, a análise do autor não conduz para tal conclusão. Para entender esse problema, é preciso compreender como *Bases* analisa o desenvolvimento político e econômico de São Paulo, o que nos remete ao problema central do livro.[25]

O caso paulista é tido como o "negativo" da experiência política brasileira, como esclarecemos anteriormente. Nessa acepção, vimos que, segundo Schwartzman, São Paulo teria desfrutado de uma espécie de "vantagens do atraso". Esse abandono político de São Paulo por parte da Coroa portuguesa, o que se deveu à escassez de valores econômicos na região, teria feito São Paulo crescer mais ou menos naturalmente, o que constituiria uma experiência comparável à experiência de formação social dos norte-americanos, segundo Tocqueville. É como se nesta região a sociedade tivesse precedido o Estado, enquanto nas demais, o Estado criou a sociedade.

Por isso, São Paulo conseguiu adotar uma organização social mais eficiente, que resultou num tipo de organização econômica mais afim do capitalismo. Ao mesmo tempo em que o seu poder econômico crescia, passou-se a demandar maior espaço político para a região,

---

25 "A experiência política vivida nestes últimos anos confirma a tese de que o entendimento da vida política brasileira passa necessariamente pela análise das contradições entre o centro econômico e mais organizado da 'sociedade civil' no país, localizado em São Paulo, e o núcleo do poder central muito mais fixado no eixo Rio de Janeiro-Brasília." (SCHWARTZMAN, 1988, p. 9)

Os dilemas do patrimonialismo brasileiro 219

que era negligenciada e sub-representada na política imperial. Daí as demandas republicanas de seus chefes políticos, essencialmente pelo federalismo, que representava a aspiração da não-interferência de uma política central na realidade daquela província. Ao mesmo tempo, também se invocava a liberdade econômica, já que se deveria reduzir o poder central, bem como cada região deveria resolver como lhe aprouvesse a questão da mão de obra escrava.

Já citamos, mas não custa repetir: para Schwartzman, o período republicano "abre caminho à descentralização política e uma maior correspondência entre o poder político e o desenvolvimento econômico" (SCHWARTZMAN, 1988, p. 105). Segundo a perspectiva defendida no livro, isso era positivo, porque parecia adequar os interesses às possibilidades da política. Daí a constatação de Schwartzman, que não deixa de ser elogiosa, sobre o fato de que, como já destacado, "para os paulistas, a política era uma forma de melhorar seus negócios: para quase todos os outros, era o seu negócio. E é nisto que reside a diferença e, em última análise, a marginalidade política daquele estado" (*idem, ibidem*, p. 118).

Por outro lado, e de modo contra intuitivo, Schwartzman sustenta que a Primeira República não foi dominada pelos paulistas, a despeito do Convênio de Taubaté. Nota-se, aliás, que o autor elenca uma série de contribuições econômicas de São Paulo aos cofres da União, ao passo que pouco recebia. Em contrapartida, Minas Gerais, que contribuía pouco, muito ganhava.

Ou seja, a história contada por Schwartzman pode ser resumida numa espécie de luta da política de interesses, encarnada em São Paulo, para se libertar das amarras neopatrimoniais, encarnadas no resto do Brasil. De um lado, o liberalismo, a livre-empresa, a competitividade, o associativismo, a representação; de outro, o patrimonialismo, a interferência estatal, o isolamento econômico, a dependência social

220　Leonardo Octavio Belinelli de Brito

frente ao Estado, a cooptação. Ainda em termos mais sintéticos: de um lado a virtude, de outro o problema.

Daí a sensação de incongruência na conjunção que Schwartzman faz entre o "liberalismo esclerosado" e o "patrimonialismo", quando, na sua explicação, eles parecem não se aliar, mas se opor. Este é, em suma, o problema de forma apresentado pelo livro, que é absolutamente central em sua análise, como na questão da análise de sua utopia política.

De outro ângulo, a abordagem de Schwartzman parece conduzir para o que que Maria Sylvia de Carvalho Franco (1970; 1976) chamaria de dualismo. O argumento do sociólogo mineiro parece apostar, para ainda utilizarmos as palavras da autora noutro contexto, numa "diferença essencial" entre São Paulo e o resto do país. Não é difícil ver aí a tese dos "dois Brasis", na qual São Paulo seria a parte moderna e os demais estados representariam o papel do atraso. Tendo esta formulação em mente, podem-se indicar dois pontos. O primeiro é que o autor não indica como se relacionam internamente estes dois polos;[26] o segundo é que esta explicação dualista surge num momento em que a crítica à tal abordagem já estava consolidada, como indica, inclusive, a tese de livre-docência de Carvalho Franco. Neste sentido, é de se pensar sobre o porquê do autor não discutir com tal literatura.

Por essas e outras, a sensação que fica da leitura da obra é aquela assinalada por Gabriel Cohn (1982) em sua resenha do livro. Referimo-nos a mistura de "promessa e frustração" assinalada por ele, pois nos parece que o resenhista teve razão quando apontou que, em alguns desenvolvimentos teóricos e análises históricas, faltam em *Bases* ele-

---

26　Momento crucial desta ligação é o Convênio de Taubaté, que desfaz o caráter liberal da política paulista em prol da manutenção das taxas de lucratividade do setor fazendeiro. O argumento de que não houve representação de interesses desta classe porque ela não controlava diretamente o aparelho estatal não convence inteiramente porque supõe uma maneira excessivamente simples de pensar o que significa a influência das classes sobre o Estado.

Os dilemas do patrimonialismo brasileiro 221

mentos que assegurem a "integração teórica e a coerência interna da obra" (COHN, 1982, p. 4). Apesar disso, o livro levanta pontos que nos parecem bastante interessantes, como a análise das formações das regiões, além do próprio intuito de fazer uma análise ampla da formação do país e a própria tentativa de avançar na compreensão deste por meio de um conceito clássico e trabalhado de maneira inventiva, a ideia de neopatrimonialismo. Neste sentido, vale destacar o "lugar" de *Bases* nas ciências sociais brasileiras. Escrito no período de fortalecimento institucional das universidades do país, o que viria a gerar tipos de estudos opostos ao "ensaísmo" praticado anteriormente, *Bases* tenta conectar a perspectiva macro-histórica, mais ligada ao ensaísmo do que à monografia universitária, embora faça, como essa, uso do instrumental teórico-metodológico das ciências sociais contemporâneas. Ao ler o livro e os próprios prefácios que lhe acompanham, não há como deixar de notar, até pelo tom que o autor usa em algumas passagens, que é uma obra também de caráter combativo e atuante. É ciência, mas também política. Pensamos que parte das dificuldades do livro vem daí. Do ângulo do leitor, surge a necessidade de fazer uma leitura cruzada, o que não é fácil.

Além disso, o livro esposa uma tese muito presente ainda hoje no debate público brasileiro: a de que o patrimonialismo é marca apenas do Estado brasileiro e não da sociedade. A difusão da ideia torna importante o estudo de obras que a utilizam, seja para esclarecer o porquê de tal popularidade, seja para averiguar se há correspondência entre a ideia e o seu uso corrente. Nesta referência, pode-se dizer que *Bases* é um livro bem-sucedido. Sinal disso é que não é raro ver formadores de opinião e outros intelectuais usarem de explicação muito semelhante àquela fornecida pelo livro.

Considerações sobre o capítulo: comparações entre Faoro e Schwartzman

Como assinalamos na Introdução desta dissertação, e seguindo a análise de Werneck Vianna (1999), é possível observar algumas semelhanças entre os argumentos de Schwartzman e de Faoro. De fato, as análises históricas dos dois autores enfatizam a permanência e preeminência do Estado português durante o período colonial e pós-independência sobre a sociedade,[27] o que chegaria até os dias de hoje. Neste sentido, o Exército ganha destaque nas obras de ambos, aparecendo como uma instituição privilegiada para se observar não só a visão daqueles que governam sobre os governados, mas também para assinalar como o Estado consegue impor suas vontades.

Schwartzman e Faoro também sugerem que o feudalismo foi uma formação social que possibilitou o capitalismo moderno, além de se valerem de termos associados à "teoria das elites". Em seus argumentos, São Paulo aparece como o estado no qual o capitalismo moderno se desenvolveu no país, por isso enfatizam as qualidades particulares desta região. Dessa forma, é possível pensar uma tensão na análise dos autores sobre São Paulo: por um lado, este estado aparece como caso particular na história brasileira; por outro, é sugerido que este é o caminho a ser seguido pelas demais regiões, situação análoga à relação do Norte com o Sul nos Estados Unidos, ou de Piemonte com o resto da Itália.[28] Em outro plano, o teórico, não deixa de ser curioso o sur-

---

27 Neste sentido, a ideia de Werneck Vianna (1997) de que, na obra de Tavares Bastos prevaleceria a explicação "política" sobre a "sociológica", enfatizada na obra de Oliveira Vianna, ganha sentido. O destaque deste ponto também foi feito por Ricupero e Ferreira (2005).

28 Ao analisar *A democracia na América*, de Aléxis de Tocqueville, Werneck Vianna (1997) sugere uma tensão entre "dois americanismos" na obra do autor francês: de um lado, os Estados Unidos seriam um caso muito particular de desenvolvimento de uma sociedade democrática desde suas fundações; de outro, a república norte-americana seria o país ideal para "ensinar" o regime democrático aos países euro-

Os dilemas do patrimonialismo brasileiro 223

gimento das teorizações de Maquiavel em suas obras, apesar da sua marginalidade. Embora não se referindo exatamente do mesmo modo ao autor d'*O Príncipe*, os dois usos indicam que Maquiavel teria compreendido e teorizado a forma política do Estado patrimonial.

No entanto, existem diferenças importantes nas argumentações de Faoro e Schwartzman. A primeira é que, para o primeiro, o Brasil é um país *tradicional*; já o segundo defende que o país *nunca foi* tradicional. Essa diferença é importante porque impacta o próprio uso do conceito de patrimonialismo ou, no caso de Schwartzman, sua ressignificação como neopatrimonialismo. Para o jurista gaúcho, a formação social luso-brasileira não teria superado a lógica tradicional que presidiu a formação do Estado português, que é aquela que remete aos "donos do poder", que teriam força para intervir nas relações sociais, políticas e econômicas, com o fito de manter seus privilégios. Por sua vez, o sociólogo mineiro não vai tão longe quanto Faoro na análise da história luso-brasileira, mas sugere que o Brasil não é tradicional porque Portugal mesmo já seria um "Estado moderno" (o que Faoro não nega inteiramente) e suas colônias já teriam sido conectadas ao capitalismo comercial daquele momento. Assim, depreende-se que uma outra diferença entre os autores é sobre a própria formação portuguesa, que determinaria a brasileira: se Portugal já era "moderno", o Brasil também seria; se Portugal não era, sua principal colônia também não poderia sê-lo.

Outro ponto importante de divergência é a própria forma na qual são estruturados os grandes conflitos latentes na história brasileira, que lhe dão significado. Para Faoro, o conflito fundamental ocorre entre a

---

peus. Nosso argumento sobre a tensão que o estado de São Paulo tem nas análises de Simon Schwartzman e Raymundo Faoro, esse especialmente na segunda edição de *Os donos do poder*, vão na mesma direção. Seria uma espécie de tensão entre o "particular" e o "geral".

"corrente subterrânea", defensora do liberalismo emancipacionista, e o estamento burocrático de viés tradicional e modernizador (o que para Faoro, não é uma contradição) durante os vários séculos narrados n'*Os donos do poder*; já na teorização de Schwartzman, a oposição básica é, para reproduzirmos o título anterior de *Bases*, entre "São Paulo e o Estado Nacional". No primeiro caso, o conflito é fundamentado no *tempo*; no segundo, o conflito é estrutura no *espaço*.[29] Embora tenham semelhanças na valorização da experiência política paulista, isso acarreta diferenças significativas, principalmente no que se refere ao ideal político dos autores. Veremos esse ponto no próximo capítulo.

Ao mesmo tempo, esperamos não exagerar ao afirmar que a avaliação de Faoro da história paulista é diferente da de Schwartzman. Isso é indicado, principalmente, pelo reconhecimento por parte do autor de *Os donos do poder* quanto ao caráter socialmente conservador dos fazendeiros paulistas que estiveram junto ao movimento republicano. Ademais, a "corrente subterrânea" analisada por Faoro não se confunde, nem se reduz, ao caso paulista. E Faoro também não sustenta a ideia de que São Paulo, no período colonial, foi um lugar "autônomo". Por sua vez, Schwartzman não discute o caráter social do liberalismo paulista do período republicano, como também não sustenta a existência de outros grupos modernos no país e argumenta em prol de que São Paulo é um estado que resiste ao poder neopatrimonial desde sempre, como indica a sua ideia de "república de bandidos".

Acrescentemos ainda um dado importante, pois Faoro faz qualificações sobre o modo de ser da burguesia luso-brasileira, o que não ocorre com Schwartzman. Para o jurista gaúcho, a burguesia portuguesa/brasileira seria "aristocratizada" e buscaria conectar seus negócios ao Estado. Esta ideia não aparece no principal livro do so-

---

29 A hipótese sobre esta contraposição me foi sugerida pela Professora Gabriela Nunes Ferreira, a quem agradeço.

Os dilemas do patrimonialismo brasileiro 225

ciólogo mineiro, que pensa a burguesia nacional, especificamente a paulista, como similar ao tipo ideal burguês, surgido das revoluções sociais e políticas modernas dos séculos XVII, XVIII e XIX. Mais: no esquema faoriano, há divisão entre os setores da burguesia, como a ocorrida entre os comerciantes e os industriais. Esta divisão não se encontra na formulação interpretativa de Schwartzman. Ademais, de acordo com Faoro, parte da burguesia sustentaria o arranjo patrimonial; segundo *Bases*, esta combinação não existe, pois os setores burgueses se oporiam à ordem atrasada. É por isso, aliás, que o sociólogo mineiro pode apostar na "via burguesa" de acesso ao moderno, hipótese desacreditada por Faoro.

Não se poderia deixar de observar as críticas que Schwartzman faz a Faoro. De um lado, o autor de *Bases* assinala que o escritor de *Os donos do poder* não se deu conta das mudanças que o patrimonialismo brasileiro teve ao longo do tempo; de outro, observa, em acordo com José Murilo de Carvalho (2011), que a burocracia luso-brasileira nunca teve status próprio e, por isso, não poderia ser estamental. Como já assinalamos ao longo deste texto, a primeira crítica de Schwartzman tem sua razão de ser, embora ele mesmo possa ser criticado por isso. E mesmo se observarmos os momentos em que ele assinala a possibilidade de superação da ordem patrimonial, como nos casos da Primeira República, da Revolução 1930 e do período populista, veremos que em nenhum deles houve mudanças substantivas, como ele próprio apontou. Dessa maneira, o seu próprio argumento levaria à ideia de que pouco se alteraram as formas de dominação existentes no país.

Com relação à segunda crítica, ela nos remete diretamente ao ponto anterior, que é o de saber se o país era tradicional ou não. Isso porque a noção de burocracia moderna não contempla a ideia de que seus membros tenham "honra própria". Neste sentido, o argumento do sociólogo mineiro levaria à ideia de que a burocracia brasileira já era moderna, mas isso não fica completamente claro. E mais: em *Bases*, não fica inteiramente claro o porquê de isso ser importante para a análise do desenvolvimento histórico do país. Como dissemos, se a teorização de Schwartzman parece avançar em relação a de Faoro no que se refere à caracterização moderna da dominação política brasileira, esse avanço é frágil, pois não ficam claras quais seriam as suas implicações. Outro ponto de contato entre Faoro e Schwartzman é a avaliação sobre a dependência do país. De um lado, ambos parecem concordar que o capitalismo brasileiro foi fortemente marcado pela intervenção do Estado. De outro, há diferenças nas interpretações. Faoro utiliza a ideia de "desenvolvimento desigual e combinado", formulada por Leon Trotsky, para afirmar a persistência tanto dos males do passado quanto do presente capitalista. Contudo, como observa Leopoldo Waizbort (2002), há diferenças importantes entre a formulação do revolucionário ucraniano e a do jurista brasileiro.

> Note-se o cerne da divergência com Trotsky: o capitalismo político sobrevive e *incorpora* o capitalismo moderno, mas não se torna moderno nem por via própria, nem por saltos ou como quer que seja. A modernização é travada; persiste o capitalismo antigo, que apenas incorpora o moderno, isto é: modela-o sob o seu molde próprio [...]; capitalismo político que coabita com o capitalismo moderno dos países centrais. (WAIZBORT, 2002, p. 113, grifo do autor)

Ao mesmo tempo, Faoro também utiliza, como Schwartzman, as formulações de Warren Dean para analisar o desenvolvimento econômico brasileiro. Mas os usos da interpretação do historiador econômico norte-americano são diferentes: enquanto Faoro utiliza o argumento para analisar a industrialização paulista, contrapondo-a ao outro tipo de industrialização ocorrida no país, Schwartzman utiliza o argumento de Dean para rebater as teses de Celso Furtado

Os dilemas do patrimonialismo brasileiro 227

e pensar a própria dependência econômica do país. Dessa forma, o uso que o sociólogo mineiro faz das teses de Dean parece ser mais amplo do que o feito por Faoro. Nesta altura, vale explicitar então, em consonância com a hipótese que lançamos na Introdução deste trabalho, a questão do "liberismo" nos dois autores. O argumento de Dean, que aposta na consonância entre o setor agroexportador e a industrialização tem viés liberalizante[30] na medida em que aposta na "natural" transferência de renda do setor primário para o industrial como fruto dos interesses dos próprios agentes econômicos. Neste sentido, a interferência estatal seria, no mínimo, desnecessária; no máximo, prejudicial. Sem almejar entrar numa discussão profunda sobre teoria econômica, registra-se pontualmente o caráter liberal do argumento: a redução das tarifas alfandegárias, que estimulariam a exportação dos produtos primários na medida em que abaixaria o seu preço no mercado externo, acabaria por ser *benéfica* para a industrialização, pois estimularia a riqueza dos exportadores; com este excesso de capital, eles seriam mais propensos a aumentar os seus ganhos reinvestindo em outras áreas lucrativas, como a indústria.

Este seria, pois, o modelo básico do argumento de Dean, esposado sem restrições por Schwartzman e mais cuidadosamente por Faoro. Ainda neste ponto, é de se observar que a caracterização do pensamento faoriano como agrarista por parte de Werneck Vianna (2009) tem razão, mas parcialmente. Isso porque ele não apostaria na

---

30 Vale mencionar que Fernando Henrique Cardoso e Enzo Faletto, em *Dependência e desenvolvimento na América Latina*, classificam tal perspectiva como "industrialização liberal". Nas palavras dos autores, este tipo de industrialização, que, para eles teria ocorrido na Argentina e não no Brasil, "é orientada e conduzida diretamente pelos setores empresariais privados; este tipo de política de industrialização supõe, como é óbvio, a preexistência de um setor agroexportador vigoroso e hegemônico, que de algum modo se encontrasse também vinculado ao mercado interno, e que tivesse transferido parte de seus capitais para o setor industrial" (CARDOSO; FALETTO, 1973, p. 96)

"indústria natural", como Tavares Bastos, mas aqui cabem dúvidas, no o agrarismo como meio de industrialização. As dúvidas se justificam porque, ao contrário de Schwartzman, Faoro recorre às formulações de Trotsky sobre o "desenvolvimento desigual e combinado", o que lhe traria uma perspectiva diferente com relação às possibilidades de industrialização brasileiras. No entanto, isso não fica inteiramente claro em sua obra.

Sintetizando: a discussão sobre o caráter do capitalismo brasileiro não chega a ser desenvolvida em *Bases do autoritarismo brasileiro*. Não aparece a distinção, feita por Faoro, sobre o capitalismo politicamente orientado e o capitalismo moderno. Dessa forma, Schwartzman parece considerar o país como "dependente", sem entrar na análise da forma como o capitalismo existe no Brasil.

Por todos esses pontos assinalados, existem três distinções fundamentais entre as obras, embora elas não sejam imediatamente perceptíveis: a primeira é a já referida oposição entre um Brasil tradicional (Faoro) e um Brasil moderno, embora de raízes tradicionais (Schwartzman); a segunda é o lugar de São Paulo nas duas análises, com Faoro sendo mais reticente diante da política paulista do que Schwartzman; e, por fim, a problematização do poder político no país. Nesse último caso, o argumento de Faoro se dirige contra os próprios fundamentos do poder político brasileiro e suas consequências na formação da cultura brasileira, enquanto Schwartzman parece ir numa direção menos pessimista, dirigindo suas críticas "apenas" contra as instituições políticas nacionais. Essa divergência ficará exposta na avaliação que os dois autores fazem dos anos 90 no Brasil.

Aliás, esta divergência tem outro desdobramento, também obscurecido nas obras: a crítica de Faoro ao liberismo, enquanto o mesmo não se encontra em Schwartzman. No próximo capítulo, veremos como estas distinções assinaladas são fundamentais para compreender as utopias políticas dos autores.

AS UTOPIAS POLÍTICAS DE FAORO E SCHWARTZMAN

Neste capítulo voltaremos nossas atenções para um dos temas que discutimos brevemente na Introdução deste traballho. Investigaremos quais seriam as utopias políticas de Raymundo Faoro e Simon Schwartzman. Para tanto, tentaremos entender como os autores articulam suas "saídas" para os problemas nacionais. Como já adiantamos, cremos que sejam propostas políticas diferentes, mas que têm um pouco em comum, que é central: o rompimento com o Estado patrimonialista de origem ibérica em prol de uma organização moderna da sociedade brasileira. Nos termos já usados neste trabalho, até aqui indicamos como se articulavam os polos da afinidade eletiva negativa entre a explicação patrimonialista estatista e o posicionamento político liberal; agora, trataremos de estudar com mais vagar as distinções dos liberalismos dos nossos autores.

É importante observar que este tema é controverso, posto que há sobre ele interpretações divergentes. O núcleo das discordâncias, salvo engano, é a questão do liberalismo no pensamento dos autores, o que nos remete à problemática deste capítulo. De um lado, temos a interpretação de Werneck Vianna (1999), que sustenta que o programa político destas "interpretações do Brasil" teria se realizado nos anos 90, com a redução das regulamentações institucionais e atividades estatais, que foram acompanhadas de uma virada da política no sentido de dinamizar a esfera do mercado em detrimento de uma afirmação da política como espaço republicano. Note-se, de passagem, que para Werneck Vianna as propostas de Faoro e Schwartzman são iguais e portanto formam uma interpretação do Brasil.

De outro, especificamente no caso de Raymundo Faoro, também é frequente o rechaço da ideia de que este autor esposaria estas ideias "liberistas" (Cf. COHN, 2008; LESSA, 2009; GUIMARÃES, 2009; CAMPANTE, 2009). Aliás, o próprio autor indica tal recusa (Cf. FAORO, 1992; 1993). No que se refere a Simon Schwartzman, não há nenhum estudo sobre este tema em seu pensamento. Em termos muito simples, as questões em jogo parecem ser a seguintes: é possível derivar um programa neoliberal destas interpretações do Brasil? Os autores que analisamos esposam, ou indicam sustentar, tal perspectiva?

Segundo a nossa interpretação, Werneck Vianna (1999) respondeu à primeira pergunta, sustentando que sim, é possível; enquanto Cohn (2008), Lessa (2009), Guimarães (2009) e Campante (2009, 2009b) parecem, no que concerne a Faoro, dizer "não" à segunda indagação e contra argumentam que o programa político faoriano seria de matriz republicana. Por outro lado, por meio de uma análise cerrada da obra maior de Faoro, Ricupero e Ferreira (2008) indicam a dificuldade de se extrair qualquer programa político de *Os donos do poder*. Enfim, é neste terreno pantanoso que vai das leituras possíveis dos argumentos dos autores até as próprias intenções de Faoro e Schwartzman que devemos nos situar se quisermos abordar a questão das utopias políticas dos autores que estamos estudando.

Os dilemas do patrimonialismo brasileiro 231

Todavia, mesmo tendo em mente esta distinção entre o programa político do autor e aquele que seria possível realizar a partir de uma interpretação de sua obra, ela não é suficientemente esclarecedora, pois diz pouco sobre quais seriam as utopias políticas dos próprios autores, que é o problema que aqui nos interessa.

Para proceder a investigação, convirá retomar as categorias que nos serão chaves para realizarmos as análises que estamos nos propondo. Isto é, na primeira seção deste capítulo, retomaremos os seguintes conceitos: "americanismo", formulado por Werneck Vianna (1997) e também indicada por Brandão (2007), que costuma ser associado aos autores, o "idealismo constitucional" e o "liberalismo". Nas partes seguintes, prosseguiremos com as análises dos pensamentos de Faoro e Schwartzman. Neste caso, teremos que retomar alguns dos pontos das suas "interpretações do Brasil", dado que, como pensadores políticos que são, e não filósofos ou ideólogos políticos (e aqui usamos a ideia de pensamento político tal como argumentado por Faoro),[1] as suas utopias estão presentes em suas próprias análises concretas do desenvolvimento histórico-político nacional. Em outros termos, elas se constroem em diálogo direto com os estudos da história nacional feitos pelos autores.

Americanismo, liberalismo e idealismo constitucional

"Americanismo" é um conceito desenvolvido por Luiz Werneck Vianna (1997) para indicar a utopia política de alguns autores brasileiros e latino-americanos para suas respectivas nações. Na verdade, na visão de Werneck Vianna, o termo designa uma "via americana" de acesso à modernidade política, identificada essa com a ordem burguesa.

---

1 Cf. FAORO, 1987.

O termo é originário dos trabalhos do marxista italiano Antonio Gramsci, autor de *Americanismo e Fordismo*. Nesse texto, Gramsci reflete sobre a formação sociopolítica norte-americana pensando-a, segundo Werneck Viana (1997), como capaz de uma modernização progressiva e permanente, ocorrida a partir da própria relação entre Estado e sociedade naquele país.

É neste sentido que Werneck Vianna buscará conectar Gramsci e Alexis de Tocqueville, procurando compreender justamente como se dá essa relação entre Estado e sociedade, que virá a constituir a via americana de acesso ao moderno.[2] O intento é descobrir até que ponto esse padrão é reprodutível em outras sociedades. Daí vem a ideia de Werneck Vianna sobre os "dois americanismos" de Tocqueville, aos quais já aludimos numa nota de rodapé: ou a formação social dos Estados Unidos é muito particular e, portanto, irreprodutível, apesar de constituir um paradigma ou "implica uma nova expressividade para o mundo da igualdade, que tende à generalização, inclusive porque rompe com sua própria tradição" (WERNECK VIANNA, 1997, p. 91). Segundo o autor, prevaleceria na obra de Tocqueville essa perspectiva que podemos chamar "generalista", o que implicaria na possibilidade de que o padrão norte-americano fosse reproduzido mundo a fora. E mais, seriam especialmente reprodutíveis na América. Segundo o autor:

> No contexto do Novo Mundo, portanto, Tocqueville vai entender que a experiência americana não é irredutível à sua formação nacional, devendo e podendo ser absorvida pelos países de raízes ibéricas. Compreensão, aliás, que será com-

---

2 "Nas circunstâncias de hoje, inquirir o conceito de americanismo nesse autor, longe de aproximá-lo de uma escatologia do tipo 'fim da história', em que as diferenças se anulam e o próprio sentido da existência se apaga, bem pode sinalizar em favor de uma revolução permanente das condições de produção de vida. É esse elemento faustico do americanismo que pode abrir um canal inesperado de comunicação entre Tocqueville e este outro Gramsci, que foi o do seminal e inconcluso ensaio Americanismo e Fordismo" (WERNECK VIANNA, 1997, p. 89).

Os dilemas do patrimonialismo brasileiro   233

partilhada pelo pensamento liberal ibero-americano, a partir de fins dos anos 40 do século XIX, como nos argentinos Sarmiento e Alberdi, e nos brasileiros Tavares Bastos e André Rebouças. (*idem, ibidem*)

Para a nossa dissertação, mais do que investigar a possibilidade da realização do programa americanista, o que importa é a sua caracterização, para que depois indiquemos se seus traços aparecem nas obras de Faoro e Schwartzman. Uma maneira de começar esta caracterização é a partir da discussão do núcleo da formulação tocquevilliana sobre "interesse bem compreendido".

Segundo Werneck Vianna, a ideia de interesse no pensamento de Tocqueville é central porque é ela que organiza, segundo o pensador francês, a sociedade democrática norte-americana. Em termos sintéticos, isso se relacionaria com o fato de que nos Estados Unidos não haveria contradição entre a igualdade e a liberdade, o que ocorreria na França. A razão da distinção é a existência de uma aristocracia defensora da liberdade neste país, a qual se contrapunha a sociedade democrática moderna, sustentadora da igualdade. Ou seja, no país do autor de *A democracia na América* houve um choque entre a sociedade moderna e a aristocrática, entre a igualdade e a liberdade. Já nos Estados Unidos, como não havia aristocracia e não houve revolução democrática, porque desnecessária, o choque não teria ocorrido. Na verdade, aconteceu o oposto: das sociedades democráticas surgiram instituições capazes de preservar a liberdade. Daí, aliás, o papel da ciência política para Tocqueville: "educar" a democracia e os interesses privados onde não existe conjunção natural entre eles, como no caso francês.

Essas instituições eram fundamentadas no associativismo americano, originadas dos interesses dos cidadãos. Ocorria que estas associações, quando bem executadas, conseguiam se contrapor aos males da sociedade moderna, que são, para Tocqueville, o privatismo e o individualismo, frutos dos interesses mal compreendidos. As associações, calcadas nos interesses de um grupo de cidadãos, impunham não só uma vida pública para os seus membros, como também faziam com que eles se deparassem com outros interesses. Neste sentido, os interesses bem compreendidos são virtuosos, porque acabam por "internalizar o público a práxis do interesse de cada indivíduo" (WERNECK VIANNA, 1997, p. 98). Observa-se, aliás, que as associações têm outra virtude para Tocqueville: não são originadas do Estado, coercivo por natureza, de modo que podem se contrapor a ele. Existe, com efeito, uma continuidade entre esta ideia e a concepção de grupos intermediários em Montesquieu, pois ambos têm a função de filtrar e de controlar o poder vindo "de cima". Assim, impedem a formação de tiranias, como o "despotismo oriental".

Do ângulo econômico, no caso da periferia sul-americana haveria de prevalecer, segundo o programa americanista, o agrarismo. A lavoura seria a verdadeira indústria, enquanto a manufatureira seria artificial. Este argumento está presente em Tavares Bastos, e é alçado ao nível de traço típico ideal por Werneck Vianna (1997). Neste caso, "as atividades industriais são vistas como um fator de reprodução da configuração ibérica do Estado, muito imediatamente porque implicam alguma política de fechamento das fronteiras econômicas nacionais, que tendencialmente ajudaria a fixar o patrimonialismo e o domínio burocrático." (WERNECK VIANNA, 1997, p. 144). Trocando em miúdos, o liberismo faria parte da plataforma americanista. Para os fins devidos, pontue-se que este programa agrarista não está presente na obra de Tocqueville.

Enfim, a ideia de "americanismo" tem a ver com a ênfase no indivíduo e no âmbito privado das relações sociais, bem como o realce da esfera econômica e do progresso. Segundo Werneck Vianna, os autores "americanistas" seriam aqueles que sustentariam a necessidade de

Os dilemas do patrimonialismo brasileiro 235

rompimento com o passado ibérico para que os livres interesses dos cidadãos possam organizar a sociedade, sem a interferência do Estado, que tem uma origem corrompida. É neste ponto que Werneck Vianna afirma que para esses autores seria preciso contrapor a "física dos interesses à metafísica brasileira", essa última identificada com a fusão entre Estado e sociedade, que seria tradicionalista e obscurantista, tendo o primeiro termo predomínio sobre o segundo.[3]

Caracterizado o "americanismo", é preciso compreender como ele se conecta com os ideais liberais dos autores que estudamos. Um ponto de aproximação é a desconfiança em relação ao Estado, em favor das auto-organizações da sociedade civil como portadoras da chave de acesso ao Ocidente "moderno". Os outros pontos são as ênfases no espaço privado e no indivíduo como portador de direitos civis e políticos, bandeiras que são também historicamente vinculadas aos ideais liberais.

Mas aí se tem um aspecto interessante. Se observarmos o argumento da interpretação de Werneck Vianna sobre o pensamento de Tocqueville, veremos que, se é verdade que a sociedade moderna enfatiza o que Isaiah Berlin (2002) chamou de "liberdade negativa", ela precisa, para ser temperada e virtuosa, do exercício da "liberdade positiva". Ou seja, para Tocqueville, não se trataria de uma disjuntiva, liberdade negativa ou positiva, mas sim de que essa última é impreterível para garantir a primeira. Neste sentido, o pensamento de Tocqueville

---

3 Essa característica "metafísica" ibérica foi apontada, por exemplo, por Richard Morse (1988). Segundo este latino-americanista, no mundo ibérico teria prevalecido, ainda que em tempos modernos, uma visão medieval da sociedade calcada no tomismo. Aliás, estas ideias contra-reformistas seriam muito afins do patrimonialismo, ainda segundo Morse. Em sentido oposto, na modernidade do mundo anglo-saxão, onde venceu a reforma protestante, teria prevalecido o racionalismo e empirismo modernos. Veremos ainda nesta dissertação como Schwartzman recebe o livro citado de Morse.

pode ser aproximado do que se tem chamado de republicanismo,[4] que se contrapõe ao liberalismo identificado com a "liberdade negativa". De outro ângulo, é preciso aproximar o "americanismo" do "idealismo constitucional". Tal como indicado por Werneck Vianna (1997; 1999) e Brandão, (2007), os principais pontos de aproximação são: o argumento sobre a importância de romper com o Estado patrimonial de origem ibérica, e a ideia de *self-government*, costumeiramente identificada com o federalismo. É verdade que a principal característica do idealismo constitucional, a importância das leis na criação da realidade social, não é compartilhada pelo "americanismo". Mas ocorre que, via de regra, os autores identificados com o idealismo constitucional se identifiquem com a utopia americanista, enquanto o inverso não é necessariamente verdadeiro.[5]

Feitos os esclarecimentos, passemos então a analisar a utopia política de cada um dos autores que discutimos.

A utopia política de Raymundo Faoro

Como dito, a questão da "utopia política" de Faoro está intimamente ligada à sua análise da história brasileira, caracterizada como

---

4 O próprio Werneck Vianna acaba por sugerir isso ao afirmar que, para Tocqueville, "a liberdade é filha da tradição, quer das antigas instituições da feudalidade, quer do republicanismo puritano dos fundadores das township americana" (WERNECK VIANNA, 1997, p. 103).

5 A própria polêmica entre Tavares Bastos e o Visconde do Uruguai é muito ilustrativa sobre isso. Os dois defendem o americanismo, mas se opõem quanto aos "meios": enquanto o primeiro defende a descentralização administrativa, o segundo acredita que tal centralização é necessária. Por isso se pode observar que um se identifica com o "idealismo constitucional" (Tavares Bastos), enfatizando a necessidade de reformas políticas e institucionais, enquanto o seu oponente (Visconde do Uruguai) sustenta que seria um erro pensar a sociedade brasileira a partir de ideias estrangeiras, inadequadas por aqui. Daí sua identificação com o "idealismo orgânico", embora sua utopia seja americanista. As tensões próprias dos argumentos e do debate foram exploradas por Ferreira (1999), que também indica como estes autores leram Tocqueville, tal como já indicado.

Os dilemas do patrimonialismo brasileiro 237

uma "viagem redonda". Por outro lado, ela não é inteiramente explicitada pelo autor; por exemplo, a identificação de Faoro com o que
denominou "corrente subterrânea" é clara, mas não fica inteiramente
evidente o que isso significa.[6] A questão é essencial, pois, como sugere Juarez Guimarães, Faoro "foi o primeiro entre nós a construir uma
narrativa de longa duração a partir do critério de *liberdade política*, entendida em sua chave republicana, como autogoverno dos cidadãos
autônomos" (2009, p. 80, grifo do autor).

Antes de explorar a questão, é preciso fazer um parêntese com
o intuito de recapitular brevemente as interpretações sobre o pensamento de Faoro. Vamos destacar quatro delas. A primeira é a de
Luiz Werneck Vianna, que enfatiza o caráter liberalizante, incluído aí
a dimensão econômica, da "interpretação do Brasil" de Faoro e sua
proximidade com Simon Schwartzman. A segunda é a de Ricupero e
Ferreira (2008) que enfatizam o pessimismo do autor e a dificuldade
de se extrair um programa político de sua obra, mesmo porque as possibilidades emancipatórias do país já estariam esgotadas. Além destas,
existe a interpretação de Juarez Guimarães (2009) e Rubens Campante (2005; 2009) que sublinham a dimensão normativa do pensamento
faoriano, atrelando-o ao que podemos chamar de republicanismo democrático. Por fim temos a de Brandão, segundo quem:

> Aqui [nos dois últimos parágrafos da primeira edição de Os
> donos do poder] a cisão entre o que deve ser e o que pode ser
> é completa, conclusão por assim dizer lógica de um teorema
> analítico altamente formalizado, que só consegue enxergar
> na realidade a dispersão do empírico, a acidentalidade da
> existência contraposta à essência imutável, e que em sua de-
> monstração não procura ou não encontra no objeto investi-

---

6   Werneck Vianna (2009) indica que é em *Existe um pensamento político* que Faoro es-
    clarece o sentido de sua obra. Muito de nossa argumentação a seguir estará baseado
    neste texto.

gado determinações ou indicações que permitam aproximar o imperativo categórico das circunstâncias concretas que os homens não escolheram para viver. Na ausência de mediações entre o que é e o que deve ser, o passado é fardo, o futuro tempestade. Uma vez que a esperança e razão, ética e história se desentendem, não há meio-termo e daí o desespero, que leva a uma posição revolucionária: fiat justitia pereat mundus. É bem verdade que esse radicalismo abstrato, do qual se poderia derivar ou uma Grande Recusa ou a aceitação resignada do existente, vem atenuado na edição de 1973, na qual o futuro é eliminado e o verbo, posto no passado, torna a posição menos apocalíptica, mas nem por isso submetida a menores tensões: o desespero cede lugar ao estoicismo e à melancolia. Diante do presente eterno, a consciência sabe que é inútil toda resistência e não obstante resiste, não se sobra diante do inevitável. (BRANDÃO, 2007, p. 144-5)

Nota-se, então, que nestas interpretações há uma tensão essencial e não resolvida entre a dimensão histórica da análise faoriana, preconizada por Ricupero e Ferreira em sua análise de *Os donos do poder*, e a dimensão normativa, muito enfatizada por Guimarães e Campante, e principalmente presente em textos como *Assembleia constituinte* e *Existe um pensamento político brasileiro?* Brandão vê duas possibilidades opostas na disjuntiva faoriana: uma possível revolução ou a crítica resignada. A primeira estaria presente em 1958, a segunda a partir da segunda edição de *Os donos do poder*. Observa-se, aliás, que Ricupero e Ferreira apontam, em concordância com a análise de Brandão, justamente o maior pessimismo de Faoro nesta edição. Por sua vez, a interpretação de Luiz Werneck Vianna destaca a coerência, e não a cisão, entre a o diagnóstico faoriano e o possível programa derivado de sua tese. Como veremos, é possível apontar alguma conexão entre os dois planos, mas, da nossa perspectiva, de modo diferente da sugerida por Werneck Vianna.

Os dilemas do patrimonialismo brasileiro   239

Se a interpretação de Werneck Vianna parece conduzir a sua reflexão sobre o pensamento de Faoro num sentido mais vinculadas às possíveis implicações ideológicas que ele poderia ter, com efeito, do nosso ponto de vista, as primeiras três interpretações tratadas enfatizam aspectos presentes literalmente no texto de Faoro. Nesta referência, essa contradição parece estar presente no próprio pensamento faoriano e, portanto, convém compreendê-la para entender sua utopia política, como duas dimensões presentes ao mesmo tempo em seu pensamento, e possivelmente contraditórias nas suas reflexões.

Sintetizando esta breve recapitulação, frisemos, como fazem Brandão (2007) e Ricupero e Ferreira (2008), que Faoro termina a segunda edição d'*Os donos do poder* escrevendo a história brasileira no passado. Ora, a ausência de esperança, que parece ser condição necessária para a luta por uma utopia política, parece cabal. Por outro lado, se observarmos os demais escritos de Faoro, a esperança parece estar presente. Se a linha de raciocínio estiver num bom caminho, é o caso de indicar que mesmo os usos dos clássicos da teoria política em *Os donos do poder* e nos demais escritos parecem ter dimensões qualitativas distintas. Isto é, se na principal obra de Faoro os clássicos da teoria política aparecem como ferramentas para a compreensão do desenvolvimento histórico de Portugal e Brasil,[7] nos demais escritos aparecem como balizas normativas da reflexão faoriana.

Porque pretendemos compreender a utopia política do autor, é necessário que analisemos mais de perto a dimensão normativa de seu pensamento, presente em textos como *Existe um pensamento político brasileiro?* Retornando à questão sobre significado da *liberdade política*, é preciso entender, em termos filosóficos, a relação que existe entre

---

7   Por exemplo: a questão da aproximação entre patrimonialismo e despotismo oriental; a ausência de corpos intermediários na dominação patrimonial ibérica; a relação entre liberdade e desenvolvimento econômico.

o liberalismo e o desenvolvimento histórico-político da sociedade no pensamento faoriano. Isso ocorre devido ao lugar que este referencial ético-normativo adquire no pensamento do autor. Neste sentido, o liberalismo está ligado aos direitos universais e tudo aquilo que eles acarretam (direitos civis, políticos, liberdade de expressão, ideal de autonomia e etc.), pensadas a partir da experiência intelectual moderna. Daí se compreende a nêmese do pensamento faoriano, que são o autoritarismo e o despotismo, filhos de concepções tradicionalistas e obscurantistas. Em poucos termos: há uma contraposição central no pensamento faoriano entre liberdade política e o despotismo.

É preciso, então, refletir sobre o significado da ideia de liberdade política em Faoro. No pensamento do autor, dois teóricos nos parecem referências centrais para tal entendimento: Montesquieu (2005) e Rousseau (1987). Contudo, conciliar as teorias políticas destes autores não é tarefa simples, pois eles não fazem parte da mesma linha de reflexão, nem têm os mesmos ideais.[8]

Comecemos por Montesquieu. Como se lê no livro XI d'*O Espírito das leis*: "como nas democracias o povo parece mais ou menos fazer o que quer, situou-se a liberdade nestes tipos de governo e confundiu-se o poder do povo com a liberdade do povo" (MONTESQUIEU, 2005, p. 166). No capítulo seguinte, Montesquieu continua:

---

8 Pode-se indicar as influências de Montesquieu sobre Rousseau. Contudo, para o tema em questão, nos parece mais necessário apontar os pontos de afastamento. Mesmo porque, se não estivermos enganados, a dimensão do afastamento prevalece sobre os possíveis de contato, nem por isso inexistentes. Como afirma Robert Derathé: "Persuadido de que Montesquieu é inigualável e inatacável em seu próprio domínio, Rousseau não tem intenção de combatê-lo, nem de imitá-lo, mas ele quer, por sua vez, tornar-se célebre empreendendo um outro gênero de estudo, diferente do seu ilustre predecessor. Ele tem o cuidado também de indicar no Emílio que não se deve confundir o 'direito positivo dos governos estabelecidos', que foi a especialidade de Montesquieu, com o 'direito político', que será a sua." (DERATHÉ, 2009, p. 93-4)

Os dilemas do patrimonialismo brasileiro 241

> É verdade que nas democracias o povo parece fazer o que quer;
> mas a liberdade política não consiste em se fazer o que se quer.
> Em um Estado, isto é, numa sociedade onde existem leis, a li-
> berdade só pode consistir em poder fazer o que se deve querer
> e em não ser forçado a fazer o que se tem o direito de querer.
> Deve-se ter em mente o que é independência e o que é a li-
> berdade. A liberdade é o direito de fazer tudo o que as leis
> permitem; e se um cidadão pudesse fazer tudo o que elas
> proíbem ele já não teria liberdade, porque os outros também
> teriam este poder. (*idem, ibidem*).

A distinção de Montesquieu entre "independência" e "liberdade" parece retomar a ideia da distinção entre "o poder do povo" e a
"liberdade do povo", respectivamente. O traço essencial da liberdade
é o governo das leis, que se opõe ao despotismo, incluso aí o democrático, identificado que este é com o governo dos homens. Este é
precisamente o mote da discussão feita por Faoro em *A assembleia
constituinte*, texto em que defende o constitucionalismo em oposição
ao autoritarismo.

Mas, então qual é o lugar de Rousseau no esquema faoriano? Segundo o nosso entender, outro ponto fundamental do argumento de
Faoro é o da legitimidade do poder político, tema fundante da filosofia
política, que é analisado pelo autor de *Contrato social*. É precisamente
neste ponto que Faoro defenderá o ideal rousseauniano de soberania
popular. Analisando o pacto social, diz Rousseau

> Essa pessoa pública, que se forma, desse modo, pela união
> de todas as outras, tomava antigamente o nome de cidade
> e, hoje, o de república ou de corpo político, o qual é chama-
> do por seus membros de Estado quando passivo, soberano
> quando ativo e potência quando comparado aos seus seme-
> lhantes. Quanto aos associados, recebem eles, coletivamen-
> te, o nome de povo e se chamam, em particular, cidadãos

enquanto partícipes da autoridade soberana, súditos enquanto submetidos às leis do Estado. (ROUSSEAU, 1987, p. 34, grifos do autor)

Argumentando em prol do fundamentado democrático do constitucionalismo, diz Faoro:

A conjunção da face social à face jurídica da constituição, ao incorporar as conquistas do constitucionalismo moderno, forma uma constelação dialética, que dá a dimensão e a realidade de uma força política. [....]. A sintonia das normas constitucionais e a realidade do processo do poder, entendido este na sua expressão real, asseguram a legítima autenticidade da constituição normativa, distinguível das constituições nominais e semânticas. Na constituição realmente normativa ela não é apenas juridicamente válida, senão que está integrada na sociedade, em consonância com a sociedade civil, em perfeita simbiose, sem discrepância, na sua prática, entre os detentores e os destinatários do poder, em leal observância. (FAORO, 2007, p. 172, grifo nosso)

Tem-se que a democracia é o único meio de garantir a referida "perfeita simbiose" entre a sociedade civil e a constituição. Assim, contrariando a disjuntiva montesquiana, para Faoro, a liberdade do povo só pode ser garantida por meio do poder do povo.

Num trecho no qual deixa clara a sua posição, Faoro sustenta:

A liberdade natural funda-se de maneira negativa: confunde-se à ausência de toda sujeição social e política. No momento em que a liberdade natural se converte em liberdade política, a exclusão alcança apenas uma categoria especial de vínculos, perdendo a sua significação qualificadamente negativa. A questão da liberdade política recebe, dessa maneira, uma formulação definida: como será possível sujeitar-se a uma ordem social e permanecer livre? Só uma resposta é possível,

Os dilemas do patrimonialismo brasileiro

243

> resposta que suscita uma solução democrática, ao estabelecer a medida em que a liberdade individual se harmoniza com a vontade coletiva, concretizada em uma ordem social. A liberdade política não se reduz a outra realidade senão à voluntária participação no universo das relações sociais. O que entendemos por liberdade política é, dessa forma, no fundo, a autonomia. A autodeterminação só porque é autonomia se expressa pelo consentimento, embora sofra limites e restrições necessárias. A mais importante dessas restrições se refere ao princípio da maioria, na qual a decisão se fundamenta. Como já se assinalou, o princípio majoritário não se identifica com o domínio absoluto da maioria, em uma ditadura que, se instalada, anularia sua própria base. Autonomia, como decantação da liberdade, no ponto que prevê a aprovação e o consentimento, sugere a existência da opinião pública, que, por sua vez, reclama, para existir, as liberdades de palavra, de imprensa e de cultos, com o suporte na liberdade básica entre todas, a liberdade física. Democracia se compatibiliza, por obra da necessidade conceitual, com o liberalismo político, desligado, nesse raciocínio, do liberalismo econômico. (FAORO, 2007, p. 212-3, grifo nosso)

O trecho indica aquilo que dissemos anteriormente: a liberdade negativa só pode ser garantida pela liberdade positiva, que por sua vez só pode ser legítima se o seu exercício for democrático. É verdade que a liberdade positiva implica em redução das margens individuais, o que é um preço a ser pago pelo cidadão; não é menos verdade que Faoro nega o poder democrático absoluto, que tem pouco a ver com o princípio majoritário, pois corroeria o seu próprio fundamento básico, a liberdade. Neste plano, voltamos ao diagnóstico de Montesquieu sobre a divisão entre "poder do povo", que deve ser limitado para Faoro também, e "liberdade do povo". Como indicamos, a oposição que parece central no raciocínio político faoriano é a que ocorre entre *liberdade* versus *poder*, o que o coloca no campo político liberal. Por outro lado, o poder é necessário para garantir a liberdade, mas só pode fazê-lo se for democrático. Por sua vez, a liberdade é que legitima o poder por meio do seu consentimento.

Para Faoro, liberdade política significa autonomia. Vale notar que Faoro reconhece que o liberalismo, originalmente, era aristocrático. Contudo, com a experiência moderna, o liberalismo se democratiza e a democracia, para se realizar, passa a não poder abrir mão do liberalismo (Cf. FAORO, 2007, p. 174-5). Relação esta que representa o amálgama entre liberdade e igualdade, que é cerne da possibilidade de emancipação do homem, segundo Faoro. É neste sentido que se podem compreender as hipóteses lançadas por Faoro acerca de um "estágio pós-liberal" ou socialista. (Cf. FAORO, 1986, p. 55).

Essa relação entre liberalismo e democracia é a medida de análise de todos os aspectos no pensamento político de Faoro. Um exemplo é a análise, no sentido normativo, do liberalismo econômico (ou liberismo), que iria num sentido oposto ao do liberalismo político e é por isso que se pode compreender que, para se realizarem plenamente, um tem que suplantar o outro. Outro exemplo, já no plano da experiência histórica, é a tentativa de compreender o próprio desenvolvimento político, histórico e econômico luso-brasileiro. Neste último caso, prevaleceria um arranjo político que atentaria contra a ideia de liberdade política, assemelhando-se à ideia de despotismo oriental.

De outro lado, é preciso compreender a natureza do elemento político no pensamento faoriano, pois a narrativa histórica do autor é fundamentada na avaliação de elementos políticos em determinados contextos, como a presença, ou ausência, da liberdade e da igualdade. Por sua vez, tais conceitos subsumem, em si, toda experiência histórica, política, econômica e social de um dado país ou sociedade. É um ponto de vista que, a partir da política, se pretende ser muito amplo. A política aparece como um lugar que reflete uma espécie de totalidade

Os dilemas do patrimonialismo brasileiro   245

da experiência humana,[9] porque é nela que os interesses privados e públicos se conectam e daí a sua possibilidade emancipatória.

Neste sentido é que se deve compreender a preocupação de Faoro com a evolução do liberalismo no Brasil, o que nos devolve ao plano histórico de seu pensamento. O momento chave desta evolução foi a Independência, porque foi nela que o liberalismo político se descolou do liberalismo econômico, que passou a se aliar aos ideais modernizadores das camadas dirigentes. O mesmo argumento aparece na análise da Primeira República. Nos momentos de ruptura sempre há ideais e possibilidades emancipatórias. No caso da Primeira República, havia elementos republicanos e democráticos. Contudo, no momento de realizar tais ideais, aparece novamente a separação entre os interesses econômicos e o da liberdade política. Neste caso, a cisão entre os fazendeiros paulistas, apregoadores do liberismo, e os jacobinos, sustentando a soberania popular.

Para Raymundo Faoro, deveria ocorrer justamente o oposto. Pois os liberalismos político e econômico são uma espécie de "unidade contraditória".[10] Assim, num primeiro momento, realizam-se como unidade, e daí a ênfase faoriana na necessidade do Brasil se adequar ao capitalismo moderno. Num momento posterior, entram em contradição devido ao componente democrático do liberalismo político e o componente antidemocrático do liberismo. Nesta altura, o ideal, para Faoro, é que o amálgama entre liberalismo político e democracia supere o liberalismo econômico. Com a realização do liberalismo político e da democracia, surgiria o "estágio pós-liberal". Tratar-se-ia, como se vê, de um movimento dialético em sentido próprio.

---

9 Não estamos usando o termo no estrito sentido hegeliano-marxista. Por outro lado, há uma semelhança com esta acepção na medida em que o uso que fazemos da ideia de "totalidade" consiste em ressaltar os nexos fundamentais das relações sociais.

10 Por falta de expressão melhor, uso o termo de Maria Sylvia Carvalho Franco (1997) numa conotação completamente distinta da utilizada pela autora.

Se observarmos atentamente, este foi, em linhas gerais, o movimento histórico dos países centrais. Vejamos o caso da Inglaterra. Liberdade política, ainda aristocratizada, e liberdade econômica foram componentes ideológicas chaves para a dinamização capitalista ocorrida durante o século XIX. Como as contradições entre a promessa de liberdades políticas e bem estar econômico chegaram a um grau elevado, os trabalhadores passaram a pressionar pela democratização das estruturas de poder e do acesso aos bens materiais.

No Brasil isso não ocorreu, principalmente porque esta "unidade contraditória" não existiu e há, portanto, desconexão refletida na cisão entre as dimensões histórica e normativa do pensamento político faoriano. Isso porque o liberalismo econômico não está ao lado do liberalismo político, que contém o conteúdo emancipatório, mas sim ao lado da tradição modernizadora. Ou seja, não se opõe ao patrimonialismo, mas pode acompanhá-lo, embora isso não seja logicamente necessário. As combinações, no plano prático, podem ser várias, embora as teorias possam dizer coisas diferentes. Isto é: segundo a perspectiva teórica dos idealistas constitucionais, que analisamos na Introdução desta dissertação, o rompimento com o Estado é que possibilitaria deixar o patrimonialismo, marca do atraso, para trás. O que Faoro está dizendo é que, na realidade, é possível que o liberismo se combine com o patrimonialismo.

No caso do Brasil, segundo Faoro, pode ocorrer que em alguns momentos o liberismo se torne aliado do liberalismo, mas no momento seguinte, o da sua realização, se descolará e voltará a se aliar ao patrimonialismo. Em termos mais simples: o confronto no Brasil não é "liberalismo-liberismo versus patrimonialismo", mas sim "liberalismo versus patrimonialismo-liberismo". Essa configuração impede que o liberalismo político se realize, deixando-o sufocado, embora vivo.

Os dilemas do patrimonialismo brasileiro 247

Se observarmos o impacto da cisão no âmbito do pensamento de Faoro, perceberemos que, tal como as categorias normativas do pensamento (liberalismo, cidadania, direitos e etc.) não encontram o chão histórico apropriado para se realizarem, também são inviabilizadas no pensamento político, pois este advém da relação entre teoria e prática. Correndo o risco do exagero, é como se a forma do pensamento político brasileiro só pudesse ser negativa, impossibilitado que é de assumir uma dimensão positiva, sempre desautorizada pelo chão histórico. Aqui, vale observar a consonância deste argumento com a observação de Guimarães (2009) sobre a necessária dimensão negativa da explicação faoriana se a métrica usada é a ideia de "liberdade política". E mais: se observarmos, veremos que as observações sobre o pessimismo de Faoro (RICUPERO, FERREIRA, 2009; BRANDÃO, 2007) e aquelas que acusam o autor de explicar o que não somos (SOUZA, 2011) tem a ver precisamente com tal dimensão.

Para nós, este é o fundamento da interpretação faoriana da experiência histórica brasileira. Se estivermos corretos, esse esquema explicativo também nos ajuda a compreender a contraposição entre "modernidade" e "modernização" no pensamento de Faoro. Nesta oposição, a preeminência é conferida ao elemento político e não ao econômico. Noutras palavras, os dois termos são pensados em sentidos políticos. No caso da modernidade, há uma mobilização da sociedade que chega até o Estado, enquanto no caso da modernização ocorre o contrário.

Faoro reconhece que o capitalismo falsifica, por assim dizer, os ideais modernos, tal como o liberismo falsifica o liberalismo. Mas, ao mesmo tempo, o autor valoriza estes ideais, não os descartando como meras ideologias. Ao contrário, valoriza tais metas justamente para torná-las contrários ao capitalismo, naquilo que eles têm de emancipatório. Ou seja, para Faoro seria preciso lutar para que tais ideologias se realizassem.

Ao longo deste trabalho sustentamos que Faoro oferece, como diz Werneck Vianna (1999) uma explicação política para o Brasil. Contudo, pontua-se que explicação política não é sinônimo de explicação institucional. Assim, a questão é que, se estivermos corretos, a ideia de política em Faoro é muito ampla e nos pareceria equivocado, então, compreender a análise feita em *Os donos do poder* como "institucionalista" (Cf. WERNECK VIANNA, 1999; CAMPANTE, 2005). O termo poderia restringir muito o alcance da política, além de dar a impressão de que se trata de um recorte epistemológico ou metodológico. O tom filosófico e normativo nos leva para outra direção, embora seja possível dizer que ele se realize numa análise que privilegia o Estado em detrimento da sociedade. O problema é não compreender a profundidade daquela escolha. O recorte "institucionalista" não daria conta de ter em sua reflexão sobre a dialética da história do ocidente e do liberalismo, além do elemento negativo dessa história, o caso luso-brasileiro.

Por outro lado, concordamos com as teses de Renato Lessa (2009), Rubens Campante (2009) e Luiz Werneck Vianna (2009), que atribuem a Faoro uma visão liberal-democrática.[11] Também concordamos que o argumento de Faoro não conduz ao chamado "Estado mínimo", mas sim à democratização do Estado, à garantia dos direitos, o que vai no sentido oposto ao Estado patrimonialista. É só nesta chave, historicamente desautorizada, que podemos compreender a ênfase que Faoro dá à ideia de soberania popular, capturada pelo estamento burocrático, que age como se dono dela fosse. Ou ainda, compreender o constante friso do autor na oposição entre "modernidade" e "moder-

---

11 Pensamos que, embora classifique a posição de Faoro como republicana, Juarez Guimarães (2009) vai no mesmo sentido dos autores citados.

Os dilemas do patrimonialismo brasileiro 249

nização", com a primeira significando justamente o estabelecimento de uma ordem política contratual e moderna dos direitos.

Na interpretação de Rubens Campante, esse "comprometimento ético-normativo filosófico com a ideia de liberdade" de Faoro faz parte da força de sua obra, que "analisa as questões políticas, econômicas e sociais da história brasileira sob a ótica dos direitos intrínsecos e inalienáveis do homem [...]." (2009, p. 126). É neste sentido que se poderia compreender o lugar da filosofia iluminista e jusnaturalista no pensamento de Faoro, o que, aliás, contraria o posicionamento filosófico de Max Weber, inspirador do autor no sentido que vimos. Da mesma forma, esta é uma chave que pode iluminar a ação de Faoro enquanto homem público, presidente da Ordem dos Advogados do Brasil (OAB) no período militar. A questão de fundo é a mesma, seja na teoria, seja na prática: a luta contra o poder autoritário. Nesta referência, "a obra ilumina o personagem" (GUIMARÃES, 2009, p. 85).

De outro ângulo, a conexão feita por Faoro entre esta utopia política com a narrativa histórica montada carrega tensões. Uma delas, que nos interessa nesta altura, é, no dizer de Campante (2009), a ênfase nos aspectos da "modernidade" acaba por ser também a fraqueza do pensamento faoriano, pois é uma

> visão essencialista, que absolutiza as experiências históricas e que, incorporando as noções eurocêntricas de tradição e de modernidade, aposta tudo no conceito de patrimonialismo estamental tradicional para explicar nossa realidade, deixando de perceber algumas nuanças e especificidades de nosso passado e presente (CAMPANTE, 2009, p. 126)

Sintetizando o já exposto: essa "visão essencialista" se conecta ao problema de Faoro oferecer uma explicação negativa do país. Noutros termos, o autor analisaria o Brasil mais pelo desvio de rota em relação ao caminho trilhado pelos norte-americanos do que pelo que ocorreu ao país (SOUZA, 2000). Neste ponto, lembramos a advertência de Guimarães (2009): ora, se o centro explicativo de Faoro é a falta de liberdade política, parece ser virtualmente inevitável que o argumento seja negativo, o que é congruente com a ideia que defendemos ao longo desta dissertação. Faoro oferece uma explicação política sobre o país, o que acarreta qualidades e defeitos.

Não pensamos forçar o argumento ao sustentar, como fazem Guimarães (2009) e Campante (2009), que a noção de liberdade política, sustentáculo da explicação de Faoro, tem muita a ver com aquele tipo de liberdade que Isaiah Berlin (2002) chamou de "liberdade positiva". Também pensamos que ela é o meio, como repetimos, para garantir a "liberdade negativa", tal como expresso por Faoro na ênfase que emprega sobre a necessidade de um constitucionalismo legítimo. O equilíbrio destas duas liberdades é a tese da corrente que tem sido chamada na teoria política contemporânea de republicanismo ou neorepublicanismo (SILVA, 2008). De passagem, convém fazer uma observação: de um lado, o republicanismo se opõe ao liberalismo quando valoriza a "liberdade positiva"; por outro, as duas correntes de pensamento se reforçam quando afirmam que o que deve ser preservado, em última instância, é a liberdade negativa. Neste sentido, elas divergem sobre os meios que devem ser empregados para a consecução deste objetivo: para o republicanismo, a "liberdade positiva" é o meio ideal para isto; enquanto que para o liberalismo, a "liberdade positiva" seria uma ameaça inerente ao estabelecimento das liberdades individuais. Tendo tais aproximações e distanciamentos em mente é que podemos indicar a posição política de Faoro como liberal ou como republicana, dependendo do que se quer enfatizar.

Neste sentido, é possível encontrar um paralelo entre Faoro e o "americanismo" elaborado por Werneck Vianna a partir de sua interpretação da obra de Tocqueville. De fato, existe a ênfase na proteção

Os dilemas do patrimonialismo brasileiro 251

dos direitos individuais, a defesa da política moderna (democrática), como existe o reclamo por uma esfera privada alargada e uma ênfase nas virtudes do capitalismo moderno, tido como civilizatório, mas sem esquecer das relativizações necessárias. Mas também existe a defesa da soberania popular, o que um certo liberalismo negará, classificando tal liberdade como antiga e, portanto, inadequada aos tempos modernos.[12] Ao mesmo tempo, o argumento faoriano enfatiza aquilo que Werneck Vianna (1997) chamou de "física dos interesses". Todos estes elementos aparecem na valorização que o autor faz da experiência política paulista, que não é eximida de críticas pelo autor.

Nesse momento, convém lembrar a ideia tocquevilliana do "interesse bem compreendido". Em linhas gerais, o Tocqueville sustenta que, se os interesses forem corretamente compreendidos, não haverá contradição entre o interesse público e o privado. A ideia de liberalismo político em Faoro segue, em linhas gerais, essa conexão, como evidencia o friso do autor no que se refere à soberania popular e o seu desencantamento com o liberismo, cujo foco é o interesse privado.[13] Aí é que aparece a influência do pensamento democrático de Jean Jacques Rousseau no pensamento faoriano. Embora, como assinala Werneck Vianna (1997), Tocqueville e Rousseau resolvam de modos distintos o problema de conciliar o âmbito público e o privado, ambos coincidem - e isso é o essencial do argumento faoriano - na valorização do espaço público contra o engrandecimento do espaço privado, que levaria ao privatismo. Neste sentido, a ideia de "americanismo", se compreendida na chave do "interesse bem compreendido", parece se adequar bem ao pensamento faoriano. A ressalva fica por conta da ideia de que, na América do Sul, os

---

12 A referência aqui é ao tipo de análise que nasce com Benjamim Constant (1985).

13 "O liberalismo econômico, para salvar seus fins, divorcia-se frequentemente do liberalismo político, entregando, em renúncia à autodeterminação, aos tecnocratas e à elite a condução da economia" (FAORO, 2007, p. 197).

americanistas seriam agraristas. Nada no pensamento de Faoro autoriza essa interpretação. O que há é uma valorização da industrialização paulista na medida em que essa se fez baseada numa aliança entre produtores agrícolas, industriais e importadores (não seria esse um exemplo de "interesse bem compreendido"?). Sinteticamente, pode-se dizer que Faoro concorda com as críticas de Tavares Bastos ao industrialismo nacional e a proteção do Estado que lhe é congênita, sem "comprar" a sua solução, o agrarismo. Isso ocorre porque aposta numa outra saída, num tipo de industrialização "moderna", fruto de interesses bem compreendidos, por assim dizer.

No que se refere ao idealismo constitucional, a situação parece mais complicada. Uma das características principais dos autores dessa linhagem é o fato de enfatizarem a dimensão política na explicação dos problemas sociais brasileiros, o que ocorre em Faoro. Por outro lado, a ideia de que uma reforma política poderia resolver os grandes problemas da sociedade brasileira é mais difícil de ter vista no pensamento do nosso autor, pois o problema do país é justamente o predomínio do político sobre a sociedade, quando deveria ser o inverso. Neste sentido, uma reforma política poderia abrir caminho para uma modernização, se vinda de cima e sem a participação popular. A questão do "meio" das reformas é importante para o nosso autor, pois nisto se encontraria o cerne da distinção entre "modernidade" e "modernização".

O problema da ausência de liberdade política no país é visto como um problema muito profundo, que tem a ver com uma sociedade mal formada. Dito assim, a afirmação parece óbvia e, por isso, banal. Contudo, se aprofundarmos o argumento, veremos que a posição de Faoro difere, por exemplo, da de Tavares Bastos, que via como solução o federalismo e a descentralização do poder. Em Faoro, esta não é a solução, embora valorize, como Tavares Bastos, o *self-government* americano. O que queremos sugerir é que o problema do Brasil, para o jurista gaúcho,

Os dilemas do patrimonialismo brasileiro 253

parece mais profundo do que para o político alagoano, pois se trataria de problematizar a própria natureza do poder no Brasil, do que decorreria o fato de que a descentralização do poder não é uma alternativa.[14] Ou seja, é verdade que Faoro compartilha algumas características com os autores do idealismo constitucional. Contudo, nesta altura é preciso indicar que Faoro também esposa teses diferentes das desta corrente, o que pode ajudar a complexificar a noção de "linhagens do pensamento político brasileiro", mais especificamente a de "idealismo constitucional". Em nossa opinião, Faoro é um exemplo de autor que também poderia ser pensado como um "pensador radical de classe média", na acepção que Brandão (2007) dá à categoria.[15] Aliás, essa tensão entre traços do "idealismo constitucional" e do "pensamento radical de classe média" está plenamente de acordo com os postulados de Brandão, que sustenta que "tais formas de pensamento não foram ou nem sempre são necessariamente excludentes entre si" e que "em vários [autores] vivem almas contrapostas e nem sempre a proclamada é a real". (BRANDÃO, 2007, p. 38)

Do ângulo do liberalismo, o pensamento de Faoro pode ser compreendido naquilo que esta ideologia política tem de democrática, ou de possibilidade emancipatória. Porque, como vimos, o pensamento político para Faoro é constante movimento, o que tensiona com a imagem que se costuma ter de sua interpretação do Brasil, que é calcada justamente na imobilidade vitoriosa da dominação patrimonial. Enfim, é tendo tal movimento em mente que o autor menciona uma pos-

---

14 Embora tenda a aproximar os dois autores em vários sentidos, Werneck Vianna (2009) aponta que Faoro é menos otimista em relação à sociedade do que Bastos, o que, em nossa visão, tem a ver com a maior profundidade do problema diagnosticado pelo primeiro.

15 "E talvez não seja exagerado caracterizar esse pensamento democrático como socializante, quase sempre socialista, de matriz liberal, por vezes constitucionalista." (BRANDÃO, 2007, p. 38)

sibilidade de "socialismo" ou de um "estágio pós-liberal". Ora, o ponto principal da possível convergência (e superação) entre liberalismo e socialismo é o aprofundamento da democracia.

Nessa linha, ora é necessário seguir o rumo do capitalismo ocidental, ora é preciso criticar o liberalismo econômico. Em um momento deve-se valorizar o liberalismo, ao passo que no outro se pensa num estágio "pós-liberal". Na próxima hora, vai-se da valorização da democracia, ao passo que também se afirma a inevitabilidade do surgimento de elites. Tudo isso, misturado, pode dar bons resultados em alguns momentos, enquanto noutros surge confusão.

A utopia política de Simon Schwartzman

No caso de Simon Schwartzman, temos duas dificuldades em analisar a sua "utopia política". A primeira é a própria ausência de textos que a tornem clara, fato que talvez se deva ao caráter universitário de sua obra, que vê elementos declaradamente axiológicos com maus olhos, embora, ao menos implicitamente, eles estejam, presentes. A segunda é aquela que já apontamos como um problema de forma de Bases: o autor diz uma coisa, mas a análise parece ir em outra direção. Não há como não colocar a questão: o que privilegiar? A forma do livro ou o dito pelo autor, que a contradiz? Haveria como solucionar o problema?

Um primeiro ponto a se destacar é o seguinte: na obra de Schwartzman, a contraposição entre o elemento "moderno" e o "atrasado" não se dá em termos de "liberalismo versus patrimonialismo", mas sim entre a economia liberal-capitalista e a política representativa de São Paulo versus a economia neomercantilista e a política patrimonialista do resto do Brasil. Esse conflito é o eixo básico da obra e acarreta consequências.

É verdade que se poderia dizer que Schwartzman parece apenas situar com mais clareza aquilo que Faoro haveria sugerido de modo

Os dilemas do patrimonialismo brasileiro   255

confuso e abstrato. Isso procede, *em parte*. Contudo, arriscamos dizer que para o que nos interessa é justamente o momento em que isso não ocorre que é importante.

Um primeiro ponto chave é o seguinte: apesar de usar o conceito de "neopatrimonialismo", que se preocupa com o conteúdo do poder,[16] Schwartzman não discute a questão da natureza da dominação, para ficarmos em termos weberianos, proposta pelo grupo não-patrimonialista. Como vimos, e isso é importante, *não há uma discussão sobre o liberalismo brasileiro, mesmo o paulista, na obra de* Schwartzman, embora reconheça no prefácio à terceira edição o caráter "esclerosado" do liberalismo do século XIX. O que ocorre, na verdade, é a assunção de que o grupo paulista seria um agente moderno porque se adaptou ao capitalismo moderno, enquanto os demais setores sociais e políticos ficaram presos às amarras patrimonialistas. Assim, a oposição histórico-política montada por Schwartzman se dá entre "capitalismo--política de interesses x neomercantilismo-política patrimonialista".

Para o que nos interessa, é preciso que compreendamos o primeiro polo da oposição, que é onde reside a chave para descobrirmos a utopia política do autor. No que se refere ao capitalismo paulista, há o elogio pela sua independência em relação ao Estado. No mesmo sentido, o autor observa que a industrialização paulista ocorreu por meio das alianças entre grupos agrários e industriais. Por tudo isso, seria um estado moderno e que faria a política se subordinar aos interesses destes grupos, que significaria a "política representativa de interesses". Ou, em termos weberianos, viver "para a política" e não "da política" (WEBER, 2010).

O ponto central aqui é o político. Por isso, o nervo do argumento passa por entender o que é uma "política representativa de interes-

---

16 Cf. CAMPANTE, 2005.

ses" para o autor. Nesta referência, pode ser útil lembrar da crítica que Rubens Campante (2005) faz ao uso que Otávio Dulci, em seu livro sobre a economia mineira, faz da ideia de representação de interesses de Schwartzman. Segundo Dulci, haveria tanto a presença do Estado, como a representação de interesses em Minas Gerais – e, portanto, não haveria patrimonialismo naquela província. Fazendo uma aguda observação, diz Campante:

> Duas considerações a respeito. Primeira: a tese de Schwartzman a respeito da representação de interesses, que é barrada pelo patrimonialismo, refere-se, certamente a interesses das elites econômicas, mas também a outros tipos de interesse – refere-se a uma sociedade civil razoavelmente organizada, a associações, partidos políticos, movimentos populares, sindicatos etc. Dulci é convincente ao constatar uma dinâmica de representação de interesses em Minas, mas o que seu livro aponta à uma representação de interesses das elites. (CAMPANTE, 2005, p. 117, grifos do autor)

Muito provavelmente, Schwartzman concordaria com as considerações de Campante. Mas, no nosso entender, o argumento do autor em *Bases* vai no sentido de enfatizar a ideia de interesses como interesses das elites. É que aqui ocorre o mesmo problema de forma que apontamos anteriormente: se o autor diz enfatizar todos os grupos de interesse, a sua análise foca apenas naquelas relacionadas aos grupos de interesse dominantes, os controladores do Estado e o setor cafeicultor paulista.

Mas também há outro ponto, talvez mais importante para o que queremos indicar aqui: a saída do autor para os problemas nacionais é calcada na ideia de que o acesso do Brasil à Modernidade seria concretizado por meio de um domínio político de um setor moderno, identificado com São Paulo. Vejamos como é construído o raciocínio.

Os dilemas do patrimonialismo brasileiro

Retomando o argumento do autor, Schwartzman faz dois apontamentos gerais que são fundamentais. O primeiro é que o Brasil não pode ser compreendido tal como o modelo de desenvolvimento clássico do capitalismo, que teria raízes feudais, porque tivemos uma origem patrimonialista. Já o segundo é que devemos nos adequar ao modelo clássico do capitalismo. Por isso deveríamos prestar atenção a São Paulo, onde houve "formas embrionárias de representação política", mas que não tiveram forças para "moldar o quadro político nacional". (Cf. SCHWARTZMAN, 1988, p. 39).[17]

Para nós, este é o ponto central do argumento normativo de Schwartzman: devemos nos adequar ao capitalismo moderno e aos seus valores sociais correspondentes. É por isso que São Paulo é um caso privilegiado, pois é o "negativo" da história brasileira e, por isso mesmo, representa o modelo a ser reproduzido. Não existe, como em Faoro, a desconfiança em relação à ordem moderna.

A questão, então, passa a ser: como São Paulo é pintado no retrato do Brasil feito por Schwartzman? Se observarmos a narrativa histórica do autor, não há menção ao conservadorismo social paulista (como há em Faoro), como também não há crítica ao uso que os cafeicultores e industriais paulistas fizeram do Estado em prol dos seus negócios. Na verdade, eles estariam, segundo o argumento, agindo de acordo com o modelo de "política de classe". Por tudo isso, a sensação que o livro

---

17 Ou, ainda: "Parece que alguma forma de política de grupos de interesses (ou políticas de classe) está na raiz da maioria das versões contemporâneas de democracia política, e uma das conclusões que poderiam ser extraídas dessa análise seria, por exemplo, que existiria somente uma forma de levar o Brasil para um sistema mais aberto de participação política: fomentar o papel de São Paulo na política nacional, ao longo de toda sua estrutura de estratificação socioeconômica, fazendo com que este sistema regional se expanda até predominar sobre as demais áreas do país, urbanas não-industriais e rurais. É claro que as coisas não são tão simples assim, mas essa é certamente uma linha de especulação que ainda não foi explorada em toda sua extensão pelos que se preocupam em pensar nos destinos do 'modelo brasileiro'." (SCHWARTZMAN, 1988, p. 39)

passa ao leitor é de "aprovação" ao liberalismo paulista, desconsiderando, na análise (embora não no prefácio à 3ª edição, frise-se) as suas consequências sociais.

Enfim, destaquemos então que liberalismo e capitalismo, em Schwartzman, andam juntos e não chegam a se contradizer ou serem criticados pelo autor. Trata-se, na verdade, de argumentar em prol da adequação, o que indica que Schwartzman adota o ideal de implantação de uma "ordem burguesa", tal como ela existe nos países centrais, como ideal. A questão é que os atores sociais responsáveis por essa adequação são da elite, como indica a ausência de um exemplo de outra natureza em *Bases*, para não mencionar o próprio recorte epistemológico do livro. Todavia, mais do que isso:

> A experiência histórica indica que os países que conseguiram instituir sistemas político-partidários estáveis contaram, via de regra, com a participação inicial ativa da burguesia ascendente no esforço do controle, racionalização e subordinação relativa da autoridade política aos interesses sociais. Este papel foi rapidamente sendo compartido por outros grupos e setores sociais, como as minorias religiosas, os interesses rurais, as corporações e grupos profissionais, e, obviamente, o proletariado organizado. (SCHWARTZMAN, 1988, p. 149)

Daí a impressão, que é justificada pela tese de que em São Paulo haveria correspondência entre o poder político e o econômico, que Schwartzman parece ter como referencial de "ordem burguesa", identificada com a ordem moderna. O que sugere outra questão: como acessaríamos tal ordem?

Se observamos o diagnóstico de crise de governabilidade do Estado patrimonial nos anos em que o livro foi escrito, que poderia resultar no "colapso do Estado neopatrimonial", é muito possível a saída passasse pela reforma do Estado como meio de superação do patri-

Os dilemas do patrimonialismo brasileiro 259

monialismo, o que o autor não chega a propor claramente no livro. Ao menos, é nesta chave que entendemos o prefácio à 4ª edição, quando o autor afirma que o período de 1994 a 2002 foi um período "moderno" da política nacional. (Cf. SCHWARTZMAN, 2007, p. 8). Tais anos coincidem com a reforma do Estado, que teve seu papel político, social e econômico reduzido. Nesta mesma problemática, mas no nível dos agentes, nota-se que o Estado estava sob o controle das "classes médias" e "do empresariado", que são justamente os setores que, segundo Schwartzman, devem capitanear o Brasil rumo à modernidade. Ao mesmo tempo, foi o período de ascensão de uma ideologia que privilegiava o mercado, o liberismo.

Outro indicativo do sentido da sua utopia política está num texto de Schwartzman, escrito em 2002, no qual o autor declarou seu apoio ao candidato a presidente José Serra (PSDB) nas eleições daquele ano. Dentre as principais razões apontadas, estavam argumentos que focalizavam a questão da reforma do Estado.[18] Vale observar que Schwartzman voltou a apoiar o mesmo candidato em 2010.[19]

Neste sentido, o argumento de Werneck Vianna (1999) sobre a corrente "patrimonialista estatista" se aplica ao caso de Schwartzman. Segundo ele, para esta corrente "romper com o Oriente político significaria, de um lado, uma reforma política que abrisse o Estado à diversidade dos interesses manifestos na sociedade civil, impondo a prevalência do sistema de representação e, de outro, a emancipação desses interesses de qualquer razão do tipo tutelar" (WERNECK VIANNA, 1999, p. 4). Noutros termos, as ideias típicas do "idealismo constitu-

---

18 Ver o texto, "Meu voto", disponível em: http://www.schwartzman.org.br/ sitesimon/?page_id=595&lang=pt-br e https://ia601208.us.archive.org/28/items/MeuVoto_669/2002mvoto.html.

19 Ver: "Intelectuais e artistas assinam manifesto em apoio a José Serra". Fonte: http:// www.psdb.org.br/intelectuais-e-artistas-assinam-manifesto-de-apoio-a-serra/

cional" aparecem mais claramente na concepção de Schwartzman do que na de Faoro.

Assim, o paralelo entre Tavares Bastos e Simon Schwartzman parece mais adequado do que entre o político alagoano e Raymundo Faoro. A "física dos interesses" (materiais) pode estar mais diretamente presente em Schwartzman do que em Faoro, que tem uma concepção de política mais ampla. Nessa linha, no caso do autor de *Bases*, a ideia de interesses parece ser fundamentada na concepção de política como disputa de grupos de interesses.[20]

A utopia política de Schwartzman tem o viés americanista, tal como sugerem as hipóteses de Luiz Werneck Vianna (1999) e Gildo Marçal Brandão (2007). Confirma isso a própria polêmica do autor com o historiador e cientista social norte-americano Richard Morse (MORSE, 1988), ocorrida em troca de artigos publicados na revista *Novos Estudos* do CEBRAP.[21] Diga-se, de passagem, que a polêmica tem um lado curioso, pois a discussão aconteceu entre um cientista social brasileiro, simpático aos valores predominantes nos EUA,, e um historiador norte-americano desiludido com tais valores, procurando alternativas nas sociedades latino-americanas. Nos termos de Werneck Vianna (1997), teríamos um scholar norte-americano e iberista versus um acadêmico brasileiro e americanista, e ambos quase que representantes típicos das ideias destas linhas de pensamento.

Nestas trocas de textos, que não pretendemos mapear, focaremos apenas nos pontos nos quais elas podem ajudar a iluminar o que estamos tentando indicar. No texto que abre a polêmica, Schwartzman (1988b, 1989) alerta os leitores para o perigoso "jogo de espelhos" das

---

20 Aliás, o que o coloca, num certo sentido, afim de uma das características do que Isaiah Berlin (2002) chamou de "liberdade negativa", o pluralismo. Veremos a seguir como isso aparece em seu pensamento.

21 Números 22, 24 e 25.

Os dilemas do patrimonialismo brasileiro   261

teses d'*O Espelho de Próspero*, livro então recém-lançado por Morse. Nas suas palavras, "é preciso não cair na tentação [...] e dizer, com todas as letras, que se trata de um livro profundamente equivocado e potencialmente danoso em suas implicações." (SCHWARTZMAN, 1988, p. 186). Segundo ele, o livro daria a entender que:

> o liberalismo, a democracia representativa, o racionalismo, o empirismo científico, o pragmatismo, todos estes ideais alardeados pelos ricos irmãos do Norte não só são incompatíveis com a realidade mais profunda da América Ibérica, como também marcam a decadência e a falta de sentido da própria sociedade capitalista e burguesa que os criou. (SCHWARTZMAN, 1988b, p. 185)

Schwartzman se insurge particularmente contra a caracterização de São Paulo por parte de Morse. Critica o norte-americano por ressaltar aquilo que essa cidade e o Rio de Janeiro têm de semelhantes, além do exorcismo dos burgueses paulistas (feito por Mário de Andrade, que é analisado no livro). Relembremos que o esforço feito por Schwartzman em *Bases* foi justamente diferenciar as cidades de São Paulo e do Rio de Janeiro, pois a primeira teria características ocidentais-modernas, enquanto a segunda teria feições orientais-tradicionais.

Em relação aos intelectuais do sul do planeta, Schwartzman sugere que o argumento do *scholar* levaria "à morte dos cientistas sociais latino-americanos", dado o desprezo do autor pela ciência. De maneira complementar, critica a valorização que Morse opera sobre as dimensões místicas do pensamento do marxista peurano Juan Carlos Mariátegui.

Contrapondo-se de modo veemente, Schwartzman acabou expondo a sua visão sobre a sociedade norte-americana, também de maneira idealizada. Num trecho eloquente, diz:

Talvez seja necessário tomar distância de Washington para perceber que, como um todo, estas sociedades ainda preservam um repertório de criatividade, pluralismo e capacidade de compromisso moral e ético incomparáveis, por exemplo, com o provincianismo e corporativismo sem horizontes que assolam a América Latina, com o esgotamento precoce a que chegaram os regimes socialista, ou com os horrores que presenciamos como decorrência dos novos fundamentalismos. É um dinamismo que se funda no pluralismo, que faz com que os processos de massificação sejam compensados pelo surgimento constante de novos grupos capazes de refletir criticamente sobre si mesmos e suas sociedades, sem comprometer, e frequentemente consolidando, sua capacidade de manter e expandir a qualidade de vida para suas populações, e preservar os mecanismos institucionais que asseguram as liberdades e os direitos individuais. O desenvolvimento do conhecimento técnico e científico, apoiado em sistemas educacionais de massa, tem significado não só a garantia do padrão de vida das pessoas, e o gradual controle da agressão ao meio ambiente, como um processo efetivo de democratização do saber. Tudo isso, a começar pelo controle das doenças e da fome, passando pela monotonia do igualitarismo democrático, e culminando na produção em massa de Ph.D's., poucos dos quais (mas na realidade não tão poucos) com o brilho e o poder iconoclástico de Richard Morse, pode parecer inútil e moribundo para quem busca vivências mais intensas. (*idem, ibidem*, p.191)

Comparativamente, há diferenças entre as posições políticas de Faoro e Schwartzman. No primeiro, prevalece uma concepção "liberal-democrática", quase republicana, e que tem como fundamento a ideia de soberania popular, além de refletir sobre um estágio "pós-liberal" no futuro, indicado pelo fortalecimento da democracia. No caso de Schwartzman, a ideia do autor parece ser atingir o nível social dos países centrais, não tendo como preocupação a crítica da norma

Os dilemas do patrimonialismo brasileiro 263

ocidental, como os iberistas, nem a reflexão sobre uma alteração da ordem social, como Faoro vislumbra.

Nota-se, então, que os autores parecem diferir nos sentidos que conferem à democracia. Enquanto Faoro utiliza uma versão mais próxima da ideia republicana sobre conceito, fincada na ideia de soberania popular, Schwartzman sustentaria uma concepção "formal" de democracia enquanto método de tomada de decisões políticas. Aqui se mostram os sentidos distintos dos americanismos dos autores: se Faoro poderia ser aproximado ao americanismo tocquevilliano, vinculado ao poder decisório do povo numa conjugação entre liberdade positiva e soberania popular (WERNECK VIANNA, 1997), Schwartzman seria americanista no sentido de ter como horizonte normativo a sociedade burguesa contemporânea, vinculada a ideia de "liberdade negativa" e "democracia formal". Mas aí vem a questão: se são ideias tão contrapostas, como dizer que ambos são "americanistas"? Segundo o nosso entendimento, a noção de americanismo é ambígua, como indicamos na "Introdução", porque contempla as duas dimensões da liberdade. No caso dos pensamentos dos autores que estudamos, tudo depende da questão de ênfase em cada polo da ideia de liberdade. Neste sentido, é como se houvesse uma gradação das ênfases dos autores. Faoro enfatizaria mais a necessidade de uma liberdade positiva e do componente soberano do povo que Schwartzman, embora reconheça a necessidade das liberdades negativas e do governo representativo. Ao mesmo tempo, parece haver no segundo autor a perspectiva de que o "juízo político" deriva do "juízo geométrico".[22]

Contudo, o ponto chave que denota a distinção entre os autores é a crítica de Faoro ao liberismo, ponto ausente em Schwartzman. Ao mesmo tempo, o sociólogo mineiro enxergaria a constituição de

---

22 Os termos são de Faoro (2008).

um grupo moderno capaz de sustentar a política nacional em direção da modernidade, o que o jurista gaúcho parece não indicar; daí talvez se explique que Schwartzman apoie os setores de classe média e o empresariado, identificados com o programa reformador implantado ao longo dos anos 90, enquanto Faoro, mesmo que sem muito entusiasmo, apostava ainda na formação desse grupo, como indicaria a sua proximidade com o Partido dos Trabalhadores (PT), mais identificado com movimentos sociais subalternos.[23]

---

23 Pensamos que seria exato dizer que, para Faoro, o PSDB seria um agente "modernizador", pois levaria a cabo um "liberalismo de Estado" (Cf. FAORO, 1993), enquanto o PT seria um agente "moderno", mais identificado com a mobilização popular. Como disse Faoro: "O PT é mais ideológico e representa alguma coisa consistente, quer pela sua massa de eleitores e seguidores, quer também pelos seus intelectuais que, apesar das diferenças e dos grupos que são numerosos lá dentro, tem homogeneidade." (FAORO, 2008b, p. 133)

CONSIDERAÇÕES FINAIS

Uma boa forma de começar nossas considerações finais é retomando o argumento que pretendemos sustentar. Na Introdução, apontamos para a existência de uma relação entre uma perspectiva que enfatiza a centralidade do Estado na má formação social brasileira e o que chamamos de "utopia política" liberal. Nos dois capítulos sobre os autores, tentamos indicar como essa perspectiva, comum a ambos os analisados, é construída, sem prejuízo de indicar as diferenças entre tais análises, que também era decisivas para a nossa pesquisa. No terceiro capítulo, voltamos nossa atenção para o segundo polo da afinidade eletiva negativa a qual formulamos no início deste trabalho, a utopia política liberal, que também está presente nos dois autores. Contudo, da mesma maneira que no âmbito da construção teórica de suas narrativas históricas existiam diferenças, buscamos indicar que as distinções existem igualmente no âmbito normativo. Neste plano, nossa tentativa foi a de mostrar como era possível inferir posicionamentos políticos diferentes a partir das obras dos autores.

Sintetizando o movimento de nosso argumento: aproximamos os autores, o que é necessário para a construção do argumento da afinidade eletiva negativa, mas também destacamos pontos de afastamento, movimento necessário para as indicações das diferenças das utopias políticas dos autores a partir da construção teórica de suas narrativas. Enfim, o objetivo era apontar, ao mesmo tempo, o que era uno e diverso nas obras de Faoro e Schwartzman. Neste senido, num trecho no qual indica as aproximações e distanciamentos das perspectivas, diz Brandão:

> Feito esse diagnóstico e a crítica do Estado brasileiro (e da cultura política cartorial que ele gera), do ponto de vista, digamos, da "sociedade civil" manietada, a estratégia constitucionalista – seja ela reformista como nos revoltosos mineiros e paulistas de 1842, federalista como em *A Província*, revolucionária, como na primeira edição de *Os donos do poder*, e mesmo radical conservadora como no programa de reformas neoliberais da década de 1990 (que evidentemente abandona vários preceitos do liberalismo clássico, como os que particularizavam Tocqueville, Stuart Mill, Tavares Bastos ou Joaquim Nabuco) – está voltada para restringi-lo ao necessário para que a "autonomia" daquela sociedade se afirme, isto é, para que as dialéticas entre liberdade individual e associativismo, entre representação e opinião pública, entre interesse privado e nacional possam fluir – e a sociedade global possa, enfim, ser reconstruída. (BRANDÃO, 2007, p. 49)

Se o nosso argumento sobre a existência da afinidade eletiva negativa se sustentar, é possível indicar que esta combinação seria chave para compreendermos como o discurso liberal mais sofisticado, aquele que se propõe a ter uma interpretação histórica sobre o país,

Os dilemas do patrimonialismo brasileiro   267

se articula. Ou, em termos mais fortes, pode-se assinalar como o liberalismo é "nacionalizado" na esfera da explicação teórico-histórica do desenvolvimento brasileiro. Mais especificamente: não só o conceito de patrimonialismo, enquanto ferramenta teórica-conceitual, é nacionalizado[1] por meio das mudanças de significado que Faoro e Schwartzman imprimem ao conceito weberiano, mas também ocorre uma articulação mais ampla, a da ênfase histórica na má atuação do Estado brasileiro sobre a sociedade e a ideia de que essa precisa tomar as rédeas do rumo histórico nacional. Em poucas palavras: procuramos construir um esquema que explicasse o que poderíamos chamar de "interpretação liberal do Brasil".[2] Aliás, é nesta direção que aponta Brandão (2007, p. 151, nota 12) quando argumenta em prol da possibilidade de combinar as matrizes de análises das "ideias fora do lugar" e das "linhagens do pensamento político brasileiro".

Dessa maneira, indicamos como a explicação liberal do país é "nacionalizada" e, a nosso ver, atinge a "inteligência da forma"[3] na principal obra de Faoro, que possui as tonalidades de um pesadelo (LESSA, 2009), como já aludimos. Isso não é casual: a dimensão negativa a que chega Faoro é sinal da sua percepção aguda de que os ideais liberais foram constantemente falsificados em nossa história. Trata-se de uma repetição das mesmas estruturas de poder, dos mesmos pro-

---

1   É preciso reconhecer, no entanto, que tal nacionalização é relativa, na medida em que, como aponta Schwartzman, a ideia era articular o desenvolvimento histórico brasileiro a um caminho – perverso – de formação do Ocidente moderno, isto é o caminho patrimonial – contraposto ao feudal. Por isso mesmo o autor indicou que não pretendia sustentar a ideia de um caminho particular do Brasil. Ampliando esta tese, note-se que a aproximação que os teóricos do patrimonialismo estatista fazem com o que se chamou neste trabalho de "oriente político" indica a aproximação com a formação histórica de outros países, como a Rússia.

2   Ao menos dois outros autores que mencionamos ao longo deste estudo se encaixariam, a nosso ver, no esquema proposto: Tavares Bastos e Antonio Paim. No entanto, não podemos demonstrá-lo no presente estudo. A missão fica para uma futura análise.

3   O termo é utilizado por Roberto Schwarz (1997) em sua análise de *Dom Casmurro*.

blemas e das mesmas "soluções", que no entanto não rompem com a estrutura básica do patrimonialismo luso-brasileiro. Daí a imagem da "viagem redonda". Em outro plano, esse caráter truncado de nosso desenvolvimento histórico faz Faoro recusar a ideia de que tenha havido a formação de um pensamento político brasileiro, cuja fundamentação deveria ser o liberalismo genuíno e sempre irrealizado da "corrente subterrânea". A crer nesse diagnóstico, o pensamento político brasileiro estaria mesmo aquém de uma "forma difícil": estaríamos no plano da irrealização.[4]

O tema, como se vê, é delicado, pois envolve a tentativa de descobrir uma "saída" para o país e às vezes a métrica, a história e as perspectivas não casam bem e podem se contradizer, como apontamos na obra principal de Simon Schwartzman. Em Faoro tais elementos parecem combinar melhor, porque mais coerentes, o que não quer dizer que estejam mais "corretos" do ponto de vista histórico, mas sim que a validade interna do argumento é mais convincente. Por outro lado, se os livros que analisamos querem dizer algo sobre o país, isto – a coerência analítica - não basta, embora seja indispensável. E aí surge, a nosso ver, a limitação da nacionalização da explicação liberal do país.

O primeiro ponto que dificulta essa nacionalização é o deslocamento entre a realidade histórica e a teoria liberal, que constitui problema clássico do pensamento político e social brasileiro. Mais do que isso: o ponto de vista filosófico liberal "essencializado", para usarmos o termo de Campante (2009), que se pretende universal, não se presta

---

4   O termo foi consagrado por Rodrigo Naves (2001) em seu estudo sobre a evolução das artes plásticas brasileiras. No sentido empregado pelo autor, a "forma difícil" de nossa arte contemporânea tem como fundamento um "jogo irresolvido" com as obras predecessoras, das quais se guardam a "resistência a entregar as formas a seus próprios limites" (NAVES, 2001, 25). No caso de Faoro, com as vitórias das modernizações burocráticas, o jogo estaria resolvido em desfavor da formação de nosso pensamento político.

Os dilemas do patrimonialismo brasileiro 269

ao esquema nacionalizante na medida em que não deseja ser descritivo, mas normativo. Daí a medida consequente de utilização de uma teoria sociológica, que esta sim, pode ser "nacionalizada", se necessário. Como vimos, foi justamente o que Faoro e Schwartzman fizeram ao modificar o significado do patrimonialismo em relação àquele exposto em *Economia e Sociedade*. Frisemos que essa relação entre uma perspectiva filosoficamente jusnaturalista e sociologicamente weberiana coloca outros desafios para a sua nacionalização em comparação com o processo acontecido com o marxismo, que é uma teoria descritiva e normativa entre as quais há coerência, e a nacionalização nas duas dimensões.[5] No caso que ora analisamos, observemos que um uso estrito da sociologia weberiana jamais permitiria uma avaliação normativa.

Contudo, há elementos políticos que ficam no meio do caminho entre a visão normativa e a descritiva. Essas medidas são justamente aquelas que seriam necessárias para transformar a sociedade brasileira numa sociedade que fosse capaz de sustentar um ideário liberal. Um exemplo dado por Luiz Werneck Vianna (2006) é o exclusivo agrário.[6] Notemos, então, que um liberal brasileiro, para ser consequente com os ideais sociais que prega, precisaria recorrer a medidas que vão imediatamente contra tais ideais, pois a criação de uma sociedade liberal no país só seria possível a partir de medidas tidas pelos próprios liberais como coercitivas, o que foi percebido por alguns autores vinculados ao

---

5 Pensamos aqui no caso analisado por Ricupero (2000). Embora também tenha dimensão universal no que toca à abordagem, ela é uma teoria que se pretende descrever e analisar formações sociais específicas.

6 Segundo Werneck Vianna, este é o ponto que impossibilitou o "americanismo" latino--americano, incluso o brasileiro, de se transformar num projeto político coerente. Em seus termos: "No entanto o avanço do interesse mercantil, do 'americanismo', nunca chegou ao plano da política com um projeto bem estatuído, pois lhes faltou coragem de abordar a questão agrária. Pregavam a reforma política, mas estancaram diante da necessidade de democratizar a propriedade da terra." (WERNECK VIANNA, 2006)

que Brandão chamou de "idealismo orgânico".[7] Observando o raciocínio inverso, os grupos liberais que tiveram importância política plena na história do país, como os cafeicultores paulistas, foram liberais, mas geraram uma sociedade e uma política profundamente antiliberai e antidemocráticas, do ponto de vista substantivo, que é o que interessa para aqueles que pretendem interpretar historicamente um país. É nesta contradição que Simon Schwartzman se viu envolvido, segundo o nosso argumento. Raymundo Faoro, por sua vez, escapou dela, mas o custo foi aquele que vimos: um radicalismo ético que ora aposta numa redenção que a história desautoriza, ora não vê saída.[8]

Também vale mencionar a afinidade eletiva desta explicação do país com a ciência política dominante, que tende a focar sua análise no objeto especificamente político, via de regra, o Estado. Como a interpretação do "patrimonialismo estatista" tende a focar a análise da ação deficitária do Estado, ela anda bem com a perspectiva que tem como objeto as instituições políticas, embora aí resida alguma diferença (Cf. BRANDÃO, 2007, p. 155). Nos termos do mesmo autor:

> [...] talvez valha a pena chamar a atenção para a circunstância de como o horizontalismo de suas análises, aparentemente influenciadas apenas pelas inovações metodológicas da ciência política que se faz internacionalmente, prolonga e renova um

---

7   Como vimos em nota anterior, Raymundo Faoro estava plenamente consciente desta contradição quando afirmava que o liberalismo econômico, por aqui, se realizava no momento em que se distanciava do liberalismo político.

8   Rapidamente, talvez seja o caso de fazer uma breve comparação entre as perspectivas de Faoro e Roberto Schwarz. Isso porque ambos assinalam a inadequação, com uma consequente reabsorção local própria, das ideias liberais no país (o que não é o caso de Schwartzman, como vimos). A diferença essencial entre o autor de *Os donos do poder* e o de *Um mestre na periferia do capitalismo* parece ser que enquanto o crítico literário aponta para o duplo rebaixamento do encontro entre matéria local e ideias modernas, pois assim como a norma burguesa rebaixa nossa história esta acaba por desmentir as primeiras, o jurista aponta para a necessidade da matéria local atingir as normas modernas, que não deixam de ser insuficientes.

Os dilemas do patrimonialismo brasileiro 271

> estilo de pensamento arraigado na vida política brasileira desde o Império, para a qual basta o bom funcionamento das instituições para termos democracias, basta a boa lei para produzir a boa sociedade. (BRANDÃO, 2007, p. 157)

É um exercício interessante, então, pensarmos os problemas e as potencialidades históricas atuais do ângulo adotado por Faoro e Schwartzman. Um confronto como esse tende a colocar em situações difíceis, por um lado, os autores, que são incapazes de prever os movimentos históricos futuros, e, por outro, a própria realidade, que muitas vezes está aquém das normatizações do pensamento. Dessas insuficiências, aliás, é que surgem os estímulos para novas reflexões. Dito isso, quero deixar claro que as linhas a seguir são tão somente nossas contribuições ao debate, e, portanto, não pretendem dar conta totalmente nem da realidade, nem do pensamento dos autores.

Vamos recorrer às distinções que fizemos entre os planos histórico e normativo. Com relação ao primeiro plano, não temos nem a capacidade, nem a ambição, de apontar os defeitos das reconstruções históricas feitas pelos dois autores. Mas o que parece pouco provável, ainda no mesmo plano, é não apenas a centralidade atribuída ao Estado por tão longo período, mas também o pouco espaço que a articulação entre ele e outros agentes históricos tem em suas análises. Ademais, a questão escravocrata e o já mencionado exclusivo da terra, questões sociais candentes ainda hoje sob o signo do racismo e da irrealizável reforma agrária, também ocupam lugar diminuto ou inexistente em suas obras, o que contribui para a sensação de artificialidade das narrativas.

Do ângulo normativo, vamos distinguir o liberalismo político-democrático do liberismo. No que concerne ao primeiro ponto, a ênfase dos autores, especialmente a de Faoro, parece mais atual do que poderíamos imaginar. Isso porque, não se resumindo a questão da implantação de instituições democráticas, o problema principal passa a ser qual a capacidade da sociedade influenciá-las, o que tem relação com a natureza do poder político na formação social brasileira. As manifestações de junho de 2013 indicam o descompasso entre a dimensão social e a institucional, embora essa funcione segundo os melhores padrões de medida das democracias liberais ocidentais, que, por sua vez, também andam sendo questionadas. Neste registro, vamos numa direção oposta à da indicada por Simon Schwartzman, que separa o problema do "poder absoluto do estamento burocrático" do problema da "incapacidade de o Estado exercer o poder que lhe é delegado, para governar em benefício de todos" (SCHWARTZMAN, 2003, p. 211). Para Schwartzman, a análise faoriana contempla o primeiro problema, mas não o segundo. Se a nossa perspectiva estiver correta, o problema para Faoro seria o mesmo, a natureza do poder político na formação histórica luso-brasileira, embora com formas diferentes. Assim, o desafio democrático continua em vigor e o "radicalismo ético" de Faoro continua necessário.

E o liberismo? Os arranjos reformistas dos anos 90, defendidos por Schwartzman e criticados por Faoro, parecem ir na direção da restrição da democracia, se esta for entendida em sentido substantivo. Valendo-nos da explicação de Bobbio (2004), entendemos por "democracia substantiva" um conjunto de *fins* que enfatizam as igualdades jurídica, social e econômica dos cidadãos. Como explica ainda o mesmo autor, é possível pensar numa outra definição de democracia, que é o que ele chama de "democracia formal". Nesta, prevalece a ideia de que democracia seria um conjunto de *meios*, equivalendo a regras para a tomada de decisões. Assim, o ocorrido nos anos 90 no país pode ser considerado democrático e não democrático, dependendo do ângulo pelo qual se olhe. Foi democrático em sentido formal porque estimulou a implantação de certas regras formais para a tomada de decisões (com respeito

Os dilemas do patrimonialismo brasileiro   273

às escolhas das maiorias e resguardo às minorias), além de ter sido aprovadas pelo Congresso e pela presidência da República. Por outro lado, a percepção é a de que os seus resultados não foram substantivamente democráticos, porque acabaram por dificultar, por meio de ajustes recessivos, a vida dos cidadãos de um país já bastante desigual.[9]

Nesse sentido, mas em outro plano, o da realidade histórica contemporânea, também está bastante viva e é bem atual a relação entre capitalismo contemporâneo, ideologia liberista e o patrimonialismo estatal, que se combinam numa nova forma de acumulação na periferia do sistema. Exemplo clássico dessa relação histórica é o da Rússia. Em poucas linhas, indica-se o movimento histórico: uma sociedade tida como patrimonial (PIPES, 2001),[10] que acaba por combinar tal aspecto e o socialismo, resultando numa forte burocratização do chamado "socialismo real", e conecta também o patrimonialismo e as privatizações do espólio soviético nos anos 90. Não com a mesma intensidade, mas algo semelhante aconteceu no Brasil. A inserção do país no capitalismo contemporâneo financeirizado se dá, segundo Paulo Arantes (2007), pela geração de riquezas através da venda dos recursos industriais-estatais dos países periféricos.

---

9   Baseamo-nos aqui em pesquisa feita pelo Instituto DataFolha, que mensurou as opiniões sobre as áreas de atuação do governo no fim dos anos 90 e no início dos 2000. Destaco a alta reprovação no que diz respeito ao tema da corrupção, da fome e miséria, além da sensação de que aqueles que perderam mais durante o governo foram os socialmente mais vulneráveis. Disponível em: http://media.folha.uol.com.br/datafolha/2013/05/02/aval_pres_15122002.pdf

10   Aliás, neste livro, o historiador norte-americano também usa do expediente analítico comum aos liberais brasileiros: o da comparação histórica. Em *Propriedade e liberdade*, Pipes argumenta sobre a importância da propriedade privada para uma adequada compreensão da ideia de liberdade. Neste sentido, compara a formação social russa com a inglesa, na qual prevaleceu o princípio liberal-liberista. Sem insistir no erro que nos parece fazer esta imediata identificação, é de se apontar como o procedimento analítico, tal como em Faoro e Schwartzman, envolve, necessariamente, a comparação com a norma europeia, pois é lá que tais ideais teriam se desenvolvido, tese que não deixa de ser contestável em tempos como os nossos.

> Um Estado pós-desenvolvimentista – quase ia dizendo, pós-
> -nacional-, agência suprema de regulação dos novos merca-
> dos, as quais fornece sobretudo segurança jurídica. Nada a
> ver com direitos e garantias constitucionais que continuam
> em vigor, mas em estado de suspensão. O principal opera-
> dor da plataforma de valorização financeira em que se con-
> verteu a jurisdição político-administrativa chamada Brasil,
> da qual extrai os recursos exigidos pelas camadas rentistas
> associadas. *Um Estado pós-moderno, porém idêntico ao velho*
> *Estado patrimonial estudado por Raymundo Faoro*. *Fortalecido*
> *inclusive pelas megaprivatizações, por ele mesmo subsidiadas e*
> *politicamente controladas por uma competente rede de vasos co-*
> *municantes com os grandes negócios corporativos.* (ARANTES,
> 2007, p. 281-2, grifo nosso)

Assim, para não nos alongarmos em discussões axiológicas, frisemos que nosso argumento se dirige a um ponto analítico: patrimonialismo e liberismo *podem andar juntos,* o que indica, pelo menos, uma necessária relativização da tese de que o liberismo, em si mesmo, opõe-se ao patrimonialismo. Desta ótica, aparece o oposto: o liberalismo econômico não é uma oposição tão radical ao patrimonialismo.[11] Aliás, nota-se que esta tese vai na mesma direção do argumento de Faoro (1993) sobre a relação entre o neoliberalismo e o patrimonialismo, *embora tenham fundamentos normativos opostos.* O apontamento também não deixa de remeter às críticas que fizemos sobre a identificação dos atores sociais responsáveis pelas práticas (neo)patrimoniais

---

11 Fernando Haddad (1999) vai na mesma direção de Arantes (2007) quando indica o processo de acumulação contemporâneo: "Tudo isso faz crer que, na periferia latino-americana do capitalismo, uma novíssima forma de renda se afirma cada vez mais como categoria histórica. Trata-se da renda oriunda da posse, direta ou indireta, do aparato estatal que, por definição, se organiza como monopólio. É claro que essa tese fará lembrar as ideias, muitas vezes conservadoras, da natureza patrimonialista do Estado brasileiro. Só que esse pretenso caráter patrimonialista do Estado brasileiro não é arcaico ou ibérico, como se costumava dizer, mas moderno e vinculado ao núcleo do sistema." (HADDAD, 1999)

Os dilemas do patrimonialismo brasileiro 275

segundo Schwartzman. Como indicamos no capítulo dedicado à sua reflexão sobre o país, o seu argumento, ao focar os agentes estatais como responsáveis pelo principal problema político do país, perde de vista que tais atores não agem sozinhos, mas sempre de acordo ou desacordo com outros grupos sociais.[12]

Indiquemos que, ainda que seja verdade essa possível coexistência, ela em nada altera o esquema analítico proposto no início desta dissertação, que versa sobre a afinidade eletiva negativa entre patrimonialismo e liberismo. Isso porque este esquema tem a pretensão de servir como descrição de uma relação entre polos no plano do pensamento, e não da realidade. Neste sentido, o problema indicado sobre a possibilidade da coexistência entre patrimonialismo e liberismo, que não é necessária, se colocaria no plano da confrontação entre a reflexão e a história concreta.

Vale dizer algumas palavras sobre a relação patrimonialismo e democracia (substantiva). Segundo a nossa perspectiva, as duas posições são simetricamente opostas no que se refere a um ponto central para qualquer regime político, a natureza do poder político. Nesta referência, enquanto o patrimonialismo estaria mais próximo do que se chama *governo dos homens*, a democracia seria vinculada ao que se chama *governo das leis*. Ainda que existam problemas nas democracias modernas, é bom assinalar que, frente aos dilemas e riscos que a dominação patrimonial impõem ao Brasil, convém reforçar seus ideais avançados e a sua superioridade ética em relação aos esposados numa dominação patrimonial – como indicamos na nota 20 deste trabalho -, bem como sua incompletude no Brasil. Noutros termos, é preciso reconhecer a importância da prevalência o governo das leis sobre o

---

12 Mesmo se levarmos em conta a advertência do autor sobre a "permissividade" da classe política e dos agentes burocráticos estatais, fica difícil enxergar na obra de Schwartzman qual a real imbricação que permitiria tal afirmação.

governo dos homens para o estabelecimento de uma democracia. A relevância da participação democrática e a concretização de seus desígnios tem conexão direta com uma forma política que as leve em consideração, negando o arbítrio daquele que ocupa o poder. Assim, apesar dos problemas da forma democrática moderna, parece-nos que é preciso aspirar atingi-la, sob pena de continuarmos aquém das condições de uma cidadania vigorosa, que tem como fundamento não só a participação dos cidadãos na comunidade política, mas que esta lhes seja responsiva. Além disso, pode-se indicar o caráter socialmente mais igualitário que uma democracia consolidada – tanto em nível institucional, como em nível social – estimula, o que num país extremamente desigual deve ser aspirado. Neste sentido, Safatle (2010), também defensor de uma ideia substantiva de democracia, indica a dificuldade de se chamar a situação brasileira atual de democracia consolidada, na medida em que há frequentes denúncias de escândalos de corrupção, dificuldades de se fazer algumas cláusulas constitucionais vigorarem, barreiras impostas sobre a participação popular na gestão estatal. Ainda nos termos do mesmo autor, teríamos um *"regime cínico"*, pois faz "questão de mostrar não levar a sério as leis que ele mesmo enunciava" (SAFATLE, 2010, p. 251).[13] Pode-se dizer, do ponto de vista de uma concepção substantiva de democracia, que não existem formas políticas "perfeitas", porque elas ocorrem por sobre sistemas sociais calcados nas desigualdades, sejam elas frutos de questões de redistri-

---

13 Note-se que a formulação de Safatle só faz sentido se tivermos como referência uma democracia substantiva. Isso porque se nos ativermos a uma noção formal de democracia, que apenas a pensa como um método de escolha de dirigentes, ela não é cínica na medida em que cumpre o ("pouco") que promete. No Brasil, por outro lado, a democracia parece vir sendo encarada como uma dimensão mais propriamente substantiva, como indica o apelido de "Constituição cidadã" da carta constitucional de 1988. O destaque da dimensão social desta Constituição parece ter, por sua vez, conexão mais ou menos direta com a chocante desigualdade de renda vigente no país. É preciso reconhecer, no entanto, que esta é uma hipótese.

Os dilemas do patrimonialismo brasileiro   277

buição ou reconhecimento.[14] Porém, o ponto específico aqui é justamente o fato de que num "regime cínico" estas imperfeições não são escondidas, como numa situação clássica da ideologia enquanto "véu" que encobre a realidade, mas são colocadas de maneira clara, para não dizer apologética.[15] Ou seja, o que diferencia o "regime cínico" de um "regime não cínico" não é o fato de não cumprir *tudo* o que "promete"; é, para usarmos a mesma expressão, não "prometer nada". Ou, por outra: desfazer descaradamente as "promessas" que fazia antes. Seria, ao nosso ver, uma espécie de equivalente político da "volubilidade" de Brás Cubas, segundo a análise de Roberto Schwarz (2008). Note-se a proximidade que esta noção de tem com a noção de "arbítrio". Neste sentido, a situação política brasileira tem uma ambiguidade, aliás próxima daquela que o crítico literário demonstra em *Um mestre na periferia do capitalismo:* observemos que tal situação dificulta – mas não dispensa - o exercício da crítica, que já não tem mais a função de "tirar o véu" da ideologia.[16] Num certo sentido, trata-se de uma espécie de vantagem epistemológica da situação brasileira, pois ao contrário de outras situações sociais, a democracia brasileira atual demonstra que não só não combate necessariamente o patrimonialismo, como pode a ele se conjugar – o mesmo vale, como vimos, para a ideologia liberista. Portanto, num certo sentido, ela demonstraria a insuficiência da democracia moderna, indicando a necessidade de sua superação rumo a um regime social que seja capaz de cumprir o que promete. Por outro

---

14 Uso aqui os termos nos sentidos empregados no debate entre Nancy Fraser e Axel Honneth (2004)

15 Um exemplo clássico é o discurso do "rouba, mas faz".

16 Salvo equívoco, este é o sentido da própria formulação de Safatle quando indica, no título de um de seus livros, a relação entre o "cinismo e a falência da crítica". O sentido do problema mais geral vai para veredas diferentes das dete trabalho, mas ficam aqui duas questões indicadas: o papel da crítica hoje e a peculiaridade da condição periférica brasileira, que já conjugava modernidade com cinismo desde o século XIX, ao menos (SCHWARZ, 2008, 2012)

278   Leonardo Octavio Belinelli de Brito

lado, é inegável que tal situação rebaixa a vida política brasileira, que deixa de atingir mesmo as "aparências" - igualdade jurídica de fato, direitos sociais básicos, a gestão responsável de recursos públicos e etc - do regime democrático moderno. Isto é, estaríamos aquém mesmo das "poucas promessas" que a democracia moderna pode realizar e realizá-las seria um avanço. Isso porque, como vimos na apresentação da ideia de patrimonialismo, uma de suas características é justamente essa: o arbítrio, que impede o estabelecimento de regras (ou, por outra: favorece o seu desrespeito).

Neste sentido, destaquemos um ponto central para o estabelecimento de uma sociedade democrática, ao qual já aludimos: a participação dos cidadãos. Não é difícil ver que as práticas patrimonialistas vão em sentido oposto, na medida em que – no sentido utilizado por Faoro e Schwartzman – convergem para que as decisões sobre as questões públicas no país sejam tomadas pelos poucos que tem acesso ao poder. Trata-se da "rede de vazos comunicantes" indicada por Arantes (2007). Neste sentido, além da questão do estabelecimento do que chamamos aqui de "governo das leis", é preciso indicar que este governo seja baseado na participação dos cidadãos.[17]

Frisa-se que as possibilidades ideológicas do argumento sobre a sobrevivência e a necessidade de superação do patrimonialismo estatista reside na ambiguidade de suas soluções, como já apontava Werne-

---

17   Não tenho condições de aprofundar debate sobre o déficit democrático no Brasil aqui. Remeto o leitor ao trabalho de Andréa do Carmo (2011), que trabalhou na direção aqui indicada ao relacionar o patrimonialismo com as questões – não resolvidas, decerto - da qualidade da democracia no Brasl. Para dar um exemplo, uma das questões centrais para uma democracia consolidada é amplitude e variação da mídia no país. Segundo do Carmo, nove famílias são donas de 95% dos meios de comuniações no país. "Somente esses grupos específicos e privilegiados têm o direito de participação política "direta" no sistema de dominação patrimonialista e as oportunidades geradas pelo relacionamento deles sob a lógica da corrupção "procedimental" possibilidada pelo sistema de dominação patrimonialista". (CARMO, 2011, p.132)

Os dilemas do patrimonialismo brasileiro   279

ck Vianna (1999). O mesmo argumento pode dar margem às políticas típicas do que Brandão (2007) chamou de "radicalismo conservador", como podem indicar uma saída pelo fortalecimento democrático. Do nosso ponto de vista, em consonância com a interpretação de Werneck Vianna (1999), as políticas em prol do mercado adotadas a partir dos anos 1990 no país, filiadas à primeira saída que apontamos, não só se mostraram incapazes de elevar o patamar do nível de vida de grande parte da população, mas também não se opuseram, como sugerimos com as citações de Arantes (2007) e Haddad (1999), ao patrimonialismo estatal. Ao contrário, beneficiaram-se dele.

Do lado das categorias analíticas do patrimonialismo estatista, elas também sobrevivem em alto nível intelectual. Por exemplo, Luiz Werneck Vianna (2011) vem retomando o arcabouço teórico faoriano para analisar a atuação do Partido dos Trabalhadores no governo, o que o aproxima, num certo sentido e não sem surpresa, da interpretação de Schwartzman (2007) acerca do caráter patrimonialista desta administração.

Assim, seja no plano da sobrevivência histórica do patrimonialismo, seja no plano da sobrevivência das categorias, pois ocorre que o patrimonialismo é, *ao mesmo tempo*, categoria analítica e problema histórico, os pontos indicados sobre a sobrevivência da interpretação do Brasil que analisamos convergem num ponto decisivo: o da avaliação do momento em que estamos e para qual direção o Brasil está seguindo. Esta é a questão que fica: estamos superando o nosso oriente político? Mas isso já é outra discussão.

REFERÊNCIAS BIBLIOGRÁFICAS

ADORNO, Sérgio. Anomia, um conceito, uma história, um destino. In: MASSELLA, Alexandre Braga; PINHEIRO FILHO, Fernando; AUGUSTO, Maria Helena Oliva; WEISS, Raquel (Orgs.). *Durkheim:* 150 anos. Belo Horizonte: Argumentum, 2009.

ADORNO, Theodor e HORKHEIMER, Max. *Dialética do esclarecimento.* Rio de Janeiro: Zahar, 2006

ALBERDI, Juan Bautista. *Bases y puntos.* Buenos Aires: Ediciones Estrada, 1943.

ARANTES, Otília; ARANTES, Paulo. O sentido da formação hoje (entrevista). *Praga:* revista de estudos marxistas, São Paulo, n. 4, p. 95-111, dez. 1997.

ARANTES, Paulo. *Extinção.* São Paulo: Boitempo, 2007.

ARAÚJO, Ricardo Benzaquem. *Guerra e Paz:* Casa-grande e Senzala e a obra de Gilberto Freyre nos anos 30. São Paulo: Editora 34, 2005.

ARON, Raymond. *Etapas do pensamento sociológico.* São Paulo: Martins Fontes, 2008.

ARRUDA, Maria Arminda do Nascimento. A Modernidade Possível: Cientistas e Ciências Sociais em Minas Gerais. In: MICELI, Sérgio (Org.). *História das Ciências Sociais*. São Paulo: Vértice-IDESP, 1989.

BARRETO, Kátia M. Um projeto civilizador: revisitando Raymundo Faoro. *Lua Nova: Revista de Cultura e Política*, São Paulo, n. 36, p. 181-196, 1995.

BASTOS, Élide Rugai. Pensamento social na Escola Sociológica Paulista. In: MICELI, Sérgio (Org). *O que ler na ciência social brasileira* (1970 – 2002). São Paulo: Sumaré, 2002.

BENJAMIN, Walter. *Obras escolhidas II – Rua de mão única*. São Paulo, Editora Brasiliense. 1997.

BERLIN, Isaiah. Dois conceitos de liberdade. In:___. *Estudos sobre a humanidade: uma antologia de ensaios*. São Paulo: Companhia das Letras, 2002.

BOBBIO, Norberto. Democracia. In: BOBBIO, Norberto; MATTEUCCI, Nicola; PASQUINO, Gianfranco (Orgs.). *Dicionário de política*. São Paulo: UnB e Imprensa Oficial, 2004, v. 1.

___. *Liberalismo e democracia*. São Paulo: Brasiliense, 2010.

BRANDÃO, Gildo Marçal. *Linhagens do pensamento político brasileiro*. São Paulo: Hucitec, 2007.

___. Ideias e argumentos para o estudo da História das ideias políticas no Brasil. In: MARTINS, Carlos Benedito; LESSA, Renato (Orgs.). *Horizontes das ciências sociais no Brasil - Ciência Política*. São Paulo: ANPOCS, 2010.

BRUHNS, Hinnerk. O Conceito de Patrimonialismo e Suas Interpretações Contemporâneas. *Estudos Políticos*, Rio de Janeiro, n. 4, p. 61-77, 2012/01.

CAMPANTE, Rubens Goyatá. O Patrimonialismo em Faoro e Weber e a Sociologia Brasileira. *Dados*, Rio de Janeiro, v. 46, n. 1, p. 153-193, 2003.

___. Raymundo Faoro: Brasil, política e liberdade. In: GUIMARÃES, Juarez (Org.). *Raymundo Faoro e o Brasil*. São Paulo: Fundação Perseu Abramo, 2009.

Os dilemas do patrimonialismo brasileiro   283

_____. *Patrimonialismo no Brasil: leituras críticas de interpretações weberianas e suas articulações socioculturais.* Tese (Doutorado em Sociologia e Política) - Faculdade de Filosofia e Ciências Humanas, Universidade Federal de Minas Gerais, 2009b.

CAMPELLO DE SOUZA, Maria do Carmo. *Estado e Partidos Políticos no Brasil* (1930 a 1964). São Paulo: Alpha Ômega, 1983.

CANDIDO, Antonio. O significado de Raízes do Brasil. In: HOLANDA, Sérgio Buarque de. *Raízes do Brasil.* São Paulo: Companhia das Letras, 2003.

CARDOSO, Fernando Henrique; FALETTO, Enzo. *Dependência e desenvolvimento na América Latina - ensaio de interpretação sociológica.* Rio de Janeiro: Zahar, 1973.

CARDOSO, Fernando Henrique. *Empresário industrial e desenvolvimento econômico no Brasil.* São Paulo, DIFEL. 1972.

CARDOSO, Fernando Henrique. *Capitalismo e escravidão no Brasil Meridional.* São Paulo: Civilização Brasileira, 2003.

CARMO, Andréia Reis do. *Patrimonialismo – o retorno ao conceito como possibilidade de compreensão do sistema político brasileiro por meio da abordagem da Cultura Política.* Dissertação (Mestrado em Ciência Política), Faculdade de Filosofia, Letras e Ciências Humanas, Universidade de São Paulo, 2011.

CARVALHO, José Murilo de. A utopia de Oliveira Vianna. In: _____. *Pontos e bordados: escritos de história e política.* Belo Horizonte: UFMG, 2005.

_____. *A construção da ordem e Teatro de sombras.* Rio de Janeiro: Civilização Brasileira, 2011.

CITTADINO, Giselle. Raymundo Faoro e a reconstrução da democracia no Brasil. In: GUIMARÃES, Juarez (Org.). *Raymundo Faoro e o Brasil.* São Paulo: Fundação Perseu Abramo, 2009.

COHN, Gabriel. Peripécias do autoritarismo (resenha de *Bases do autoritarismo brasileiro,* de Simon Schwartzman – seguido de uma resposta do autor). *Leia Livros,* n. 45, abril, 1982. Disponível em: http://

www.schwartzman.org.br/simon/gabriel.htm. Acesso em: 27 de ago. 2014.

_____. Persistente enigma. In: FAORO, Raymundo. *Os donos do poder*. São Paulo: Globo, 2008.

CONSTANT, Benjamin. Da liberdade dos antigos comparada à dos modernos. In: *Filosofia Política*. Porto Alegre: L&PM, 1985.

DEAN, Warren. A industrialização durante a República Velha. In: FAUSTO, Boris (Org.). *História Geral da civilização brasileira - O Brasil Republicano*. Rio de Janeiro: Bertrand Brasil, 2006, tomo III, v. 8.

DERATHÉ, Robert. *Rousseau e a ciência política de seu tempo*. São Paulo: Discurso Editorial/Barcarolla, 2009.

FAORO, Raymundo. *Os donos do poder: formação do patronato político brasileiro*. 1. ed. Porto Alegre: Globo, 1958.

_____. *Os donos do poder: formação do patronato político brasileiro*. 4ª edição. São Paulo, Editora Globo. 2008.

_____. Existe um pensamento político brasileiro? *Estudos Avançados*, São Paulo, v. 1, n. 1, p. 9-58, out/dez. 1987.

_____. A questão nacional: a modernização. *Estudos Avançados*, São Paulo, v. 6, n. 14, p. 7-22, jan/abr. 1992

_____. A aventura liberal numa ordem patrimonialista. *Revista USP*, São Paulo, n. 17, p. 14-29, 1993.

_____. Assembleia Constituinte: a legitimidade recuperada. In: _____. *A República inacabada*. São Paulo: Globo, 2007.

_____. *Os donos do poder: formação do patronato político brasileiro*. 3. ed. São Paulo: Globo, 2008.

_____. *A democracia traída* (organização e notas de Maurício Dias). São Paulo: Globo, 2008b.

FAORO, Raymundo; SANTOS JÚNIOR, Jair. Entrevista com Raymundo Faoro: uma viagem ao universo intelectual do autor. In: GUIMARÃES, Juarez (Org.). *Raymundo Faoro e o Brasil*. São Paulo: Fundação Perseu Abramo, 2009.

Os dilemas do patrimonialismo brasileiro   285

FERREIRA, Gabriela Nunes. *Centralização e descentralização no Império:* o debate entre Tavares Bastos e Visconde do Uruguai. São Paulo: Editora 34, 1999.

FORJAZ, Maria Cecília Spina. A emergência da Ciência Política no Brasil: aspectos institucionais. *Revista brasileira de Ciência Sociais,* v. 12, n. 35, São Paulo, 1997.

FRANCO, Maria Sylvia de Carvalho. *O moderno e suas diferenças.* Tese (Livre Docência) – Faculdade de Filosofia Letras e Ciências Humanas, Universidade de São Paulo, 1970.

____. As ideias estão no lugar. *Cadernos de Debates,* n.1, São Paulo, Brasiliense, 1976.

____. *Homens livres na ordem escravocrata.* São Paulo: Editora Unesp, 1997.

FRASER, Nancy e HONNETH, Axel. *Redistribution or recogntion ? A political-philosophical exchange.* Londres, Nova York. Verso, 2004.

GUIMARÃES, Juarez. Raymundo Faoro, pensador da liberdade. In: GUIMARÃES, Juarez (Org.). *Raymundo Faoro e o Brasil.* São Paulo: Fundação Perseu Abramo, 2009.

HADDAD, Fernando. Patrimonialismo e democracia. *Folha de São Paulo,* São Paulo, seção Tendências e Debates, 18 de ago. 1999.

IGLESIAS, Francisco. Revisão de Raymundo Faoro. In: GUIMARÃES, Juarez (Org.). *Raymundo Faoro e o Brasil.* São Paulo: Fundação Perseu Abramo, 2009.

KOSELLECK, Reihardt. *Futuro Passado – Contribuição à semântica dos tempos históricos.* Rio de Janeiro: Contraponto, 2011.

KUPER, Gina. *Patrimonialismo y modernización:* Poder y dominación en la sociología del Oriente de Max Weber. Ciudad Universitaria: Fondo de Cultura Económica e Universidad Nacional Autónoma de México, 1993.

LEAL, Vitor Nunes. *Coronelismo, enxada e voto.* São Paulo: Alfa-Omega, 1975.

LESSA, Renato. A invenção republicana. *Caderno da Escola Legislativa,* Belo Horizonte, v. 5, n.10. 2000.

. O longínquo pesadelo brasileiro. In: GUIMARÃEZ, Juarez (Org.). *Raymundo Faoro e o Brasil*. São Paulo: Fundação Perseu Abramo, 2009.

LEVY, Joaquim. *Discurso de posse do minsitro Joaquim Levy* (pronunciado dia 5 de janeiro de 2015). Ministério da Fazenda, Gabinete do Ministro. Disponível em: www.fazenda.gov.br

LOWY, Michael. *Redenção e utopia*. São Paulo: Companhia das Letras, 1989.

. *A jaula de aço – Max Weber e o marxismo weberiano*. Boitempo Editorial, 2014.

LUKÁCS, Georg. *A teoria do romance*. São Paulo: Editora 34, 2000.

MARTÍNEZ ESTRADA, Ezequiel. *Radiografia de la pampa*. Madrid: AALCA XX, 1996.

MARX, Karl. *O Capital*. São Paulo: Abril Cultural, 1983, v. 1.

MARX, Karl; ENGELS, Friedrich. *O Manifesto comunista e cartas filosóficas*. São Paulo: Centauro, 2006.

MATEUCCI, Nicola. Liberalismo. In: BOBBIO, Norberto; MATEUCCI, Nicola; PASQUINO, Gianfranco (Orgs). *Dicionário de política* (v. 1). São Paulo, Editora Unb e Imprensa Oficial, 2004.

MELLO e SOUZA, Laura de. Os donos do poder. In: DANTAS, Lourenço (Org.). *Introdução ao Brasil*: um banquete nos trópicos. São Paulo: Editora Senac, 1999, v. 1.

MICELI, Sérgio. *A desilusão americana*. São Paulo: IDESP, Editora Sumaré, 1989.

MONTESQUIEU, Charles Secondat. *O espírito das leis*. São Paulo: Martins Fontes, 2005.

MORSE, Richard. *O Espelho de Próspero*: cultura e ideias nas Américas. São Paulo: Companhia das Letras, 1988.

. A miopia de Schwartzman. *Novos Estudos CEBRAP*, n. 24, jul. 1989.

NAVES, Rodrigo. *A forma difícil* – ensaios sobre a arte brasileira. São Paulo: Ática, 2001.

Os dilemas do patrimonialismo brasileiro

NOVAIS, Fernando. Influências e Invenção na Sociologia Brasileira (comentário crítico). In: MICELI, Sérgio (Org.). *O que ler na ciência social brasileira* (1970-2002). São Paulo: Editora Sumaré, 2002.

OLIVEIRA VIANNA, Francisco José de. *O idealismo da constituição*. São Paulo: Companhia Editora Nacional, 1939.

PAIM, Antonio. *Quatro momentos decisivos da história do Brasil*. São Paulo: Martins Fontes, 2000.

PASQUINO, Gianfranco. Corrupção. In: BOBBIO, Norberto; MATEUCCI, Nicola; PASQUINO, Gianfranco (Orgs.). *Dicionário de política*. São Paulo: Editora Unb e Imprensa Oficial, 2004, v. 1.

PARTIDO DA SOCIAL DEMOCRACIA BRASILEIRA. Intelectuais e artistas assinam manifesto em apoio a José Serra, 2010. Disponível em: http://www.psdb.org.br/intelectuais-e-artistas-assinam-manifesto-de-apoio-a-serra/. Acesso em: 27 ago. 2014.

PIPES, Richard. *Propriedade e liberdade*. São Paulo: Record, 2001.

RICUPERO, Bernardo. *Caio Prado Júnior e a "nacionalização" do marxismo no Brasil*. São Paulo: Editora 34, 2000.

RICUPERO, Bernardo; FERREIRA, Gabriela Nunes. Estado e Sociedade em Oliveira Vianna e Raymundo Faoro. *Cadernos CRH*, Salvador, v. 18, n. 44, 2005.

RICUPERO, Bernardo. *Sete lições sobre as interpretações do Brasil*. São Paulo: Alameda, 2007.

RICUPERO, Bernardo; FERREIRA, Gabriela Nunes. Vinho novo em odres velhos: continuidade e mudança em 'Os donos do poder'. In: BOTELHO, André; BASTOS, Élide Rugai; BÔAS, Gláucia Villas (Orgs.). *O moderno em questão – a década de 1950 no Brasil*. Rio de Janeiro: Topbooks, 2008.

RICUPERO, Bernardo. Formação da literatura brasileira nos anos 1950. *Revista Água viva:* revista de estudos literários. Brasília: UnB, 2009.

ROUSSEAU, Jean Jacques. *Do contrato social e Ensaio sobre a origem das línguas*. São Paulo: Nova Cultural, 1987. (Coleção "Os pensadores").

SAES, Flávio. A controvérsia sobre a industrialização na Primeira República. *Revista de Estudos Avançados*, v. 3, n. 7, p. 20-39, set/dez. 1989.

SAFATLE, Vladimir. Do uso da violência contra o Estado ilegal. In: TELLES, Edson: SAFATLE, Vladimir (Org.). *O que resta da ditadura*. São Paulo: Boitempo, 2010.

SANDRONI, Cícero. Discurso de posse na ABL (cadeira número 6). Disponível em www.academia.org.br, 2003.

SANTOS, Wanderley Guilherme dos. *Ordem burguesa e liberalismo político*. São Paulo: Duas Cidades, 1978.

SANTOS JÚNIOR, Jair. As categorias weberianas na ótica de Raymundo Faoro: uma leitura de 'Os donos do poder'. Dissertação (Mestrado em Sociologia) – Instituto de Filosofia e Ciências Humanas, Universidade Estadual de Campinas, 2001.

SARMIENTO, Domingo. *Facundo ou a civilização e barbárie*. São Paulo: Cosac & Naify, 2010.

SCHWARZ, Roberto. *Duas meninas*. São Paulo: Editora 34, 1997

____. Um seminário de Marx (mimeo). 1999.

____. *Um mestre na periferia do capitalismo*. São Paulo: Editora 34, 2008.

____. *Martinha versus Lucrécia*. São Paulo: Companhia das Letras, 2012.

____. *Ao vencedor as batatas*. São Paulo: Editora 34, 2012b.

SCHWARTZMAN, Simon. *São Paulo e o Estado nacional*. São Paulo: Difel, 1975.

____. *Bases do autoritarismo brasileiro* (3ª edição). Rio de Janeiro: Campus, 1988.

____. O espelho de Morse. *Novos Estudos CEBRAP*, n. 22, p. 185-192, out. 1988b.

____. O gato de Cortázar. *Novos Estudos CEBRAP*, n. 25, p. 191-203, out. 1989.

____. Meu voto. 2002. Disponível em: https://archive.org/details/MeuVoto. Acesso em: 27 de ago. 2014.

____. A atualidade de Raymundo Faoro. *Dados*, Rio de Janeiro, v. 46, n. 2, p. 207-213, 2003.

____. *Bases do autoritarismo brasileiro* (4ª edição). Rio de Janeiro: Publit Soluções Editoriais, 2007.

SILVA, Ricardo. Liberdade e lei no neo-republicanismo de Skinner e Pettit. *Lua Nova*, São Paulo, n. 74, p. 151-194, 2008.

SOUZA, Jessé. *A modernização seletiva*. Brasília: Editora UnB, 2000.

____. *A ralé brasileira:* quem é e como vive. Belo Horizonte: UFMG/Humanitas, 2011.

VILLAS BÔAS, Glaucia. *A recepção da sociologia alemã no Brasil.* Rio de Janeiro: Topbooks, 2006.

WAIZBORT, Leopoldo. Influências e Invenção na Sociologia Brasileira (Desiguais porém Combinados). In: MICELI, Sérgio (Org.). *O que ler na ciência social brasileira* (1970-2002). São Paulo: Sumaré, 2002.

WEBER, Max. *Ensaios de Sociologia*. Rio de Janeiro: LTC, 1982.

____. *A ética protestante e o 'espírito do capitalismo'*. São Paulo: Companhia das Letras, 2004.

____. *Economia e Sociedade*. Brasília: Editora UnB, 2009, v. 2.

____. *Ciência e política:* duas vocações. São Paulo: Cultrix, 2010.

WERNECK Vianna, Luiz. *A revolução passiva:* iberismo e americanismo no Brasil. Rio de Janeiro: Revan, 1997.

____. Weber e as interpretações do Brasil. *Novos Estudos CEBRAP*, n. 53, p. 33-47, março 1999.

____. Não somos indianos agachados, 2006. Disponível em: http://www.acessa.com/gramsci/?page=visualizar&id=474. Acesso em: 27 de ago. 2014.

____. Raymundo Faoro e a difícil busca do moderno no país da modernização. In: BOTELHO, André; SCHWARCZ, Lilia (Org.). *Um enigma chamado Brasil*. São Paulo: Companhia das Letras, 2009.

____. Entrevista dada a Gisele Araújo, Christian Lynch, Joelle Rouchou e Antonio Herculano. *Escritos – Revista da Fundação Casa de Rui Barbosa*. Ano 4, número 4. 2010.

____. *A modernização sem o moderno*. Rio de Janeiro: Contraponto, 2011.

WERNECK VIANNA, Luiz; CARVALHO, Maria Alice Rezende de. Experiência brasileira e Democracia. In: CARDOSO, Sérgio (Org.). *Retorno ao republicanismo*. Belo Horizonte: Humanitas, 2004.

AGRADECIMENTOS

Agradeço aos meus pais, Fernando e Maria Helena, para quem dediquei esta dissertação. O apoio incondicional para as realizações que fogem à regra, a presença permanente e o respeito pelo caminho traçado por mim, ainda que não sem conflitos, foram absolutamente chaves para que este trabalho ganhasse vida. Não haveria de ser fácil, como não foi, mas haveria de se realizar, como ocorreu.

Também agradeço ao professor Bernardo Ricupero, pela paciência e pelo diálogo constante e sempre disponível. Na mesma esteira, mas em fase anterior, é preciso lembrar de meus professores na graduação na Universidade Federal de São Paulo (UNIFESP), especialmente as professoras Maria Fernanda Lombardi Fernandes e Gabriela Nunes Ferreira. Foi em curso ministrado por elas que me interessei pelo estudo do pensamento político e social brasileiro, no já um pouco distante ano de 2008. Depois vieram três anos de pesquisa, que culminaram na reflexão inicial deste projeto de mestrado. Aliás, mesmo este projeto, que seria realizado em outra instituição, só foi possível porque ambas o leram e discutiram comigo. Assim, as próximas linhas são, em parte, resultado destas questões e conversas muito anteriores.

Agradeço também a banca de qualificação, composta pelo professores Bernardo, Gabriela e André Singer, foi importantíssima para esclarecer os rumos (im)possíveis do trabalho. Os mesmos professores compuseram a banca de avaliação da dissertação e ajudaram, novamente, a realizar algumas das reflexões que agora se consolidam.

Sou grato também aos amigos feitos nesta nova casa. Camila, Aiko, Erigeanny e Cecília que, como eu, chegavam de outros lugares, foram exemplos de companheirismo e união neste processo, nem sempre fácil, de adaptação. Aliás, processo este facilitado depois de conhecermos pessoas engajadas como Christian, Vinicius, Flávia, André, Camila, Terra, Léa, Bruno, Juliana ... Nem sempre as opiniões vão na mesma direção, mas o debate e o carinho, sempre honestos, fazem das divergências pontos de união e não de separação. Nesta esteira, um agradecimento a Thais Pavez. Com ela, além de debater as ideias deste trabalho, tive o prazer de fazer pesquisas de campo, conhecer outros trabalhos, outras ideias, outras perspectivas.

Também gostaria de destacar e agradecer as iniciativas coletivas de estudos que surgiram no período no qual esteve trabalho foi gestado. O grupo de estudos dirigido pelos professores Bernardo Ricupero e André Singer propiciou excelentes momentos de debate, reflexão coletiva e estudos de temas e perspectivas que a fragmentação atual do saber vai tornando cada vez mais distante dos alunos. Aos frequentadores destes debates, o meu muito obrigado.

No mesmo espírito, gostaria de agradecer ao pessoal do "Sequências Brasileiras", grupo de estudos formado por alunos da pós-graduação criado a partir de um curso oferecido pela professora Maria Elisa

Os dilemas do patrimonialismo brasileiro 293

Cevasco, a quem também agradeço pelo apoio na criação do grupo e em outras atividades. Nele, o exercício de pensarmos a história recente do país à luz de uma teoria crítica é levado a sério, mas também com humor. As tardes das sextas-feiras ficaram melhores na companhia de Isabella, Camila, Fabrício, Rosângela, Vitor, Charles, Allyson, Thais, Mari, Fabi, Ernesto, Maurício, Bruno, Lindbergh.

A comissão de elaboração de uma nova proposta de regime disciplinar para a USP também teve papel importante neste processo de tomada de posição frente aos problemas da Universidade. Impactando diretamente o pensar, impactou indiretamente o seu fruto. Por isso, agradeço aos professores Ricardo e Marilza, à Marlene e ao Sérgio, ao Inauê e ao Rafael, e sem esquecer dos insubstituiveis Christian e Fernanda. As reuniões sobre um tema que tinha tudo para ser pesado foram agradáveis e ricas, porque, por um acaso desses da vida, se reuniram pessoas progressistas e genuinamente preocupadas com o estabelecimento de um novo modo de convivência na USP, longe daquele oriundo do tempo ditatorial inaugurado em 1964. A aposta do grupo, do qual tive a honra de fazer parte, haverá de fazer escola.

Meus agradecimentos também aos funcionários do Departamento de Ciência Política: Rai, Vasne, Léo, Ana e Márcia.

Agradeço também ao financiamento da CAPES, que me concedeu uma bolsa de estudos, e ao financiamento da FAPESP, que tornou esse livro possível.

Esse livro não viria à luz sem a Isabella, que apareceu na minha vida na reta final da redação desta dissertação e a marcou como nenhuma outra pessoa poderia fazer. Sua leitura atenta e carinhosa, sua paciência constante, seu apoio irrestrito e a sua doçura sem fim foram responsáveis pelos melhores momentos que esse trabalho possa vir a ter. É com ela que a vida ganha sentido pleno.

Alameda nas redes sociais:

Site: www.alamedaeditorial.com.br
Facebook.com/alamedaeditorial/
Twitter.com/editoraalameda
Instagram.com/editora_alameda/

Esta obra foi impressa em São Paulo no verão de 2019. No texto foi utilizada a fonte Arno Pro em corpo 11 e entrelinha de 16 pontos.